서울시 공정경제과 황박사가 알려주는
# NEW 상가임대차
# 분쟁 솔루션

서울시 공정경제과 황박사가 알려주는

# NEW
# 상가임대차
## 분쟁 솔루션

황규현 지음

매일경제신문사

　서울시에서 상가임대차 상담·분쟁 업무를 수행한 지 벌써 5년이 훌쩍 넘었습니다. 이제는 '상가건물임대차보호법' 조문 하나하나와 임대차와 관련한 수백 건의 판례들이 항상 머릿속에 맴돌고 있습니다.

　필자가 보는 '상가건물임대차보호법'은 모순투성입니다. '상가건물임대차보호법'이 임차인과 임대인 모두의 권리를 보호하려고 하다 보니, 한편으로는 그 누구도 제대로 보호하지 못한다고 생각합니다. 예를 들어, 임대료를 인상할 때 5%의 상한요율 규정은 있으나 양 당사자가 그 이상으로 합의하면 그만입니다. 이 법을 '강행규정'이라고 규정한 제15조 내용을 읽을 때면 손발이 오그라듭니다.

　'상가건물임대차보호법'이 '민법'의 특별법이라고 거창하게 말하지만, 무엇이 특별한가 종종 의문을 가지게 됩니다. 필자가 보기에 이 법의 가장 특별한 점은 소송을 엄청나게 많이 만들어 낼 수 있다는 것입니다. '민법'보다 특별히 애매하고 모호한 규정으로 다툼을 부추긴다고 말해야 할까요?

상가임대차에서 발생한 대부분의 다툼은 임대료, 수선, 권리금, 계약갱신, 원상회복범위 등에 관한 내용으로써 감정평가사, 건축사, 공인중개사 등 전문가가 다뤄야 하는 영역입니다. 유무죄의 판결 잣대를 적용할 범위가 아닌 경우가 많습니다.

상가임대차에서는 누군가 명백하게 보이는 위법한 행위를 해도 당장 제도적 도움을 받을 수 있는 장치가 없어 법원을 통해 위법행위를 인정받아야 합니다. 상대방이 현행법을 위반하면 피해자는 법원에 소송을 제기한 후 확정판결을 받아야만 손해를 만회할 수 있고 상대방은 그에 따라 책임집니다. 피해자가 개인 사정이나 법원 절차의 번거로움으로 인해 소송할 수 없다면 포기해야 합니다.

이에 따라 상대방이 뭔가를 부당하게 요구하거나 위법행위를 하면 기록하거나 증거를 남기는 등 임대차 관계는 갈수록 팍팍해지고 있습니다.

필자는 이와 같은 모순된 제도하에서 임대인과 임차인이 공정한 임대차 관계를 맺고, 양 당사자 모두에게 억울한 피해가 발생하지 않도록 항상 노력하고 있습니다. 그리고 이 책에 당사자들이 상가임대차와 관련해서 현실에서 쉽게 접할 수 있는 문제와 해결책을 담았습니다. 이 책이 독자 여러분의 고민을 해결하고 소중한 재산을 지키는 데 조금이나마 보탬이 되었으면 합니다.

황규현

차 례   Contents

PART **01**

상가건물임대차
보호법의 적용

# 01 상가건물임대차 보호법이란?

## 상가건물임대차보호법은 민법의 특별법으로 제정

'상가건물임대차보호법'은 상가건물의 임대차에 대한 '민법' 의 특별법으로써 국민 경제생활의 안정을 보장함을 목적으로 2001년 12월 29일 제정되었다. 상가임대차에서 임차인은 일반 적으로 사회적·경제적 약자의 위치에 있다. 우리나라의 경제 규 모가 커지고 주요 상권이 활성화되면서 임대료가 급격하게 상 승하고 임차상인이 쫓겨나는 일이 빈번하게 발생해 사회적으로 논란이 되었다. 이러한 임차상인의 경제생활의 안정을 도모하기 위해, '민법'상의 일반적인 임대차에 대한 특례를 규정해서 '상가 건물임대차보호법'이 도입된 것이다.

이 법은 사업자등록의 대상이 되는 건물의 임대차(임대차 목적물의 주된 부분을 영업용으로 사용하는 경우를 포함한다)에 대해서 적용한다. 다만 환산보증금이 대통령령으로 정하는 보증금(서울시 : 9억 원)을 초과한 경우에는 이 법의 일부 조항이 적용되지 않는다.


## 민법보다 특별하게 임차상인 보호

'상가건물임대차보호법'은 임차인의 권익을 향상하고 피해를 예방하고자 '민법'의 임대차보다 특별하게 임차인의 권리를 보호하기 위한 규정을 포함하고 있다.

### 〈상가건물임대차보호법의 임차인 보호를 위한 주요 내용〉

① 임차인은 상가를 인도받고 사업자등록을 갖추면 대항력이 생긴다. 따라서 매매, 상속 등으로 임대인이 바뀌더라도 임차인은 계속 영업할 수 있다(동법 제3조).
② 대항요건(건물의 인도 및 사업자등록을 신청)을 갖추고 확정일자를 받은 임차인은 경매 시에 후순위 권리자나 그 밖에 채권자보다 우선해서 보증금을 변제받을 권리가 있다(동법 제5조).
③ 임대차가 종료된 후 임대인이 보증금을 반환하지 않으면 임차인은 단독으로 관할 지방법원에 임차권등기명령을 신청할 수 있다. 임차권등기 이후에는 임차인이 이전하거나 사업자등록을 말소하더라도 대항력과 우선변제권을 그대로 유지한다(동법 제6조).

④ 임대차기간을 정하지 않았거나 1년 미만으로 약정했다면, 그 임대차의 기간은 1년으로 본다. 다만 임차인은 1년 미만으로 정한 기간의 유효함을 주장할 수 있다(동법 제9조).

⑤ 임대인은 임차인이 임대차기간이 만료되기 6개월 전부터 1개월 전까지 사이에 계약갱신을 요구할 경우 정당한 사유 없이 거절하지 못하고, 임차인의 계약갱신요구권은 최초의 임대차기간을 포함해 10년 동안 행사할 수 있다. 따라서 한 번 계약을 체결하면 임대인은 특별한 사유가 없는 한 10년 동안 임차인을 내쫓을 수 없다(동법 제10조 제1항).

⑥ 임대인이 임대차기간이 만료되기 6개월 전부터 1개월 전까지 사이에 임차인에게 갱신거절의 통지 또는 조건변경의 통지를 하지 않은 경우에는 그 기간이 만료된 때에 전 임대차와 동일한 조건으로 다시 임대차한 것으로 본다. 이때 임차인은 언제든지 임대인에게 계약해지의 통고를 할 수 있고, 임대인이 그 통고를 받은 날부터 3개월이 지나면 효력이 발생한다(동법 제10조 제4항).

⑦ 임차인이 임대차기간이 끝나기 6개월 전부터 임대차 종료 시까지 신규임차인으로부터 권리금을 회수하려고 할 때, 임대인은 정당한 사유 없이 권리금 거래를 방해해서는 안 된다(동법 제10조의 4).

⑧ 임대인과 임차인은 임대료에 대해서 증감을 청구할 수 있고, 증액의 경우는 5%를 초과하지 못한다(동법 제11조).

⑨ 보증금의 전부 또는 일부를 월세로 전환하는 경우에는 그 전환되는 금액에 '12%' 또는 '한국은행 기준금리에 4.5를 곱한 비율' 중 낮은 비율을 곱한 월세를 상한액으로 한다(동법 제12조).

⑩ 이 법의 규정에 위반된 약정으로 임차인에게 불리한 것은 효력이 없다(동법 제15조).

## 임대인의 권리도 보장

이 법은 신뢰를 상실한 임차인은 법 보호에서 배제시키거나 임대인의 권리를 과도하게 제한하는 것을 방지하기 위한 최소한의 장치를 갖추고 있다.

**〈상가건물임대차보호법의 임대인 보호를 위한 주요 내용〉**

① 임대인은 a) 임차인이 3개월분의 월세를 연체한 적이 있는 경우, b) 임차인이 임대인의 동의 없이 상가의 일부를 전대한 경우, c) 임대인이 계약 체결 시에 공사시기 및 소요기간 등을 임차인에게 구체적으로 고지하고 그 계획에 따르는 경우 등에서는 임차인이 계약갱신요구권을 행사했을 때 임차인의 요구를 거부할 수 있다(동법 제10조).

② 임차인이 신규임차인을 주선할 때, 임대인은 신규임차인에게 종전 임대차의 임대료와 무관하게 주변 시세에 맞춰 임대료를 청구할 수 있다. 또한 임차인이 권리금을 회수하려고 할 때, 임대인은 임차물을 1년 6개월 이상 영리목적으로 사용하지 않는 경우 등의 정당한 사유가 있다면 임차인의 권리금 회수에 협조할 필요가 없다(동법 제10조의 4 제2항).

③ 임대인은 임차인의 차임연체액이 3개월분에 달하는 때는 계약을 해지할 수 있다(동법 제10조의8).

④ 이 법은 일시사용을 위한 임대차임이 명백한 경우에는 적용하지 않는다(동법 제16조).

## 02 상가건물임대차보호법의 적용을 받는 상가건물이란?

### 사업자등록 대상 건물+영업용 사용

'상가건물임대차보호법'은 상가건물임대차에 관해서 '민법'에 대한 특례를 규정해서 임차인의 권리를 보호하기 위해 제정되었다. 이 법에서 상가건물이란 사업자등록의 대상이 되는 건물을 말한다. 건물이 사업자등록의 대상이 된다는 것은 해당 건물을 사업장의 소재지로 해서 '부가가치세법' 제8조(사업자등록), '소득세법' 제168조(사업자등록 및 고유번호 부여) 또는 '법인세법' 제111조(사업자등록)의 규정에 의한 사업자등록을 의미한다.

이 법의 적용을 받기 위한 상가건물임대차란 임차인이 임대차 목적물인 건물을 영리목적인 영업용으로 사용하는 임대차를 말한다. 상가건물에 해당하는지는 건축물대장 등 공적 장부상 표시가 아닌 건물의 현황·용도 등에 비추어 영업용으로 사용하느냐에 따라 실질적으로 판단해야 한다.

**비영리민간단체는 제외**

'상가건물임대차보호법'의 상가건물은 사업자등록의 대상인지 아닌지를 기준으로 판단하므로, 사업자등록을 갖추지 않고 고유번호를 발급받는 어린이집, 교회, 동창회, 자선단체 등 비영리민간단체의 경우에는 이 법의 보호를 받을 수 없다.

상가건물을 단순히 상품의 보관 등 사실행위만이 이루어지는 창고로 사용하거나 영업과 무관한 예술 활동을 위한 공간으로 사용할 때도 '상가건물임대차보호법'의 보호를 받을 수 없다.

**당사자는 영업용으로 사용하기로 합의해야**

'상가건물임대차보호법'은 임대차목적물의 전부 또는 일부를 영업용으로 사용하는 경우에 적용된다. 영업용으로 사용하는 건물의 용도가 무엇이든지 관계가 없고, 미등기이든, 무허가 건물이든, 비영업용 건물이든 임차인이 운영하는 업종에 대해 사업자등록을 신청할 수 있는 건물이라면 이 법의 적용을 받는다.

임차인은 임대인의 동의하에 임대차계약체결 시점부터 해당 건물을 영업용으로 사용해야 한다. 즉 임대인과 임차인이 임차 목적물을 영업용으로 사용한다는 합의가 없는 상태에서 임차인이 사업자등록을 갖추고 영업용으로 사용한다면 이 법의 보호를 받지 못할 수 있다.

**관련 판례** 상가건물이란?

상가건물임대차보호법의 목적과 같은 법 제2조 제1항 본문, 제3조 제1항에 비추어 보면, 상가건물임대차보호법이 적용되는 상가건물임대차는 사업자등록 대상이 되는 건물로 임대차 목적물인 건물을 영리를 목적으로 하는 영업용으로 사용하는 임대차를 가리킨다. 그리고 상가건물임대차보호법이 적용되는 상가건물에 해당하는지는 공부상 표시가 아닌 건물의 현황·용도 등에 비추어 영업용으로 사용하느냐에 따라 실질적으로 판단해야 하고, 단순히 상품의 보관·제조·가공 등 사실행위만이 이루어지는 공장·창고 등은 영업용으로 사용하는 경우라고 할 수 없으나 그곳에서 그러한 사실행위와 더불어 영리를 목적으로 하는 활동이 함께 이루어진다면 상가건물임대차보호법 적용대상인 상가건물에 해당한다.

(대법원 2011. 7. 28. 선고 2009다40967 판결)

# 03 환산보증금이란?

**환산보증금 = 보증금+(월세×100)**

환산보증금은 월세에 100을 곱한 후 보증금을 더한 금액이다. 만약 보증금 5천만 원에 월세 100만 원일 때 환산보증금은 1억 5천만 원(5천만 원+100만 원×100)이고, 보증금 1억 원에 월세 900만 원일 때 환산보증금은 10억 원(1억 원+900만 원×100)이 된다.

**법적용 환산보증금의 기준금액은 지역별로 달라**

상가임대차는 임대료의 다과에 따라 법적용이 달라진다. 환산보증금이 대통령령으로 정한 보증금액(서울시 : 9억 원) 이하인 상가임대차에는 '상가건물임대차보호법'을 온전히 적용하고 환산보증금이 일정금액을 초과하는 상가임대차에는 '상가건물임대차보호법'의 일부만 적용한다. '상가건물임대차보호법'의 적용 기준인 환산보증금은 해당 지역의 여건 및 임대차목적물의 규모 등을 고려해서 지역별로 구분해서 규정한다.

환산보증금이 9억 원을 초과한 상가 대부분은 보증금이 1억 원을 넘지 않고 월세가 높은 경우가 많다. 월세의 다과가 '상가건물임대차보호법'의 적용 기준이 되는 셈이다.

법 적용에 대한 지역별 환산보증금의 기준

| 구분 | 보증금액 (2019년 4월 2일부터) |
|---|---|
| 서울특별시 | 9억 원 |
| 수도권정비계획법에 따른 과밀억제권역(서울특별시 제외) 및 부산광역시 | 6억 9천만 원 |
| 광역시(과밀억제권역, 부산광역시 제외), 세종특별자치시, 파주시, 화성시, 안산시, 용인시, 김포시, 광주시 | 5억 4천만 원 |
| 그 밖의 지역 | 3억 7천만 원 |

참고로 주택임차인의 권리향상을 위해 제정된 '주택임대차보호법'은 임대료의 규모와 무관하게 모든 주거용 건물에 적용한다. 예를 들어 월세 10만 원의 단칸방부터 전세 수십억 원의 고급주택까지 모든 주택의 임차인은 '주택임대차보호법'의 보호를 받는다.

## 중개보수의 기준은 환산보증금

상가임대차 계약을 체결할 때 개업공인중개사에게 지급하는 중개보수는 환산보증금을 기준으로 계산한다. 개업공인중개사는 중개업무에 관해서 중개의뢰인 쌍방으로부터 각각 소정의 보수를 받을 수 있다. 상가건물에 대한 중개대상물의 중개에 대한 보수는 거래금액의 1천 분의 9 이내에서 중개의뢰인과 개업공인중개사가 서로 협의해서 결정한다. 임대차 중 보증금 외에 월세가 있는 경우에는 월세에 100을 곱한 금액과 보증금을 합산한 금액을 거래금액으로 한다(공인중개사법 시행규칙 제20조).

실무에서는 개업공인중개사가 계약서를 작성할 때 부가세와 관리비 등을 월세에 포함해서 명기한 후 중개보수를 계산하는 경우도 있다. 임대인과 임차인은 개업공인중개사가 월세, 관리비 등을 명확하게 분류해서 명기하는지 그리고 그에 맞는 중개보수를 청구하는지 확인할 필요가 있다.

# 04 환산보증금과 상가건물임대차보호법의 적용

## 환산보증금이 일정금액 이하일 때 법보호 적용

상가임대차는 환산보증금의 다과에 따라 '상가건물임대차보호법'이 다르게 적용된다. 상가임대차는 전세, 월세, 깔세 등 임대차유형과 관계없이 환산보증금이 대통령령으로 정하는 보증금액(서울시 : 9억 원) 이하일 때 '상가건물임대차보호법'을 온전히 적용받게 된다.

환산보증금이 대통령령으로 정하는 보증금액 이하인 상가의 임차인은 대항력, 임차인의 계약갱신요구권, 권리금회수기회보호, 임대료 증액제한, 묵시적 갱신, 우선변제권, 임차권등기명령 등에 관해서 이 법의 보호를 받는다.

환산보증금이 일정금액을 초과하는 계약의 임차인은 확정일자를 받아도 우선변제권이 없으며, 계약만료 후 보증금을 돌려받지 못해도 임차권등기명령을 신청할 수 없다. 또한 임차인은 1년의 최소기간 규정을 적용받지 못하고, 묵시적 갱신 중에 임대인도 계약을 해지할 수 있다.

한편 임대인은 환산보증금의 다과와 무관하게 임차인이 3개월분의 월세를 연체하면 계약을 해지할 수 있다. 임차인이 3개월분의 월세를 연체한 전력이 있다면 임대인은 임차인의 계약갱신요구를 거절할 수 있고 임차인은 권리금회수기회도 보호받지 못한다.

**상가건물 임대차보호법 적용(서울시 기준)**

| 구분 | 환산보증금(보증금+월세×100) | |
| --- | --- | --- |
| | 9억 원 초과 | 9억 원 이하 |
| 대항력 | O | O |
| 우선변제권 | X | O |
| 임차권등기명령 | X | O |
| 임대차기간(최소 1년) | X | O |
| 계약갱신요구권 10년 | O | O |
| 묵시적 갱신 | X (민법 적용) | O |
| 증액청구 한도 | 제한 없음 | 상한요율 5% |
| 권리금회수기회보호 | O | O |
| 권리금 적용제외 조항 | O | O |
| 3기 차임 연체 시 계약해지 | O | O |

## 환산보증금이 일정금액 초과 ⇒ 임대인의 증액청구 제한이 없음

　상가임대차의 환산보증금이 일정금액(서울시 : 9억 원) 이하라면, 임대인의 증액 청구는 임대차계약 또는 약정한 차임 등의 증액이 있고 난 뒤 1년 이후에 할 수 있고, 증액청구액은 청구 당시의 차임 또는 보증금의 5%를 초과할 수 없다(상가건물임대차보호법 제11조).

　환산보증금이 일정금액(서울시 : 9억 원)을 초과할 때, 임대인은 임차건물의 조세, 공과금, 그 밖에 부담의 증감이나 경제적인 사정의 변동 등으로 상당하지 않다면 주변 시세 등을 고려해 임차인에게 증액을 청구할 수 있다. 상한요율 5% 규정은 적용되지 않는다. 따라서 이때 임대인의 과도한 증액 청구는 위법이 아니다.

　한편 환산보증금의 다과와 무관하게 임차인의 감액 청구는 횟수, 요율 등에 아무런 제한이 없다.

# 환산보증금에
# 부가가치세를 포함할까?

환산보증금이란 월차임에 100을 곱한 금액에 보증금을 더한 금액을 말한다. 차임이란 임차인이 상가를 빌려 쓴 대가로 임대인에게 준 돈이다. 그리고 임대료의 부가가치세는 임대인이 임차인에게서 징수해서 국세청에 납부한 후 최종적으로는 국세청으로부터 다시 임차인이 다시 환급받게 된다.

## 환산보증금의 계산방법에 따라 달라지는 임차인 권리

환산보증금에 부가가치세를 포함하게 되면 환산보증금이 커지게 되고 '상가건물임대차보호법'의 적용을 받을 수 있는 임차인의 범위가 축소된다. 예를 들어 서울에서 보증금 1억 원, 월세 800만 원인 경우에 부가가치세를 제외한 환산보증금은 9억 원(1억 원+800만 원×100)이 되고, 부가가치세를 포함한 환산보증금은 9억 8천만 원(1억 원+880만 원×100)이 된다. 이때 환산보증금에 부가가치세의 포함 여부에 따라 '상가건물임대차보호법'의 보호 여부가 달라져 임차인의 권리에 큰 영향을 미치게 된다.

법 시행 초기에 법무부는 부가가치세를 포함해서 환산보증금을 계산해야 한다고 유권해석을 한 적이 있고, 국세청 실무에서는 부가가치세를 포함한 환산보증금이 9억 원을 초과하면 확정일자를 받지 못하는 경우가 있었다.

## 부가가치세는 환산보증금에 미포함

임대차계약을 체결할 때 월세에 '부가가치세 별도'라고 명기하거나, 계약서의 월세에 부가가치세를 포함했으면서 아무런 표시가 없거나, 또는 양측이 월세에 부가가치세 포함 여부 등에 구체적 협의가 없는 등 계약 내용에 따라 환산보증금을 계산하는 방법이 다를 수도 있다. 임차인의 과세유형에 따라 부가가치세를 환급받거나 그렇지 못할 수도 있어서 환산보증금에 부가가치세의 포함 여부를 일괄적으로 적용하는 것이 합리적이지 못할 수도 있다.

임차인은 부가가치세를 임대인에게 지급한 후 국세청으로 돌려받기 때문에, 상가를 빌려 쓴 대가로 지급하는 임대료가 아니다. 따라서 부가가치세는 환산보증금의 범주에 포함할 수 없다. 대법원에 상고하지 않아 2심 법원에서 확정된 다음의 하급심 판례를 참고할 만하다.

<br>

**관련 판례**    환산보증금에 부가가치세 포함 여부

임차인이 부담하기로 한 부가가치세액이 상가건물임대차보호법 제2조 제2항에 정한 '차임'에 포함되는지 여부를 보건대, 부가가치세법 제2조, 제13조, 제15조에 의하면 임차인에게 상가건물을 임대함으로써 임대용역을 공급하고 차임을 지급받는 임대사업자는 과세관청을 대신해서 임차인으로부터 부가가치세를 징수해 이를 국가에 납부할 의무가 있으므로 임대차계약의 당사자들이 차임을 정하면서 '부가세 별도'라는 약정을 했다면 특별한 사정이 없는 한 임대용역에 관한 부가가치세의 납부의무자가 임차인이라는 점, 약정한 차임에 부가가치세액이 포함된 것은 아니라는 점, 나아가 임대인이 임차인으로부터 부가가치세액을 별도로 거래징수할 것이라는 점 등을 확인하는 의미로 해석함이 상당하다. 임대인과 임차인이 이러한 약정을 했다고 해서 정해진 차임 외에 위 부가가치세액을 상가건물임대차보호법 제2조 제2항에 정한 '차임'에 포함시킬 이유는 없다.

(수원지법 2009. 4. 29. 선고 2008나27056 판결 확정)

<br>

한편 임대차계약서에서 부가가치세를 포함해서 월세를 명기했다면 환산보증금에 부가가치세를 포함한다. 부가가치세를 제외한 금액을 월세로 명기했다면 환산보증금에 부가가치세를 제외한다고 보는 의견도 상당하다. 환산보증금은 법 적용을 위해

설정한 기준이기 때문에, 계약서의 월세가 부가가치세를 포함했다고 해서 굳이 부가가치세를 제외하고 환산보증금을 계산할 필요는 없다고 보는 것이다.

# 06 주택에서 사업하면 상가건물임대차보호법이 적용될까?

빈번한
상담사례

**업종에 따라 상가 또는 주택의 임대차보호법 선택 적용**

사업자가 사업상 독립적으로 재화 또는 용역을 공급하기 위해서는 사업장이 필요하다. 사업장은 사업자가 사업을 하기 위해 거래의 전부 또는 일부를 하는 고정된 장소다. 사업자가 사업장을 두지 않으면 사업자의 주소 또는 거처를 사업장으로 한다(부가가치세법 제6조).

건축물의 용도에 따라 사업자가 영위하는 사업의 종류에 대한 제한이 발생한다. 건축물의 용도는 '건축법'에서 정의한 용도 분류 기준에 따라 단독주택, 공동주택, (1, 2종)근린생활시설 등 29가지로 분류한다(건축법 시행령 별표1). 사업자가 소매점, 미용실, 의원 등을 운영하기 위해서는 건축물의 용도가 근린생활시설인 사업장을 마련해야 하지만, '인터넷 쇼핑몰', '온라인 정보 제공업', '경영 컨설팅' 등의 사업은 주택에서도 가능하다.

임차인이 주택에서 사업자등록이 가능한 사업을 운영한다면 '상가건물임대차보호법'의 적용을 받을 수 있다. 또한 주택이므로 임차인이 전입신고를 하고 거주한다면 '주택임대차보호법'의 보호를 받을 수 있다. 즉 주택에서 거주하면서 사업하는 임차인은 '상가건물임대차보호법'과 '주택임대차보호법' 중 본인이 유리한 쪽으로 하나를 선택할 수 있다.

## 전입신고 및 거주하면 주택임대차보호법 적용

'주택임대차보호법'은 주거용 건물의 전부 또는 일부의 임대차에 관해서 적용되고, 임차인이 주택의 인도와 주민등록을 마쳐야 한다. 임차인이 임차주택에서 사업을 하면서 전입신고도 하고 거주하면, 임차인은 의무를 위반하는 등 특별한 사유가 없는 한 '주택임대차보호법'을 적용받을 수 있다.

이 법의 적용으로 인해 임차인은 대항력과 우선변제권을 가지므로 임대인이 바뀌거나 해당 주택이 경매에 넘어가더라도 거주권을 보장받고 보증금을 지킬 수 있다. 임차인은 최소 2년의 거주기간이 보장되고, 1회 계약갱신요구권을 행사해서 2년을 더 거주할 수 있다. 또한 임대인은 임대료를 5% 초과해서 증액을 청구할 수 없다.

## 사업자등록 및 영업하면 상가건물임대차보호법 적용

임차주택을 주된 주거지로 사용할 수 없거나 전입신고를 할 수 없어 '주택임대차보호법'의 적용을 받을 수 없다면, 임차인은 사업자등록을 신청하고 영리활동을 함으로써 '상가건물임대차보호법'으로 보호받을 수 있다.

임차인은 10년간 계약갱신요구권이 있고, 환산보증금이 대통령령으로 정하는 보증금액(서울시 : 9억 원) 이하라면 임대인은 1년이 지날 때마다 보증금 또는 월세를 증액 청구할 수는 있으나 5%를 초과해서는 안 된다. 또한 묵시적으로 갱신되면 임대인은 기간만료 전에 계약을 해지할 수 없지만, 임차인은 임대인에게 계약해지를 통고하고 3개월이 지나면 임대차계약은 종료하게 된다.

## 계약체결할 때 임대인과 용도를 합의해야 법 적용

'상가건물임대차보호법'의 적용대상은 영업행위가 이뤄지는 영업용 건물이어야 한다. 영업용 건물인지 아닌지를 판단하는 기준시점은 임대차계약체결한 때다. 주택을 임대차한 후 임대인의 승낙 없이 임의로 영업용으로 개조해서 사용한 경우에는 '상가건물임대차보호법'을 적용받을 수 없다. 임차인이 임차주택에서 '상가건물임대차보호법'의 적용을 받으려면, 임대차계약을 체결할 때 임대인에게 사용 용도에 관해 통지하고 동의를 받아야 한다.

한편 두 법의 해당 요건을 갖출 수 없을 때는 전세권 등기를 설정함으로써 임차인의 권리를 보호받을 수 있다.

### 용도별 건축물의 종류

| | 구분 | 건축물 종류 |
|---|---|---|
| 1 | 단독주택 | 단독주택, 다중주택, 다가구주택, 공관 |
| 2 | 공동주택 | 아파트, 연립주택, 다세대주택, 기숙사 |
| 3 | 제1종 근린생활시설 | 식품·잡화·의류·완구·서적·건축자재·의약품·의료기기 등을 판매하는 소매점(1,000㎡ 미만), 휴게음식점·제과점(300㎡ 미만), 이용원·미용원·목욕장·세탁소 등, 의원, 탁구장·체육도장(300㎡ 미만), 금융업소·부동산 중개사무소·출판사 등 일반업무시설(30㎡ 미만) 등 |
| 4 | 제2종 근린생활시설 | 극장·영화관·비디오감상실 등 공연장(500㎡ 미만), 교회·성당·사당 등 종교집회장(500㎡ 미만), 자동차영업소(1,000㎡ 미만), 서점(제1종 근린생활시설에 해당하는 것은 제외), 사진관·표구점, 휴게음식점·제과점(300㎡ 이상), 일반음식점, 장의사·동물병원, 학원(500㎡ 미만), 독서실·기원, 볼링장·당구장·골프연습장 등 체육활동을 위한 시설(500㎡ 미만), 금융업소·부동산 중개사무소·출판사 등 일반업무시설(500㎡ 미만), 단란주점(150㎡ 미만), 노래연습장 |
| 5 | 문화 및 집회시설 | 공연장·집회장(제2종 근린생활시설에 해당하는 것은 제외), 경마장·경륜장 등 관람장(1,000㎡ 이상), 박물관·미술관 등 전시장, 동·식물원 |
| 6 | 종교시설 | 제2종 근린생활시설에 해당하지 않는 종교집회장 |
| 7 | 판매시설 | 도매시장, 소매시장, 상점(근생 외) |
| 8 | 운수시설 | 여객자동차터미널, 철도시설, 공항시설, 항만시설 등 |

| 9 | 의료시설 | 종합병원·병원·치과병원 등 병원, 격리병원 |
|---|---|---|
| 10 | 교육연구 시설 | 제2종 근린생활시설에 해당하지 않는 학교, 교육원, 직업훈련소, 학원, 연구소, 도서관 등 |
| 11 | 노유자시설 | 아동 관련 시설, 노인복지시설, 사회복지시설, 근로복지시설 |
| 12 | 수련시설 | 생활권 수련시설, 자연권 수련시설, 유스호스텔 |
| 13 | 운동시설 | 근린생활시설에 해당하지 않는 탁구장·체육도장 등 체육시설, 체육관(1,000㎡ 미만), 육상장·볼링장 등 운동장(1,000㎡ 미만) |
| 14 | 업무시설 | 근린생활시설에 해당하지 않는 공공업무시설, 일반업무시설 |
| 15 | 숙박시설 | 일반숙박시설, 관광숙박시설, 다중생활시설(제2종 근생 외) 등 |
| 16 | 위락시설 | 근린생활시설에 해당하지 않는 단란주점, 유흥주점, 무도장, 카지오영업소 |
| 17 | 공장 | 근린생활시설, 자동차 관련 시설 등으로 분류되지 않는 물품 제조, 가공에 이용되는 건축물 |
| 18 | 창고시설 | 창고, 하역장, 물류터미널, 집배송 시설 |
| 19 | 위험물 저장 및 처리시설 | 주유소, 액화석유가스 충전소, 위험물 제조소·저장소, 액화가스 취급소·판매소 |
| 20 | 자동차 관련 시설 | 주차장, 세차장, 폐차장, 검사장, 매매장, 정비공장, 운전학원 및 정비학원, 차고 및 주기장 |
| 21 | 동물 및 식물 관련 시설 | 축사 가축시설, 도축장, 도계장, 작물 재배사, 종묘배양시설, 화초 및 분재 등의 온실 |
| 22 | 자원순환 관련 시설 | 하수 등 처리시설, 고물상, 폐기물 재활용시설, 폐기물 처분시설, 폐기물 감량화시설 |
| 23 | 교정 및 군사시설 | 근린생활시설에 해당하지 않는 구치소·교도소 등 교정시설, 소년원, 국방·군사시설 |
| 24 | 방송통신시설 | 근린생활시설에 해당하지 않는 방송국, 전신전화국, 촬영소, 통신용시설, 데이터센터 |
| 25 | 발전시설 | 근린생활시설에 해당하지 않는 발전소 |
| 26 | 묘지 관련 시설 | 화장시설, 종교시설에 해당하지 않은 봉안당 |
| 27 | 관광휴게시설 | 야외음악당, 야외극장, 어린이회관, 관망탑, 휴게소 |
| 28 | 장례시설 | 장례식장, 동물전용의 장례식장 |
| 29 | 야영장시설 | 관광진흥법에 따른 야영장시설(300㎡ 미만) |

출처 : 건축법 시행령 별표1

# 07 사업자등록을 꼭 해야 상가건물임대차보호법이 적용될까?

'상가건물임대차보호법'은 사업자등록의 대상이 되는 상가건물로써 영리 목적의 영업용으로 사용하는 임차목적물의 임대차에 적용한다. 임차인이 사업자등록을 갖추면 이 법을 온전히 적용받을 수 있지만, 사업자등록을 갖추지 않았다면 이 법의 일부 조항에 대해 보호를 받을 수 없다.

## 대항력, 우선변제권은 사업자등록을 갖춰야

임차인이 '상가건물임대차보호법'에 따라 ① 대항력(건물주가 바뀌더라도 임차인의 권리는 보호), ② 우선변제권(상가건물의 경매 시에 후수위권리자보다 임차인의 보증금을 우선해서 변제), ③ 소액

보증금의 우선변제권(상가건물의 경매 시에 임차인은 보증금 중 일정액을 다른 담보물권자보다 우선해서 변제) 등에 관해서 보호받기 위해서는 사업자등록을 갖춰야 한다.

## 사업자등록증이 없어도 계약갱신요구 가능

임차인이 사업자등록을 갖추지 않더라도 사업자등록의 대상이 되는 건물에서 영업활동을 한다면, '상가건물임대차보호법'의 ① 임차권등기명령, ② 최소 임대차기간(1년 미만으로 약정한 임대차의 기간은 1년으로 봄), ③ 10년의 계약갱신요구권 행사, ④ 권리금회수기회 보호, ⑤ 차임증액의 상한요율 5%, ⑥ 월차임 전환율(12% 또는 한국은행기준금리×4.5 중 낮은 비율) 등에 관한 규정은 적용받을 수 있다.

따라서 임차인이 사업자등록을 갖추지 못했어도, 임대차 종료 시에 보증금을 돌려받지 못하면 임대권등기명령을 신청할 수 있고, 10년의 계약갱신요구권을 주장할 수 있다. 또한 사업자등록증이 없는 임차인이 권리금을 회수하려고 하면 임대인은 특별한 사유가 없는 한 협조해야 하고, 보증금의 일부를 월세로 전환할 때 위 ⑥의 범위를 초과해서는 안 된다.

## 상가건물임대차보호법 적용을 위한 사업자등록의 필요 여부

| 내용 | 사업자등록필요 여부 | 비고 |
| --- | --- | --- |
| 임대인 변경 시의 대항력 | 필요 | 법 제3조 |
| 경매 시의 우선변제권 | 필요 | 법 제5조 |
| 보증금반환청구를 위한 임차권등기명령 신청 | 불필요 | 법 제6조 |
| 최소 1년의 임대차기간 보장 | 불필요 | 법 제9조 |
| 10년의 계약갱신요구권 행사 | 불필요 | 법 제10조 |
| 임차인의 권리금 회수기회 보호 | 불필요 | 법 제10조의 4 |
| 차임 증액의 상한요율 5% 적용 | 불필요 | 법 제11조 |
| 보증금의 월차임 전환 시에 산정율의 제한 | 불필요 | 법 제12조 |
| 보증금 중 일정액의 최우선변제 | 필요 | 법 제14조 |
| 상가건물임대차분쟁조정위원회 조정 신청 | 불필요 | 법 제20조 |

임차인은 임차권이 등기된 때에 대항력이 생겨 특별한 사유가 없는 한 제삼자가 임차인을 쫓아낼 수 없다. 하지만 상가임대차는 그 등기가 없는 경우에도 임차인이 해당 점포에 입점하고 사업자등록을 신청하면 그다음날부터 제삼자에 대해 대항력이 생긴다.

사업자등록은 임차권의 존재를 제삼자가 명백히 인식할 수 있게 하는 공시방법이다. 임차인이 사업자등록을 신청할 때 사업자의 인적사항, 사업자등록 신청 사유, 사업 개시 연월일 또는 사업장 설치 착수 연월일 등을 기재한 신청서와 임대차계약서 사본을 관할 세무서장에게 제출해야 한다. 또한 상가건물의 일부분만 임차한 경우에는 해당 부분의 도면을 첨부해야 한다(부가가치세법 시행령 제11조). 그리고 해당 상가건물의 이해관계인

(임대인 및 임차인, 당해 건물의 등기부등본상에 기재된 권리자, 법원의 판결을 받은 자 등)은 도면의 열람 또는 제공을 요청해 확인할 수 있다(상가건물임대차보호법 제4조, 상가건물임대차보호법 관련 확정일자 부여 및 열람 제공에 관한 규정 제15조).

## 도면을 첨부 안 하면 경매 매수인은 임차인을 쫓아낼 수 있어

임차인의 점포가 포함된 건물이 층별, 호실별로 구분등기가 되어 독립적인 구분소유권을 가진 집합건물이라면, 사업자등록 신청 시에 사업장 도면을 첨부할 필요 없이 독립적으로 등기된 호실을 사업장으로 사업자등록을 신청하면 된다. 하지만 단독으로 등기된 상가건물 또는 층별로 구분등기된 건물에서 임차인이 상가건물의 일부만 임차한다면 위치와 면적을 표시한 도면을 첨부해야 한다.

즉 집합건물의 임차인은 등기부등본상의 동, 호를 명기해 임차물을 특정하고, 단독건물의 일부분을 임차한 임차인은 도면을 첨부해 임차물을 특정함으로써, 제삼자에 대한 관계에서 유효한 임대차의 공시방법이 되어 임차인은 대항력이 생긴다.

만약 해당 임차인의 사업장인지 제삼자가 인식하기 어려울 정도로 실제의 위치나 면적이 다른 도면을 첨부했다면 임차인은 보호받지 못한다. 그렇게 되면 임차인은 대항력이 없게 되고 해당 상가건물이 경매에 넘어가면 임차인의 보증금반환에 대한 권리는 임차인의 입점일보다 후에 설정된 저당권 등 다른 권리보다 후순위가 되어 임차보증금을 보장받지 못하게 된다.

**도면을 첨부 안 해도 임대인은 쫓아낼 수 없어**

임차인이 사업자등록을 신청할 때 도면을 첨부하지 않았더라도 임대인과 임차인의 관계에서 임차인은 '상가건물임대차보호법'의 보장을 받는다. 임대인과 임차인은 계약체결 시에 임차목적물을 특정하고 임대인은 도면이 없어도 임차인의 사업장을 명확하게 인식하기 때문이다.

임차인이 사업자등록을 신청할 때 도면을 첨부하지 않거나 첨부했어도 위치가 다르다면, 경매가 진행될 때 임차인은 쫓겨날 수 있고 보증금의 전부 또는 일부를 잃게 될 수 있다. 하지만 임대차 관계의 당사자인 임대인이나 임대인의 지위를 승계한 매수인 등은 특별한 사정이 없다면 임차인을 쫓아낼 수 없다.

상가건물임대차보호법 제4조와 그 시행령 제3조 및 부가가치세법 제5조와 그 시행령 제7조(소득세법 및 법인세법상의 사업자등록에 준용)에 의하면, 건물의 임대차에 이해관계가 있는 자는 건물의 소재지 관할 세무서장에게 임대차와 사업자등록에 관한 사항의 열람 또는 제공을 요청할 수 있고, 사업자가 사업장을 임차한 경우에는 사업자등록신청서에 임대차계약서 사본을 첨부하도록 해서 임대차에 관한 사항의 열람 또는 제공은 첨부한 임대차계약서의 기재에 의하도록 하고 있으므로, 사업자등록신청서에 첨부한 임대차계약서상의 임대차목적물 소재지가 당해 상가건물에 대한 등기부상의 표시와 불일치하는 경우에는 특별한 사정이 없다면 그 사업자등록은 제삼자에 대한 관계에서 유효한 임대차의 공시방법이 될 수 없다. 또한 각 법령의 각 규정에 의하면, 사업자가 상가건물의 일부분을 임차하는 경우에는 사업자등록신청서에 해당 부분의 도면을 첨부해야 하고, 이해관계인은 임대차의 목적이 건물의 일부분인 경우 그 부분 도면의 열람 또는 제공을 요청할 수 있도록 하고 있으므로, 건물의 일부분을 임차한 경우 그 사업자등록이 제삼자에 대한 관계에서 유효한 임대차의 공시방법이 되기 위해서는 사업자등록신청 시 그 임차 부분을 표시한 도면을 첨부해야 한다.

(대법원 2008. 9. 25. 선고 2008다44238 판결)

# 임차인에게 불리한 특약은 유효할까?

## 상가건물임대차보호법에 위반되고 임차인에게 불리하면 무효

'상가건물임대차보호법'은 상가임차인에게 영업할 수 있는 최소기간을 보장하고 임대료 증액을 제한하는 등 상가임차인이 안정적으로 영업할 수 있는 최소한의 장치를 구비한 것이다. 이 법의 규정에 위반된 약정으로 임차인에게 불리한 것은 효력이 없다고 규정하면서, 그 목적이 임차인 보호에 있음을 분명히 한다.

양 당사자가 합의한 약정은 사적자치의 원칙에 따라 원칙적으로 유효하다. 하지만 그 내용이 '상가건물임대차보호법'의 규정에 위반되고 임차인에게 불리한 것은 무효가 될 수 있다. 다만 그 내용이 이 법의 규정에 위반되지만 임차인에게 불리한 것이 아니라면 유효할 수도 있다.

<**임차인에게 불리한 특약 사례**>

**<특약사항>**

① 계약기간 중 매년 1월 1일 월세를 3% 인상하고, 임차인은 이의를 제기하지 않는다.

② 이 상가건물에 대한 매매계약이 체결되면 임대인은 언제든지 임차인에게 계약해지를 통고할 수 있고, 통고 후 3개월이 경과하면 효력이 발생한다.

③ 임대인과 임차인은 계약기간 만료 2개월 전까지 임대차 종료에 대한 의사표시가 없는 경우에, 본 임대차계약은 동일한 조건으로 1년 연장한다.

④ 임차인이 2개월분의 월세를 연체하면 임대인은 계약을 해지할 수 있다.

⑤ 임대인은 이 상가건물을 재건축할 계획이 있고, 임대차계약 종료 시 임차인은 계약갱신을 요구하지 않는다.

⑥ 임대인이 해당 부동산을 직접 사용할 예정으로, 임차인은 계약기간 만료 시에 신규임차인을 주선하지 않는다.

⑦ 대형유통사가 유치될 경우 계약기간의 만료 전이라도 임대인은 임대차계약을 해지할 수 있다. 임대인이 임차인에게 해지 통보한 날로부터 3개월이 경과하면 계약 해지의 효력이 발생한다.

'① 일방적인 3% 인상'은 사정변경이 생기면 임차인은 감액을 청구할 수 있다고 규정한 이 법 제11조를 위반한 것이고, '② 일방적인 계약해지 통지'는 임차인의 대항력과 계약갱신요구권에 관한 규정을 위반한 것이다.

'③ 만료 2개월 전까지 의사표시가 없는 경우의 자동갱신'은 임차인의 계약갱신요구권행사권을 제한하는 내용이 되고, '④ 2개월분 월세 연체의 계약해지'는 3개월분의 월세를 연체 시에 계약해지할 수 있다고 규정한 이 법 제10조의 8을 위반한 것이다.

임대인은 임대차계약 체결 당시 공사시기 및 소요기간 등을 포함한 철거 또는 재건축 계획을 임차인에게 구체적으로 고지하고 그 계획에 따르는 경우에 임차인의 계약갱신요구를 거절할 수 있다(상가건물임대차보호법 제10조 제1항 제7호). 따라서 ⑤항은 이 법의 규정에 위반된다. ⑥항은 임차인의 권리금회수기회보호에 대한 규정을 위반한 것이고, ⑦항은 임대인의 일방적인 계약해지권으로써 임차인의 계약갱신요구권, 묵시적 갱신, 권리금회수기회보호 등의 규정을 제한하는 것으로 이 법의 규정에 위반된다.

### 유·무효 판단은 종합적으로 검토

임대차계약서에서 특정 내용의 효력 유무를 판단하기 위해서는 현행법의 위반 여부뿐만 아니라 임차인에게 불리한 것인지를 따져야 한다. 일반적으로 해당 특약 문구뿐만 아니라 기타 양당사자의 약정내용, 임대료의 적정성, 입점할 당시 임대차목적물의 상태, 임차인 입주 후 계약내용 변동, 특정 약정에 대한 임대인의 반대급부 유무 등을 종합적으로 고려해야 한다.

한편 임차인과 임대인이 해당 특약에 대한 주장이 다르다면, 유·무효의 판단 여부는 소송 등의 구제 절차를 거쳐야 한다.

# 10 분쟁조정위원회를 활용해 시간과 비용을 절약하기

빈번한 상담사례

　상가임대차에 관한 분쟁이 발생했을 때, 재판절차나 '민사조정법'에 따른 일반적인 조정절차는 경제적·시간적 부담이 커서 쉽게 접근하지 못했다. 이에 상가임대차 분쟁 해결을 위한 조정절차를 도입해서 관련 분쟁을 신속하고 효율적이며 원만하게 해결하기 위해서 2018년 10월 16일 관련 법이 개정되고 행정기관에 의한 조정제도가 도입되었다.

## 법률에 따라 상가건물임대차분쟁조정위원회 운영

　상가건물임대차분쟁조정위원회(이하 '조정위원회'라 한다)는 상가건물 임대차와 관련된 분쟁을 심의·조정한다. 조정위원회는 법률구조공단, 한국토지주택공사, 한국감정원, 서울특별시 등에 설치되어 있고, 각 기관은 법률에서 규정한 절차에 따라 운영하고 있다(상가건물임대차보호법 제20조).

조정위원회는 차임 또는 보증금의 증감에 관한 분쟁, 임대차 기간에 관한 분쟁, 보증금 또는 임차상가건물의 반환에 관한 분쟁, 임차상가건물의 유지·수선 의무에 관한 분쟁, 권리금에 관한 분쟁, 임대차계약의 이행 및 임대차계약 내용의 해석에 관한 분쟁, 공인중개사 보수 등 비용부담에 관한 분쟁 등 상가임대차에서 발생하는 전반적인 분쟁을 심의 및 조정한다.

상가임대차의 분쟁 당사자는 민사소송절차에 따라 법원의 판단을 받거나 조정위원회에서 심의·조정해볼 수 있다. 민사소송이란 사법상의 권리 또는 법률관계에 대한 다툼을 법원이 국가의 재판권에 의해 법률적·강제적으로 해결·조정하기 위한 일련의 절차다. 이에 반해 조정위원회는 당사자의 참여 의무를 담보하지 않기 때문에, 일방 당사자가 조정절차에 응하지 않으면 조정신청을 각하하고 종결한다. 피신청인의 참여 거부에 따라 조정이 각하·종결되면, 신청인은 많은 시간과 비용을 들여 법원에 소송을 제기하거나 억울하더라도 포기하는 경우가 발생한다. 또한 분쟁조정위원회는 해당 분쟁조정사건이 법원에 소가 제기되거나 '민사조정법'에 따른 조정이 신청되면 해당 조정신청을 각하한다.

## 조정위원회 참석에 대한 강제성은 없어

피신청인의 동의와 함께 조정절차가 진행된 후 합의하면 좋겠지만, 당사자 중 한 명이라도 조정위원회의 조정안을 수락하지 않으면 조정을 거부한 것으로 보고 종결한다. 조정위원회의 조정은 의무적인 절차가 아니라서 당사자를 조정절차에 강제로 참여시킬 수는 없다.

양 당사자가 조정위원회의 조정안을 수락해 합의가 성립되면 조정위원회 위원장은 조정안의 내용을 조정서로 작성한다. 조정위원회 위원장은 각 당사자 간에 금전, 그 밖에 대체물의 지급 또는 부동산의 인도에 관해서 강제집행을 승낙하는 취지로 합의한 경우에는 그 내용을 조정서에 기재해야 한다. 그리고 강제집행을 승낙하는 취지의 내용이 기재된 조정서의 정본은 '민사집행법' 제56조에도 불구하고 집행력 있는 집행권원과 같은 효력을 가진다. 즉 조정위원회에서 양 당사자가 합의한다면, 그 조정서는 부동산 명도 및 채권압류 등 강제집행에 관해서 법원 판결문과 같은 집행권원의 효력을 가진다.

## 조정위원회의 조정서는 판결문과 같은 집행권원의 효력

임차인이 임대차 종료 후에 임차물을 불법으로 점유할 때, 임대인은 명도소송을 제기 후 확정판결을 받아야만 임차인을 강제로 내보낼 수 있다. 하지만 소송은 최소 수개월이 필요하고 비용도 꽤 든다. 임대인이 승소하면 임차인에게 소송·강제집행 비용을 청구할 수 있지만, 현실적으로 받아내기란 여간 쉽지 않다. 임차인도 임대인이 합의한 날짜에 보증금 또는 기타 합의금을 반환하지 않으면, 법원에서 승소한 후 임대인의 재산을 압류해야 한다.

조정위원회의 조정서는 이와 같은 번거로운 소송절차를 생략할 수 있다. 양 당사자는 조정위원회에서 합의한 내용대로 조정서를 작성할 수 있고, 그 조정서는 판결문과 같은 집행권원의 효력을 가진다. 상대방이 조정서의 내용대로 이행하지 않으면, 일방 당사자는 관할 법원에 조정서를 첨부해서 집행문 부여 신청서를 작성해서 제출한다. 집행문을 부여받은 다음 지방법원 소속 집행관 사무실을 방문해서 강제집행을 신청하면 된다. 임대인은 국가권력에 기해서 불법점유하는 임차인을 강제적으로 내보낼 수 있다. 임차인은 보증금 등을 돌려주지 않은 임대인의 예금, 급료 등에 대해 압류명령과 추심명령, 전부명령을 신청해 강제로 집행할 수 있다.

# PART 02

·
·
·

# 임대차계약
# 체결

빈번한
상담사례
-------
실제
상담사례

# 11 상가임대차계약서 작성하기

직접 영업활동을 하는 임차인과 건물주인 임대인이 함께 작성하는 '상가건물임대차계약서'에 포함된 주요 내용으로는 ① 임차 상가건물의 표시, ② 계약 내용, ③ 특약사항, ④ 당사자 표시 등이 있다.

**임차 상가건물의 표시**

| 소재지 | 서울시 양천구 목동 406-244 1층 101호 | | | |
|---|---|---|---|---|
| 토지 | 지목 | 대 | 면적 | 588㎡ |
| 건물 | 구조·용도 | 철근콘크리트조 | 면적 | 683.38㎡ |
| 임차할 부분 | 101호(1층 좌측 일부) | | 면적 | 64.78㎡ |

유의사항 : 임차할 부분을 특정하기 위해서 도면을 첨부하는 것이 좋습니다.

'임차 상가건물의 표시'에는 임차물의 소재지, 토지, 건물, 임차할 부분 등을 명기한다. 토지의 지목 및 면적은 토지대장으로 확인하고, 건물의 구조·용도, 면적, 임차할 부분은 건축물대장을 통해 확인한다. 건물의 면적은 건물 전체의 연면적이고 임차할 부분의 면적은 임차목적물의 전용면적이다.

해당 점포가 구분점포로 각각의 소유권의 목적일 경우에는 등기부등본상 구분이 명확하다. 임차인이 구분점포를 임차할 때는 임대차계약서에 도면을 첨부할 필요가 없지만, 건축물대장 상 하나로 표시된 공간의 일부를 임차할 경우에는 도면을 첨부해야 한다. 임차인이 관할 세무서에서 사업자등록을 신청할 때도 도면이 필요하고, 도면이 첨부되지 않으면 임차목적물이 명확히 특정되지 않기 때문에 '상가건물임대차보호법'의 적용에서 제외될 수 있다.

**계약내용**

| 보증금 | 금 오천만 원정(₩50,000,000) |
|---|---|
| 계약금 | 금 오백만 원정(₩5,000,000)은 계약 시에 지급하고 수령함. 수령인(　인) |
| 중도금 | 금 (없음)　　　원정(₩　　)은　　년　　월　　일에 지급하며, |
| 잔 금 | 금 사천 오백만 원정(₩45,000,000)은 2022년 2월 30일에 지급한다. |
| 차임(월세) | 금 이백만 원정(₩2,000,000)은 매월 30일에 지급한다.<br>　부가세 ■ 불포함 □ 포함<br>(입금 계좌 :　　　　　　　　　　　　　) |
| 환산보증금 | 금 이억 오천만 원정(₩250,000,000) |

'계약내용'은 보증금, 월세, 임대차기간 등 임대차계약에 반드시 들어가야 하는 내용과 '민법', '상가건물임대차보호법'의

규정에 근거한 계약사항 등을 기재한다. 임차인이 상가를 인도받고 사업자등록을 신청하면 임대차계약의 환산보증금의 다과와 무관하게 대항력이 발생하지만, 환산보증금이 일정금액(서울시 : 9억 원)을 초과하면 확정일자를 부여받지 못해 우선변제권이 없으므로, 필요할 경우 전세권 등을 설정하는 것을 검토해야 한다.

임차인은 필요에 따라 임차인의 보증금반환채권보다 선순위가 될 수 있는 미납국세, 선순위 확정일자를 확인해야 한다. 임대인의 국세체납 여부를 열람하려고 한다면 임차인이 임대인의 동의하에 임차할 건물소재지의 관할 세무서장에게 신분증 사본을 첨부해서 '미납국세 등 열람신청서(상가임차)'를 접수하면 된다. 임차인이 상가건물의 선순위 확정일자를 확인하기 위해서는 임대인의 동의하에 관할 세무서장에게 '임대차 정보제공 요청서'를 작성해서 제출하면 된다.

〈빈번하게 사용하는 특약사항의 예시〉
① 이 임대차계약은 계약 당사자가 계약 내용에 합의하고, 부동문자로 된 계약내용까지 정독하고 계약을 체결한 것이다.
② 이 계약은 임차인이 개업공인중개사의 입회하에 임차목적물에 별다른 이상이 없음을 확인하고, 임대인은 계약 체결 시의 현 시설상태로 임차인에게 인도한다.
③ 계약 당사자는 임차목적물의 건물과 대지에 2021년 10월 10일 공동담보로 설정한 신한은행 근저당권 채권최고액 12억 원이 있는 상태에서 계약을 체결한다.

④ 임차목적물이 위치한 상가건물의 임차인(계약 당사자는 제외)은 계약체결 시 기준으로 6명이고, 보증금의 합계는 3억 원이다. 만일 사실 내용과 다를 때는 임차인은 본 임대차계약을 해제하고 손해배상을 청구할 수 있다.

⑤ 계약 당사자는 제6조(채무불이행과 손해배상)의 손해배상에 대한 별도의 약정이 없는 한 계약금 상당액을 손해배상금(위약금)으로 본다.

⑥ 임대인은 세금체납 여부를 확인하기 위해서 잔금을 지급하기 전까지 국세완납증명서 및 지방세완납증명서를 첨부하고, 체납 사실이 있는 경우에는 잔금을 지급하기 전까지 체납 문제를 해소한다.

⑦ 임대인은 임차인이 잔금 지급 시에 전세권 등기신청에 협조하기로 하고, 등기비용은 임차인이 부담한다.

법무부에서 제공한 '상가건물임대차표준계약서'의 제6조(채무불이행과 손해배상)는 계약의 불이행에 따른 손해배상청구 가능 여부에 관한 내용만을 담고 있으므로, 손해배상 범위에 대한 다툼의 소지를 없애기 위해 이 특약사항의 예시 ⑤항과 같이 위약금의 범위를 명기하는 것이 좋다.

# 상가건물 임대차 표준계약서

☐ 보증금 있는 월세　　☐ 전세　　☐ 월세

> 임대인(이름 또는 법인명 기재)과 임차인(이름 또는 법인명 기재)은 아래와 같이 임대차 계약을 체결한다.

**[임차 상가건물의 표시]**

| 소재지 | | | | | | |
|---|---|---|---|---|---|---|
| 토 지 | 지목 | | | 면적 | | ㎡ |
| 건 물 | 구조·용도 | | | 면적 | | ㎡ |
| 임차할부분 | | | | 면적 | | ㎡ |

유의사항 : 임차할 부분을 특정하기 위해서 도면을 첨부하는 것이 좋습니다.

**[계약내용]**

**제1조(보증금과 차임)** 위 상가건물의 임대차에 관하여 임대인과 임차인은 합의에 의하여 보증금 및 차임을 아래와 같이 지급하기로 한다.

| 보증금 | 금 | | 원정(₩ | | ) | |
|---|---|---|---|---|---|---|
| 계 약 금 | 금 | 원정(₩ | )은 계약 시에 지급하고 수령함. 수령인 ( | | (인) | ) |
| 중 도 금 | 금 | 원정(₩ | )은 _____년_____월_____일에 지급하며 | | | |
| 잔 금 | 금 | 원정(₩ | )은 _____년_____월_____일에 지급한다 | | | |
| 차임(월세) | 금 (입금계좌: | 원정(₩ | )은 매월 ____일에 지급한다. 부가세 ☐ 불포함 ☐ 포함 ) | | | |
| 환산보증금 | 금 | | 원정(₩ | | ) | |

유의사항 : ① 당해 계약이 환산보증금을 초과하는 임대차인 경우 확정일자를 부여받을 수 없고, 전세권 등을 설정할 수 있습니다. ② 보증금 보호를 위해 등기사항증명서, 미납국세, 상가건물 확정일자 현황 등을 확인하는 것이 좋습니다. ※ 미납국세 선순위확정일자 현황 확인방법은 '별지' 참조

**제2조(임대차기간)** 임대인은 임차 상가건물을 임대차 목적대로 사용 수익할 수 있는 상태로 ___년__월 ___일까지 임 차인에게 인도하고, 임대차기간은 인도일로부터 ___년 ___월 ___일까지로 한다.

**제3조(임차목적)** 임차인은 임차 상가건물을 _____(업종)을 위한 용도로 사용한다.

**제4조(사용·관리·수선)** ① 임차인은 임대인의 동의 없이 임차 상가건물의 구조 용도 변경 및 전대나 임차권 양도를 할 수 없다.

② 임대인은 계약 존속 중 임차 상가건물을 사용·수익에 필요한 상태로 유지하여야 하고, 임차인은 임대인이 임차 상 가건물의 보존에 필요한 행위를 하는 때 이를 거절하지 못한다.

③ 임차인이 임대인의 부담에 속하는 수선비용을 지출한 때에는 임대인에게 그 상환을 청구할 수 있다.

**제5조(계약의 해제)** 임차인이 임대인에게 중도금(중도금이 없을 때는 잔금)을 지급하기 전까지, 임대인은 계약금의 배액을 상환하고, 임차인은 계약금을 포기하고 계약을 해제할 수 있다.

**제6조(채무불이행과 손해배상)** 당사자 일방이 채무를 이행하지 아니하는 때에는 상대방은 상당한 기간을 정하여 그 이행 을 최고하고 계약을 해제할 수 있으며, 그로 인한 손해배상을 청구할 수 있다. 다만, 채무자가 미리 이행하지 아니할 의사를 표시한 경우의 계약해제는 최고를 요하지 아니한다.

**제7조(계약의 해지)** ① 임차인은 본인의 과실 없이 임차 상가건물의 일부가 멸실 기타 사유로 인하여 임대차의 목적대로 사용, 수익할 수 없는 때에는 임차인은 그 부분의 비율에 의한 차임의 감액을 청구할 수 있다. 이 경우에 그 잔존부분 만으로 임차의 목적을 달성할 수 없는 때에는 임차인은 계약을 해지할 수 있다.

② 임대인은 임차인이 3기의 차임액에 달하도록 차임을 연체하거나, 제4조 제1항을 위반한 경우 계약을 해지할 수 있다.

**제8조(계약의 종료와 권리금회수기회 보호)** ① 계약이 종료된 경우에 임차인은 임차 상가건물을 원상회복하여 임대인에게 반환하고, 이와 동시에 임대인은 보증금을 임차인에게 반환하여야 한다.

② 임대인은 임대차기간이 끝나기 6개월 전부터 임대차 종료 시까지 '상가건물임대차보호법' 제10조의 4 제1항 각 호의 어느 하나에 해당하는 행위를 함으로써 권리금 계약에 따라 임차인이 주선한 신규임차인이 되려는 자로부터 권리금을 지급받는 것을 방해해서는 안 된다. 다만, 상가건물임대차보호법 제10조 제1항 각호의 어느 하나에 해당하는 사유가 있는 경우에는 그러하지 아니한다.

③ 임대인이 제2항을 위반해서 임차인에게 손해를 발생하게 한 때는 그 손해를 배상할 책임이 있다. 이 경우 그 손해배상액은 신규임차인이 임차인에게 지급하기로 한 권리금과 임대차 종료 당시의 권리금 중 낮은 금액을 넘지 지 못한다.

④ 임차인은 임대인에게 신규임차인이 되려는 자의 보증금 및 차임을 지급할 자력 또는 그 밖에 임차인으로서 의무를 이행할 의사 및 능력에 관해서 자신이 알고 있는 정보를 제공해야 한다.

**제9조(재건축 등 계획과 갱신거절)** 임대인이 계약 체결 당시 공사시기 및 소요기간 등을 포함한 철거 또는 재건축 계획을 임차인에게 구체적으로 고지하고 그 계획에 따르는 경우, 임대인은 임차인이 상가건물임대차보호법 제10조 제1항 제7호에 따라 계약갱신을 요구하더라도 계약갱신의 요구를 거절할 수 있다.

**제10조(비용의 정산)** ① 임차인은 계약이 종료된 경우 공과금과 관리비를 정산하여야 한다.

② 임차인은 이미 납부한 관리비 중 장기수선충당금을 소유자에게 반환 청구할 수 있다. 다만, 임차 상가건물에 관한 장기수선충당금을 정산하는 주체가 소유자가 아닌 경우에는 그 자에게 청구할 수 있다.

**제11조(중개보수 등)** 중개보수는 거래 가액의 _____ % 인 _____ 원(부가세 □ 불포함 □ 포함)으로 임대인과 임차인이 각각 부담한다. 다만, 개업공인중개사의 고의 또는 과실로 인하여 중개의뢰인 간의 거래행위가 무효 취소 또는 해제된 경우에는 그러지 않는다.

**제12조(중개대상물 확인 설명서 교부)** 개업공인중개사는 중개대상물 확인 설명서를 작성하고 업무보증관계증서(공제증서 등) 사본을 첨부해서 임대인과 임차인에게 각각 교부한다.

**[특약사항]**

**※ 조정 관련 특약**

① 상가임대차계약과 관련해서 분쟁이 있는 경우 임대인 또는 임차인은 법원에 소를 제기하기 전에 먼저 상가건물임대차분쟁조정위원회에 조정을 신청해야 한다(□동의 / □부동의).

② 임차인이 상가건물임대차분쟁조정위원회에 상가임대차계약과 관련한 조정을 신청한 경우, 임대인은 조정절차에 성실하게 응해야 한다(□동의 / □부동의).

○ (참고) 상가건물임대차분쟁조정위원회 조정을 통할 경우 60일(최대 90일) 이내 신속하게 조정 결과를 받아볼 수 있습니다.

---

이 계약을 증명하기 위해서 계약 당사자가 이의 없음을 확인하고 각각 서명 날인 후 임대인, 임차인, 개업공인중개사는 매 장마다 간인해서 각각 1통씩 보관한다.　　　　　년　　　　월　　　　일

| 임대인 | 주　　소 | | | | | | | 서명 또는 날인 (인) |
| | 주민등록번호 (법인등록번호) | | | 전　화 | | 성　명 (회사명) | | |
| | 대 리 인 | 주소 | | 주민등록번호 | | 성　명 | | |
| 임차인 | 주　　소 | | | | | | | 서명 또는 날인 (인) |
| | 주민등록번호 (법인등록번호) | | | 전　화 | | 성　명 (회사명) | | |
| | 대 리 인 | 주소 | | 주민등록번호 | | 성　명 | | |
| 개업공인중개사 | 소 재 지 | | | | 소 재 지 | | | |
| | 사무소명칭 | | | | 사무소명칭 | | | |
| | 대　　표 | 서명 및 날인 | | (인) | 대　　표 | 서명 및 날인 | | (인) |
| | 등 록 번 호 | | 전화 | | 등 록 번 호 | | 전화 | |
| | 소속공인중개사 | 서명 및 날인 | | (인) | 소속공인중개사 | 서명 및 날인 | | (인) |

출처 : 법무부 웹사이트(www.moj.go.kr/moj/index.do)

# 12 임대인이 건물주 본인인지 확인하는 방법

빈번한 상담사례

현행법은 부동산 등기의 공신력을 인정하지 않기 때문에 부동산을 취득하고 소유권이전등기를 했어도 나중에 진정한 권리자가 나타나면 소유권을 뺏길 수도 있다. 사기꾼이 신분증을 위조하고 부동산을 팔거나, 월세 임차인이 주인인 척하면서 전세 세입자를 구해 목돈을 받고 잠적하는 경우도 있다. 이와같이 임대차계약 시에 다양한 사고가 날 수 있으므로, 특히나 목돈을 맡기는 임차인은 계약서의 구체적인 문구뿐만 아니라 상대방을 명확하게 특정해야 한다.

부동산을 사려는 매수인과 임차하려는 임차인은 반드시 소유권자를 확인해야 하지만 가짜 매도인이 신분증을 위조하거나 심지어 등기권리증 등을 위조한다면 제아무리 주의를 기울인다고 해도 피해를 볼 수밖에 없다.

## 임대인의 진위는 직접 확인해야

매수인과 임차인은 부동산 중개업소를 통해서 부동산을 매수하거나 임차할 때, 개업공인중개사에게 소유자 본인 여부를 확실히 확인하도록 요청할 뿐만 아니라 직접 상대방의 신분을 확인해야 한다. 부동산 중개업소를 통해 계약한 후 중개사고가 났을 때 개업공인중개사의 손해배상책임의 범위는 개업공인중개사가 주의의무 및 중개대상물 확인·설명 의무 등을 다했는지 등에 따라 달라져, 공인중개사를 믿고 거래한 매수인 또는 임차인도 손해를 볼 수 있기 때문이다.

일선 개업공인중개사는 임대인에게 등기권리증을 요구하면 임대인이 심기가 불편해져 계약성사에 지장을 주지 않을까 우려해 신분증만을 확인하는 경우가 많다. 특히 개업공인중개사가 처음으로 대면하는 임대인이라면 신분증과 등기권리증을 확인할 필요가 있다. 실무에서는 임차인의 요청으로 개업공인중개사가 자연스럽게 임대인이 등기권리증을 지참할 수 있도록 진행하기도 한다.

## 주민등록증 진위확인

국번 없이 1382로 전화를 걸어서 안내·설명에 따라 확인할 수 있고, 정부24(www.gov.kr)에서도 주민등록증의 사실 여부

확인이 가능하다. 하지만 가짜 주민등록증이어도 주민등록번호, 발급 일자 등을 진짜 주민등록증과 동일하게 만들었다면, 위조 주민등록증이 진짜로 판명될 수 있어서 주의해야 한다. 임차인이 임대인과 계약하면서 임대인의 주민등록증을 복사해두었다면 그 사본으로 진짜와 같은 가짜 주민등록증을 만들 수 있다.

주민등록증 진위확인방법 : 정부24

## 운전면허증 진위확인

운전면허증은 경찰청 교통민원24(www.efine.go.kr)에서 확인할 수 있다. 하지만 운전면허증도 주민등록증과 마찬가지로 가짜 운전면허증이 진짜와 동일한 면허번호, 암호 일련번호 등으로 만들었다면 진짜 운전면허증으로 판명되므로 주의해야 한다.

운전면허증 진위확인방법 : 경찰청교통민원24

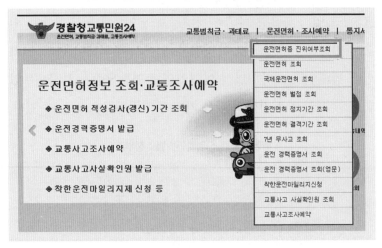

## 등기권리증 <sup>등기필증</sup> 확인

등기권리증은 재발급이 되지 않으므로 등기권리증을 소유하고 있다면 진정한 소유자로 볼 수 있다. 하지만 법무사와 등기소 담당자도 속을 정도로 등기권리증을 정교하게 위조하는 경우도 있으므로 서류만을 맹신해서는 안 된다. 등기권리증을 분실한 상황에서 그 부동산을 매도할 때는 법무사나 변호사 등 등기신청 대리인이 확인서면을 작성해서 첨부하면 되지만, 매수인이 직접 등기하고자 할 때는 매도인도 매수인과 같이 등기소에 직접 출석해야 하는 번거로움이 발생하기도 한다.

아파트 소유명의자를 사칭하는 사람이 주민등록증과 등기권리증을 위조해서 매도하였고, 소유권이전 등기서류를 검토한 법무사와 등기소 직원도 위조 여부를 알아채지 못해 잔금을 지급한 이후 소유권이전등기가 완료되었다. 그 후 결국 사기행각으로 확인되면서 진정한 소유자가 원인무효를 이유로 말소청구의 소를 제기해서 결국 소유권을 취득하지 못하게 된 매수자가 중개업자를 상대로 손해배상 청구를 했다. 매매 과정에서 중개업자의 주의의무 소홀함이 인정되어 손해금액을 중개업자와 매수인이 각각 60%, 40% 책임을 지게 되었다.

(서울고등법원 2005. 5. 11. 선고 2004나56013 판결)

## 관리비영수증과 재산세납부증명서를 확인

실제 거주하고 있는 집주인이라면 관리비영수증을 제시할 수 있고 재산세납부증명서를 어렵지 않게 보여줄 수 있다. 아무리 능력 있는 사기꾼일지라도 신분증, 등기권리증과 관리비영수증, 재산세납부증명서까지 위조하기는 쉽지는 않을 것이다.

납세증명서 발급방법 : 정부24

## 소유자 명의의 통장으로 입금

계약금뿐만 아니라 중도금, 잔금 등을 현금으로 지급하는 것 보다 소유자 명의의 통장으로 입금하는 것이 안전한 거래를 위해 바람직하다. 하지만 가짜 매도인이 실제 소유자의 신분증을 위조하고, 그 이름으로 통장을 개설해서 대금을 받아간 사례도 있었다. 매사에 조심할 필요가 있다.

## 기타 이웃집과 인사하기, 관리실에 확인

그 사람이 집주인인지 아닌지 옆집을 방문해서 확인할 수도 있다. 앞으로 이사올 것이라 인사차 방문했다고 하면서 자연스럽게 임대인에 관해 확인할 수도 있고, 또한 관리실을 방문해 현재 거주자가 소유자인지 임차인인지 등을 입주자 카드를 통해서 확인할 수 있다.

---

**관련 판례**　　중개업자의 당사자 확인 주의 의무

가. 중개업자는 선량한 관리자의 주의와 신의성실로써 매도 등 처분을 하려는 자가 진정한 권리자와 동일인인지 여부를 부동산 등기부와 주민등록증 등에 의해서 조사확인할 의무가 있다.

나. 등기권리증은 소유권이전등기 단계에서 분 아니라 그 이전의 거래에 있어서도 당사자 본인의 증명이나 처분권한의 유무의 확인 등을 위해서 중요한 자료가 되는 것이므로 중개업자로서는 매도의뢰인이 알지 못하는 사람인 경우 필요할 때에는 등기권리증의 소지 여부나 그 내용을 확인조사해 봐야 할 주의 의무가 있다.

(대법원 1993. 5. 11. 선고 92다55350 판결)

---

# 13 공동소유 건물의 임대차계약

빈번한 상담사례

## 과반수의 지분권자와 임대차계약 체결해야 권리 확보

공유물의 관리에 관한 사항은 공유자의 지분의 과반수로써 결정하고(민법 제265조), 임대차는 부동산의 사용·수익에 관한 내용으로 관리의 대표적인 형태 중 하나다. 따라서 공동소유자로 등기된 주택이나 상가 임대차계약에서 과반수의 지분권자와 계약을 체결해야 임차인이 적법하게 대항력과 우선변제권을 가지게 된다.

과반수란 50% 초과하는 것을 의미한다. 2인 공동명의의 부동산에서 2분의 1 지분권자 1명이 임차인과 임대차계약을 체결한 후 다른 지분권자가 무효를 주장하면 그 임차인은 법의 보호에서 배제될 수 있다. 즉 다른 지분권자가 임대차계약의 무효를 주장하면 적법한 임차인이 될 수 없다.

다음과 같이 3분의 1씩 3명이 공유하고 있다면 임차인은 2명 이상의 임대인과 임대차계약을 해야 하고, 부부공동명의와 같은 경우 1명만으로는 과반이 되지 못하므로 2명 모두의 의사를 확인해야 한다.

| 순위번호 | 등기목적 | 접 수 | 등기원인 | 권리자 및 기타사항 |
|---|---|---|---|---|
| 【 갑　구 】 (소유권에 관한 사항) | | | | |
| 1 | 소유권보존 | 1993년 7월 15일 제37563호 | | 공유자 지분 3분의 1 정구상 5700101-\*\*\*\*\*\*\* 경기도 성남시 중원구 은행로7번길<br><br>지분 3분의 1 이명현 580825-\*\*\*\*\*\*\* 경기도 양평군 강상면 강남로 897<br><br>지분 3분의 1 김일동 651231-\*\*\*\*\*\*\* 서울특별시 서초구 서초중앙로 157 |

### 위임장과 인감증명서의 확인 필요

과반수의 지분권자가 임대차계약서에 직접 서명·날인하지 못한 경우에, 임차인은 '상가건물임대차보호법'의 보호를 받기 위해서 계약 시에 참석하지 않은 지분권자의 인감증명서 및 위임장을 확인해야 한다.

부부공동명의의 부동산도 마찬가지로 계약장소에 나오지 않은 배우자의 임감증명서 및 위임장을 확인해야 한다. 또한 부부공동명의의 경우는 배우자에 관한 공문서를 쉽게 구할 수 있으므로, 유선으로 의사를 재차 확인하는 것이 좋다.

# 14 대리인과 부동산 계약할 때 확인 사항은?

부동산 임대차 또는 매매계약을 체결할 때 소유권자가 외국에 있거나 부득이한 사정으로 계약 체결장소에 나오지 못해 대리인과 계약을 하는 경우가 있다. 만약 나중에 소유권자 본인이

대리인과 계약서의 특약사항 조항 사례

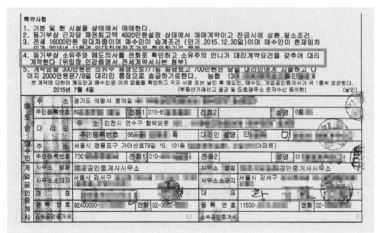

대리권 수여를 부정하거나 대리권을 주장했던 사람이 무권대리 자라면 임차인은 보증금을 회수하지 못하거나, 시설비용 등을 손해를 볼 수도 있다. 또한 매수인 또는 임차인은 계약금을 날릴 수도 있다. 물론 중개업자의 과실을 따져 중개업자로부터 일부 손해배상을 받을 수 있다.

## 본인 의사를 확인하고 임대인 통장으로 입금

일반적으로 위임장과 인감증명서로 대리의 권한을 증명한다. 하지만 본인과 대리인이 친족관계, 특히 부부관계라면 이와 같은 서류의 입수가 쉽기 때문에 적법한 대리관계로 인정받지 못할 수도 있다. 그러므로 유선상으로 본인의 임대 의사를 확인해 적법한 대리인임을 검증하고 계약금에서 잔금까지 임대인의 통장으로 계좌이체하는 것이 안전하다.

실무에서는 임대인과 통화하면서 생년월일이나 주민등록번호의 뒷자리 등을 물어보면서 본인 여부를 확인하고, 임대인이 장기간 외국에 나간 경우가 아니라면 잔금을 지급하기 전에 본인이 중개업소에 들러 자필로 서명하겠다는 특약을 명기하기도 한다. 한편 임대차계약금액이 소액일 경우는 가사대리권이 인정되므로, 배우자의 위임장과 인감증명서 없이 부부 중 1명만 임대차계약서에 서명해도 임차인은 법의 보호를 받을 수 있다.

부부의 일방이 일상의 가사에 관해서 제삼자와 법률행위를 한 때는 다른 일방은 이로 인한 채무에 대해서 연대책임이 있다(민법 제832조). 부부의 재산은 별산제가 원칙이므로 본인 명의의 재산은 본인이 처분하고 그 책임도 본인만이 부담한다. 다만 임대차, 차용, 사업 등에서 형식적으로는 1명의 행위로 보여지더라도 실질적으로는 부부 공동의 행위로 보아 부부가 함께 책임을 지게 함으로써 거래의 안전을 도모하는 것이다.

## 부동산 거래 위임장

1. 거래 부동산의 표시

| 소재지 | |
|---|---|
| 기 타 | |

2. 위임인 및 수임인의 인적 사항

| 위임인 | 주 소 | | | | |
|---|---|---|---|---|---|
| | 주민등록번호 | | 전화 | | 성명 |
| 수임인 | 주 소 | | | | |
| | 주민등록번호 | | 전화 | | 성명 |

3. 위임한 권한 및 금액

| 위임한 권한 | 위 부동산의 □ 매매계약 체결, □ 임대차계약 체결, □ 기타( ) |
|---|---|
| 위임한 부 분 | |
| 위임한 금 액 | 금 원정(₩ 원정) |
| 기 타 | |

제1조 상기 위임인은 수임인에게 상기 대상 부동산의 거래계약과 관련해서 상기 내용과 같이 그 권한을 위임합니다.

제2조 상기 위임인은 거래계약체결 상대방에게 위임사실을 알리기 위해서 별첨과 같은 인감증명서를 첨부해서 수임인에게 지급합니다.

별 첨 : 인감증명서 1통

년 월 일

위임인 : (서명/날인)

# 15 신탁 부동산의 임대차계약

빈번한 상담사례

아파트, 구분상가 등과 같은 집합건물에서 건축주 또는 시행사가 토지 및 건물을 신탁회사에 신탁하고 임차인을 구하는 경우가 종종 있다. 아파트, 오피스텔 및 집합상가와 같은 대형건물을 건축한 주체는 신탁을 통해 안정적으로 자금을 조달할 수 있고, 신탁회사는 건축주와 관련한 다른 채권자들로부터 받을 수 있는 압류, 가압류, 가처분 등과 같은 권리행사를 방지할 수 있다.

토지 및 신축건물에 대해서 일정 기간 신탁회사 앞으로 소유권을 이전하고, 건축주나 시행사 등 위탁자가 임대차계약 관련 업무를 진행하는 경우가 많다. 등기부등본상의 소유권자가 아닌 건축주가 신탁 부동산을 임대할 때 임차인은 건축주가 임대할 권한이 있는지를 확인해야 한다.

'부동산 신탁'이란 신탁을 설정하는 자(이하 '위탁자'라 한다)와 신탁을 인수하는 자(이하 '수탁자'라 한다) 간의 신임 관계에 기해서 위탁자가 수탁자에게 특정의 부동산을 이전하거나 담보권의 설정 또는 그 밖의 처분을 하고 수탁자에게 일정한 자(이하 '수익자'라 한다)의 이익 또는 특정의 목적을 위해서 그 부동산의 관리, 처분, 운용, 개발, 그 밖에 신탁 목적의 달성을 위해 필요한 행위를 하게 하는 법률관계를 말한다. 즉 부동산의 소유권자는 신탁회사에 부동산의 관리, 처분, 개발을 위탁하면서 소정의 신탁 보수를 지급한다.

· **담보 신탁** : 담보 신탁은 채권 담보를 위에 부동산 소유권에 근저당권 설정하는 대신 수익권증서를 담보로 우선수익자인 금융기관으로부터 위탁자가 대출을 받는 것이다. 신탁 회사는 위탁자의 부동산을 관리하고 그 위탁자가 금융기관으로부터 대출금을 갚지 못하면 부동산을 처분한 뒤 대출 은행의 차입금을 상환한다.

· **관리 신탁** : 관리 신탁이란 수탁자가 인수한 부동산을 전적으로 직접 관리를 하거나, 수탁자가 그 인수한 부동산에 일부를 관리하고 일부는 위탁자 또는 제삼자가 관리하는 것을 말한다.

· **처분 신탁** : 부동산의 소유권을 신탁회사 명의로 등기한 후 부동산을 대신 팔아주는 유형이다.

· **개발 신탁** : 신탁회사가 토지 소유자의 의견과 입지 분석, 이용계획 등을 종합적으로 기획한 후, 이를 토대로 건물을 신축하고 건물을 일정 기간 임대 관리하거나 처분해 사업수익을 토지 소유자인 위탁자에게 돌려주는 유형이다.

## 건축주 등 위탁자가 임대할 때는 신탁회사의 동의를 받아야

수탁자인 신탁회사가 신탁등기 설정 후 임대하는 경우이거나 신탁등기 전에 이미 대항력을 갖춘 임차인이라면 현행법의 보

호를 받는 데 특별한 문제가 없지만, 위탁자인 시행사가 신탁등
기 후에 임의로 신탁 부동산을 임대하면 문제가 발생할 수 있다.

| 【 갑　구 】 (소유권에 관한 사항) | | | | |
|---|---|---|---|---|
| 순위<br>번호 | 등기목적 | 접 수 | 등기원인 | 권리자 및 기타사항 |
| 3 | 소유권이전 | 2021년<br>2월 1일<br>제305호 | 2021년<br>1월 1일<br>신탁 | 수탁자 ○○신탁회사<br>서울시 강서구 등촌동 ○○-○○ |
| | | | | 신탁<br>신탁원부 제15호 |

신탁소유관계와 임대차계약 법률관계에서 최대 관심사는 임
대차계약이 해지 또는 종료되었을 때 임차인이 임대차보증금을
온전히 돌려받을 수 있는지 여부다. 원칙적으로 신탁 부동산의
소유관계에 비추어 신탁된 부동산 임대차계약에서 임차인은 수
탁자인 신탁회사와 임대차계약을 해야 한다. 하지만 실제 신탁
실무에서는 시행사 등 위탁자가 수탁자의 동의를 받아 임대차
계약을 체결하는 것이 일반적이다.


**신탁원부에서 임대권한 확인**


임차인이 신탁등기가 경료된 부동산에 대해 임대차계약을 체
결할 때는 대내외적으로 소유권자며 수탁자인 신탁회사와 임대

차계약을 체결하거나, 수탁자의 동의를 얻은 위탁자에게도 임대권한이 있는지 신탁원부의 신탁계약서를 확인하고 위탁자와 임대차계약을 체결하면 된다. 또한 임대차보증금은 누구에게 지급해야 하는지도 신탁계약서를 꼼꼼하게 살펴야 추후 야기될 수 있는 사고를 방지할 수 있을 것이다.

그런데 대개 임차인들은 신탁등기가 경료되어 있는데도, 신탁제도에 대한 이해 부족으로 신탁원부를 확인하지 않는 경향이 있다. 소유권 및 임대차계약 체결권한이 여전히 위탁자인 시행회사 및 분양회사에 있는 것으로 오인해 분양회사와 임대차계약을 체결하고 보증금도 분양회사에 지급하는 경우도 발생하고 있다. 이렇게 되면 임차인은 임대차보호법의 보호에서 배제되거나 보증금의 전액 또는 일부를 손해볼 수 있다.

임대차계약을 체결하려는 임차인들은 반드시 신탁원부상의 신탁계약내용을 확인해야 한다. 만일 분양회사인 위탁자와 임대차계약을 체결하는 경우에는 수탁사의 동의서가 첨부되어 있는지 반드시 확인해야 한다. 분양회사와 임대차계약을 체결한 뒤 '임대차보호법'의 대항력과 우선변제요건인 확정일자를 취득했더라도, 신탁회사의 사전 동의를 거쳐 계약이 체결되지 않는다면 대내외적 소유권자인 수탁자는 임대차 관계를 인정하지 않고 임차인에게 명도를 구할 수 있으므로 주의해야 한다. 이때 만약 분양회사가 부도 또는 폐업한 경우라면 임차인의 보증금

회수방법이 사실상 없다.

신탁원부 사례

# 신 탁 원 부

(갑) 위탁자겸 수익자   ○○○○ 주식회사
　　　서울특별시 동작구 흑석동 000-0
　　　대표이사   ○○○
　　　(720215-1000000)


(을) 수   탁   자   ○○ 부동산 신탁 주식회사
　　　서울특별시 중구 서소문로 124
　　　대표이사   ○○○
　　　대리인 강남지점장 ○○○
　　　(750815-1000000)

| | | |
|---|---|---|
| 1 | 신탁의 목적 | 분양형 토지, 건물(개발)신탁 |
| 2 | 신탁재산의 표시 | 별지 목록과 같음 |
| 3 | 신탁재산의 개발 | 별지 목록의 건물을 건축해서 개발 및 분양, 관리에 관한 일체의 업무를 수행함 |
| 4 | 신탁종료의 사유 | 신탁기간의 만료 또는 신탁계약의 중도해지 |

위탁자 겸 수탁자 ○○○○ 주식회사(이하 '갑'이라 함)과 수탁자 ○○ 부동산 신탁 주식회사(이하 '을'이라 함)는 수익자 및 우선수익자를 위해서 아래와 같이 신탁계약을 체결한다.

신탁원부는 가까운 등기소를 방문해 '부동산 등기사항증명서 발급신청서'에 신청인의 성명, 연락처 등을 기록하고 선택사항

중 신탁원부를 체크하고 제출하면 발급받을 수 있다.

## 중개업자는 신탁조항을 확인한 후 성실·정확하게 설명할 의무

개업공인중개사는 중개의뢰의 본지에 따라 선량한 관리자의 주의로써 의뢰받은 중개업무를 처리해야 할 의무와 신의와 성실로써 공정하게 중개행위를 해야 할 의무를 부담한다. 중개대상물의 권리자에 관한 사항을 포함해 중개대상물의 권리관계, 법령의 규정에 의한 거래 또는 이용제한사항 등을 확인해 중개의뢰인에게 설명할 의무가 있다.

개업공인중개사는 신탁물건을 임대차계약 체결하기 전에 수탁자의 사전 동의를 구해야 하는 것이 원칙이지만, 일선에서는 계약을 체결한 후 사후동의를 구하는 경우가 많다. 개업공인중개사는 원칙에 위배되는 신탁물건의 거래는 위험하다는 것을 인지하고, 신탁원부를 발급받아 신탁계약서의 세부 조항을 확인한 뒤 중개의뢰인에게 성실하고 정확하게 설명해야 한다. 중개의뢰인이 개업공인중개사의 설명을 충분히 듣고 의사결정을 해야 개업공인중개사는 손해배상책임에서 벗어날 수 있다.

# 16 건물주가 바뀌면 계약서를 새로 써야 할까?

## 기존계약서는 새 건물주에게도 유효

상가임대차는 그 등기가 없는 경우에도 임차인이 건물의 인도와 사업자등록을 신청하면 다음날부터 제삼자에 대해서 효력이 생기고, 임차건물의 양수인은 임대인의 지위를 승계하는 것으로 본다(상가건물임대차보호법 제3조). 따라서 상가건물이 매매되거나 상속되어 건물주가 바뀔 때, 사업자등록을 마치고 대항력 있는 임차인이라면 현행법에 따라 새 건물주에게 임차권이 승계되므로 계약서를 다시 쓸 필요가 없다.

그러므로 해당 상가에서 사업자등록을 갖추고 영업 중인 임차인은 건물주가 바뀌더라도 계약만료일까지 계속해서 영업할 수 있다. 또한 임차인은 특별한 사유가 없는 한 최초 임대차기간을 포함해 10년 동안 영업할 수 있고, 계약기간 만료 시에 새 건물주에게 보증금을 반환받을 수 있다.

## 새 건물주는 연체차임채권을 인수해야 계약해지 가능

상가건물의 소유권이 이전되기 전에 이미 발생한 연체차임이나 미납 관리비 등은 별도의 채권양도절차가 없는 한 원칙적으로 새 건물주에게 이전되지 않고 전 임대인만이 임차인에게 청구할 수 있다. 임차물의 차임이나 관리비는 사용·수익의 대가로써 임차인에게 임차건물을 사용하도록 할 당시의 임대인에게 귀속되기 때문이다.

따라서 새 건물주가 소유권을 취득하기 전에 임차인이 3기 이상의 차임을 연체했어도, 새 건물주는 그것을 사유로 임대차 계약을 해지할 수는 없다. 새 건물주는 임대인의 지위를 승계한 이후의 연체차임액이 3기 이상의 차임액에 달해야만 임대차 계약을 해지할 수 있다. 만약 새 건물주가 소유권등기 이전부터 차임을 연체하고 있는 임차인에 대해서 임대차계약을 해지하고 싶다면 미리 채권양도절차에 따라 연체차임채권을 인수해야 한다.

새 건물주가 소유권을 취득하기 전까지 발생한 연체차임이나 관리비 등이 있으면, 새 건물주는 임대차관계의 종료 시에 특별한 사정이 없는 한 연체차임 등을 임대차보증금에서 공제할 수 있다. 일반적으로 임차건물의 양도 시에 연체차임이나 관리비 등이 남아있더라도 나중에 임대차관계가 종료되는 경우 임대차보증금에서 이를 공제하겠다는 것이 당사자들의 의사나 거래관념에 부합하기 때문이다(대법원 2017. 3. 22. 선고 2016다218874 판결).

## 계약갱신요구권이 새롭게 설정되지는 않아

임차인이 바뀐 임대인과 임대차계약의 당사자를 명확히 하고자 새로운 계약서를 작성하는 경우도 있다. 매매든 상속이든 바뀐 임대인과 새로운 계약서를 작성했더라도 임차인 계약갱신요구기간 10년은 새롭게 시작하지 않는다. 임차인의 계약갱신요구권은 최초의 임대차기간을 포함한 전체 임대차기간이 10년을 초과하지 않는 범위에서만 행사할 수 있기 때문이다.

# 17 미등기상가를 임차할 때 주의사항

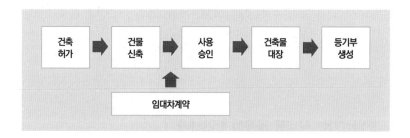

아직 완공되지 않은 건물은 건축물대장, 등기부등본 등이 생성되지 않아, 임대차계약을 체결할 때 일반적인 임대차계약보다 임차인의 세심한 주의가 필요하다.

## 분양계약서에 임대차 관계 표시

해당 건물에 대한 등기부등본이 없으므로 임대인이 진정한 분양권자인지를 분양계약서 원본을 통해 확인하고, 임대인의 신분도 주민등록증 등 신분증으로 직접 확인해야 한다. 임대인이 이중으로 임대차계약을 하거나 분양권을 전매할 경우를 대비해 분양계약서에서 명의변경란의 공란에 임대차 관계를 표시할 수도 있다. 또한 필요한 경우 임대인이 분양대금연체사실 여부를 해당 시행사나 조합에 확인해야 한다.

건축물대장이 없으므로 건물규모, 면적, 임대공간의 위치 등은 허가 도면 등을 통해 확인하고, 분양계약서의 면적과 허가 도면을 비교할 필요도 있다.


## 분양상가는 시세를 꼼꼼히 확인해야

분양상가의 임대차계약에서 임차인은 공적 장부로 확인할 수 없는 소유권, 면적 등에 골몰한 나머지, 정작 중요한 시세를 제대로 확인하지 않고 터무니없이 높은 월세로 임차하는 경우가 있다. 아파트나 빌라 등 주택은 부동산 사이트 등을 통해 주변 시세를 쉽게 확인할 수 있는 것에 비해 상가는 그렇지 못하다.

임차인은 분양업자 말에만 의존하지 말고 임대차계약 체결하기 전에 반드시 관련 전문가로부터 시세 등에 대한 조언을 얻어야 한다. 분양상가의 경우에 최초로 입점할 때는 권리금이 없어서 높은 월세를 감수하더라도 나중에 권리금을 적절히 받을 것을 기대하고 입점했다가 낭패 보는 일도 심심치 않게 발생하고 있다.

## 건물주와 토지주 모두 확인해야

소규모 단독건물의 임차인은 토지주와 건축허가서의 건축주를 모두 확인해야 한다. 만약 토지주와 건축주가 다를 경우 2명 모두를 임대인으로 명기한 계약서를 작성해야 한다. 건물 준공 후 토지주와 건물주가 달라 임차인 현행법의 보호를 받지 못하는 경우도 나올 수 있기 때문이다. 그리고 토지등기사항전부증명서의 갑구 및 을구를 통해 세금체납, 가압류, 대출금 등에 대한 사실도 확인해야 한다.

# 18 위반건축물의 유의사항

빈번한 상담사례

건물을 매매하거나 임대차할 때 위반건축물인지 여부는 건축물대장을 통해 확인할 수 있다. 물론 위반건축물이라도 매매나 임대차가 불가능한 것은 아니지만 그것을 모르고 매수하거나 임차했다면 예상치 못한 낭패를 볼 수도 있다. 그리고 임차인은 위반건축과 무관하게 임대인과의 관계에서 '상가건물임대차보호법'의 보호를 받게 되지만, 위반된 부분이 원상복구명령으로 철거될 수 있다는 것을 유념해야 한다.

해당 건물에 위법 사항이 있지만 관할 기관에서 확인하지 못해 건축물대장에 등재되지 않은 경우가 있기 때문에, 임차인은 계약을 체결하기 전에 임차물의 실제 면적과 건축물의 대장상 면적을 비교·확인할 필요가 있다.

## 건축물대장의 위반건축물 기재 사례

위반건축물로 등재되면 원상복구명령이 있게 되고, 그 명령을 이행하지 않으면 매년 2회 이내에서 이행강제금이 부과된다. 위반건축물을 매수할 때는 사전에 해당 구청의 관련 부서(주택과)를 방문해 위반내용에 대한 원상복구 가능성과 연간 부과되는 이행강제금액 수준을 확인해야 한다.

이행강제금은 애초에 부과처분을 받은 자가 납부해야 하고, 소유자가 변경된 경우 행정기관은 새로운 소유자에게 다시 시정명령을 하고 그 이행 여부에 따라 이행강제금 부과 여부를 결정하게 된다.

### 불법건축물의 책임소재를 분명히 명기해야

건축물을 매수하거나 임대차할 때 위법한 부분이 경미하다면 시정조치 없이 계약을 체결할 수 있지만, 위반해서 건축된 부분이 중대한 하자라면 매매가격 또는 임대가격에 영향을 줄 수 있다. 그래서 매수인(임차인)은 매도인(임대인)이 계약 체결 시에 불법 부분의 처리와 이행강제금 납부 등을 책임지도록 "매도인(임대인)은 위반된 건축물을 잔금 이전까지 시정조치하고 건축물대장에서 위반건축물 표시를 말소하기로 한다. 또한 위반건축물의 조치 지연으로 인한 이행강제금 납부는 매도인이 책임진다"라는 취지를 포함해 특약으로 명기할 필요가 있다.

# 19 제소전화해와 임차인 명도

'제소전화해'란 민사분쟁이 소송으로 발전하는 것을 방지하기 위해서 소송을 제기하기 전 화해를 원하는 당사자의 신청으로 지방법원 단독판사 앞에서 행해지는 화해를 말한다.

제소전화해 신청을 받은 법원은 화해기일을 지정해서 당사자 쌍방을 소환한다. 화해기일에는 판사가 당사자 쌍방에게 화해의사를 확인하고, 제소전화해가 성립되면 법원이 화해조서를 작성하게 된다. 이 화해조서는 확정판결과 같은 효력을 가지므로, 별도의 재판절차 없이 바로 상대방의 재산에 대해 강제집행을 할 수 있게 된다는 장점이 있다.

## 제소전화해조서로 강제집행 신청 가능

임차인이 월세를 내지 않는다고 임대인이 임의로 문을 열고 들어가서 임차인의 물건을 옮긴다거나 자물쇠를 교체하면 형사적 문제가 될 수 있다. 임차인이 월세를 연체할 때, 명도소송과 강제집행 신청은 1년 이상이 소요되므로, 임대차보증금이 충분하지 않다면 임대인은 손해볼 수밖에 없다. 하지만 "임차인이 3개월 이상 월세를 연체하면 임대인은 계약을 해지할 수 있고 임차인은 즉시 임차물을 명도한다"라는 내용을 포함한 제소전화해 조서를 받아놓으면 임대인은 명도소송을 생략한 채 곧바로 법원에 강제집행을 신청해 임차인을 내보낼 수 있다.

임대인은 계약만료일이 도래해서 동일한 임차인과 재계약을 하는 경우 제소전화해 조서를 다시 받아야 한다. 제소전화해 성립 이전에 임차인이 무단으로 제삼자에게 전대해서 불법으로 점유한 경우는 화해조서를 근거로 강제집행을 할 수 없고 제삼자에 대한 집행권원을 새롭게 얻어야 집행할 수 있다. 따라서 제소전화해 조서로 정당한 권리를 행사하기 위해서는 제소전화해가 성립될 때까지 임차인이 임대인의 동의 없이 전대차를 하지 못하도록 점유이전금지가처분을 고려할 수도 있다. 하지만 법원에서 계약하는 단계에서 굳이 점유이전금지가처분에 대한 보존의 필요성을 묻게 되면 대답이 어색해질 수밖에 없다.

원칙적으로 제소전화해조서가 성립된 이후의 불법점유자라면 그에 대한 승계집행문을 새롭게 부여받아 강제집행을 할 수 있다. 그러나 제소전화해 조서의 효력은 재판의 당사자 간에만 미치는 것이 원칙이어서 나중에 건물의 점유를 넘겨받은 사람에 대해서 판결의 효력이 승계되지 않을 수 있다. 소유권에 기한 명도청구와 같은 물권적 청구권일 경우에는 제소전화해의 효력이 승계되지만, 임대차와 같이 채권적 청구권에 기해서 성립한 화해는 기판력이 미치지 않는다(대법원 1991. 1. 15. 선고 90다9964 판결).

예를 들어 임차인의 불법점유로 인해서 임대인이 소유권에 기한 방해배제청구권(물권적 청구권)으로 명도청구 후 판결이 선고되었다면 변론 종결일 이후의 점유자는 판결의 효력을 그대로 받게 되지만, 반면 임대차계약기간 만료에 따른 청구(채권적 청구권)에 기한 판결이 선고되었다면 변론종결 이후의 무단점유자에 대해서 기존의 판결효력이 미치지 않게 된다.

따라서 건물명도를 위해 제소전화해를 신청한 것이라면, 명도신청을 임대차기간 만기나 월세 미납과 같은 채권적인 청구권뿐만 아니라 소유권에 기한 방해배제청구권의 물권적 청구권에 근거하고 있다는 점을 신청서상에 적극적으로 반영해야 한다.

# 제 소 전 화 해 신 청

신청인 : 이진성
　　　　서울시 양천구 목동 00-000
피신청인 : 문종현
　　　　서울시 관악구 신림동 000-00

**점포 등 명도 청구의 화해**

## 신청취지

신청인과 피신청인은 다음 화해조항 기재 취지의 제소전화해를 신청합니다.

## 신청원인

1. 피신청인은 2015.2.1. 신청인 소유 서울시 양천구 목동 932 위 지상 건물 1층 건평 100㎡를 임대해서 사용하기로 하고, 임대보증금 100,000,000원에 임대기간은 2015. 2. 1.부터 2020. 1. 31.까지로 하며, 월임료는 매월 말일에 금 1,000,000원씩을 지급하기로 해서 임대차계약을 체결했습니다.
2. 이러한 위 계약에 관한 후일의 분쟁을 방지하기 위해서, 당사자 쌍방 간에 아래와 같은 화해가 성립되어 이 건 청구에 이른 것입니다.

## 화해조항

1. 피신청인은 신청인에게 별지목록 기재 부동산의 1층 전부 100㎡를 임대계약 만료일인 2020. 1. 31. 원상복구 해서 명도한다.
2. 피신청인은 신청인에게 2015. 2. 1.부터 2020. 1. 31.까지 월임료로 매월 금 1,000,000원을 매월 말일 지급한다.
3. 피신청인은 임차권 및 임차보증금을 타인에 양도, 전대, 담보할 수 없으며, 월 임대료를 3회 이상 연체할 경우 위 제1항 기재 점포를 즉시 명도한다.
4. 피신청인이 임차한 점포에 대한 권리금, 유익비 등은 일체 인정하지 않는다.
5. 임대기간 종료 후 명도지연으로 인한 명도 소송비용 및 강제 집행비용은 피신청인의 부담으로 한다.
6. 임차인의 책임으로 명도지연 시 임대기간 종료 다음날부터 임차인은 위약금으로 매월 월임료의 3배를 임대인에게 지급하기로 한다.
7. 신청인은 이 비용을 임대보증금에서 공제할 수 있다.
8. 피신청인은 임차기간 중 피신청인의 고의과실로 발생하는 화재·도난·안전사고 등에 의한 점포의 시설 파손에 대해서는 일체의 민·형사상의 책임을 진다.
9. 화해비용은 각자의 부담으로 한다.

## 첨부서류

1. 등기사항전부증명서　　　　　　　　1통
2. 건축물대장　　　　　　　　　　　　1통
3. 임대차계약서 사본　　　　　　　　　1통

2020. 2.

신청인 이진성　(인)

**서울지방법원** 귀중

## 명도지연을 대비해서 위약금 부담 약정

임대인은 강제집행을 하더라도 집행하기 이전에 생기는 손해를 배상받는 데 여의치 않으므로, 임차인이 명도를 제때하지 않을 경우를 대비해 "임차인은 계약만료일을 지체할 때 월차임의 3배를 위약금으로 부담한다"라는 등의 지체일수당위약금을 물도록 하는 특약도 넣을 필요가 있다.

# 20 상가에서 업종을 제한할 수 있을까?

## 상가를 분양할 때 업종제한은 유효

대규모 상가에서 상가를 효율적으로 활성화하기 위해 분양계약 목적물에서 운영할 수 있는 업종을 정해서 분양하는 경우가 있다. 그 상권에 맞는 다양한 업종을 골고루 배치하고, 해당 점포에서 수분양자에게 그 업종을 독점적으로 운영하도록 보장한다. 한 건물에서 동종의 점포가 우후죽순 생기는 것을 방지하고, 특정 영업의 운영이 독과점적으로 보장된다는 전제 아래 수분양자는 특정 점포를 분양받게 된다.

## 상가매수인도 업종 제한 준수 의무가

수분양자뿐만 아니라 분양받은 상가를 매수한 사람 또는 그 점포를 임차한 사람은 이러한 업종제한의 의무를 수인하기로 했다고 봐야 한다. 분양자의 지위를 이전받은 사람이 수분양자로부터 업종제한에 관해서 아무런 고지를 받지 못했어도, 그 상가건물의 업종제한에 관한 약정을 준수할 의무가 있다. 다만 여기서 분양자의 지위를 승계받은 양수인은 수분양자인 양도인을 상대로 손해배상청구를 할 수 있을 뿐이다.

업종이 제한된 상가건물을 경매나 공매로 낙찰받았을 경우, 업종이 지정된 상가를 매수한 매수자가 지정된 업종만 영업해야 하는 것처럼 경매나 공매의 매수인도 지정된 업종만 영업할 수 있다. 만약 점포의 분양자 또는 분양받은 상가의 매수자가 정해진 업종제한약정을 위반할 경우, 피해를 볼 처지에 있는 다른 수분양자는 영업금지가처분 및 손해배상을 청구할 수 있다.

**관련 판례**　업종을 지정한 상가분양 효력

건축회사가 상가를 건축해서 점포별로 업종을 지정한 후 분양한 경우 수분양자나 수분양자의 지위를 양수한 자는 특별한 사정이 없는 한 상가의 점포 입주자들에 대한 관계에서 상호간에 명시적이거나 또는 묵시적으로 분양계약에서 약정한 업종제한 등의 의무를 수인하기로 동의했다고 볼 수 있다. 그러므로 상호간의 업종제한에 관한 약정을 준수할 의무가 있다. 그리고 이때 전체 점포 중 일부 점포에 대해서만 업종이 지정된 경우라고 하더라도, 특별한 사정이 없는 한 적어도 업종이 지정된 점포의 수분양자나 그 지위를 양수한 자들 사이에서는 여전히 같은 법리가 적용된다.

(대법원 2010. 5. 27. 선고 2007다8044 판결)

## 관리단 규약으로 업종제한은 유효

'집합건물의소유및관리에관한법률'에 의해서 구분소유자는 관리단을 구성하고, 관리단은 집합건물의 관리 또는 사용을 위해 규약을 만들 수 있고, 이 규약에서 업종제한에 대한 규정을 둘 수 있다. 이러한 규약에 의한 업종의 지정이나 변경은 법에서 정한 효력에 의해 규약 제정에 동의하지 않은 소유자나 임차인 모두에게 적용된다.

그리고 분양 당시 정해진 제한업종을 적법하게 변경하기 위해서는 구분소유자들로 구성된 관리단에 해당하는 단체의 동의나 기존의 경쟁업종을 영업할 수 있는 점포소유자의 동의를 얻어야 한다(대법원 2005. 11. 10. 선고 2003다45496 판결 참조).

---

**관련 판례** 관리단 규약으로 업종 지정

건물의 구분소유자로 구성된 관리단의 규약에서, 관리단 집회의 의결 내용이 특정 구분소유권의 권리에 영향을 미칠 사항에 관해서는 당해 구분소유자의 동의를 얻어야 하는 것으로 규정하고 있는 경우, 업종의 지정 내지 변경에 관한 사항은 당해 업종에 관한 특정 구분소유권의 권리에 영향을 미치므로 당해 구분소유자의 동의를 얻어야 한다.

(대법원 2006. 7. 4. 자 2006마164, 165 결정)

# 21 상가임차인의 유의사항

## 임대차계약을 체결할 때

- 신분증, 등기사항증명서, 등기권리증 등을 통해 본인을 확인한다.
- 대리인과 계약체결 시는 위임장·인감증명서, 대리인 신분증을 확인하고, 임대인과 직접 통화하는 등 적법한 임대권한이 있는지 확인한다.
- 보증금은 임대인 명의의 통장으로 입금한다.
- 건축물대장을 통해 위반건축물 등록은 없는지 확인하고, 건축물대장상 면적과 실면적을 비교해서 확인한다.
- 임대차계약서 작성 시 공용부분의 사용범위, 원상복구 특약 등에서 임차인에게 불리한 조항이 없는지 꼼꼼히 살핀다.

- 계약기간을 몇 년으로 할지 다시 한번 검토하고 임대인과 협의한다.
- 중개대상물 확인·설명서의 내용은 꼼꼼히 확인하고, 중개보수를 협의한 후 서명한다.
- 시·군·구청 해당 부서에 허가, 등록 등의 관련 사항을 체크하고, 상가건물의 용도, 시설 등을 확인한다.
- 월세 이외에 지급하는 관리비, 주차료 등을 확인한다.
- 간판을 설치할 수 있는 위치 및 크기를 확인한다.
- 임차인은 최대한 신속히 사업자등록을 신청하고 확정일자를 받는다.
- 임차인이 사용할 장비 배치 및 공용공간에 배치해야 하는 실외기 등을 포함한 인테리어 공사계획을 임대인에게 설명한다.
- 임차인이 사용할 장비에 대한 전기용량이 충분한지 확인하고 필요할 경우 승압을 요청한다.
- 입점할 당시의 상태를 비디오 또는 사진 촬영해, 계약기간 만료 시의 원상회복 이행범위에 대한 협의에 대비한다.
- 권리금계약을 체결할 때에는 임대인의 의사를 확인한 후 권리금의 계약금을 지급하고, 본 임대차계약의 체결 여부에 따라 지급한 권리금 반환 등의 내용을 포함해서 약정한다.

## 계약기간 중

• 3개월분의 월세를 연체하지 않도록 각별히 주의한다.
• 계약갱신요구권은 임대차기간이 만료되기 6개월 전부터 1개월 전까지 사이에 행사한다.
• 계약갱신 시 보증금을 증액하면 새로운 계약서에 확정일자를 받는다.
• 상가의 수선이 필요하면 수리할 범위, 수리비용 등을 임대인에게 미리 알린다.


## 계약종료 시

• 임대차의 계약만료 2~3개월 전에는 임대차종료 또는 재계약을 선택해 필요한 조치를 한다.
• 권리금회수기회를 보호받기 위해서는 임대차기간이 끝나기 6개월 전부터 임대차 종료 시까지 신규임차인을 주선해야 한다.
• 원상복구의 범위를 미리 검토하고 임대인과 협의한다.
• 계약기간에 투입된 집수리 비용, 부속물 비용 등을 임대인과 정산한다.

# 22 법인이 소유권자일 때 유의사항

법인이 소유하고 있는 상가를 임차할 때는 회사의 대표나 직원하고 임대차계약을 체결한다. 임차인이 법인인 임대인하고 임대차계약을 체결할 때는 ① 등기부등본상의 소유권자인 해당 법인이 맞는지, ② 계약장소에 나온 당사자가 법인의 적법한 대리인인지, ③ 적법한 절차를 갖춘 사용인감인지 등을 확인해야 한다. 그리고 보증금은 법인 명의 통장으로 입금해야 임차인의 권리를 보호받을 수 있고 보증금을 지킬 수 있다.

등기부등본상의 소유권자인 해당 법인이 맞는지는 법원에 발급한 법인등기부등본의 법인명, 법인등록번호, 대표이사 등을 확인하면 된다. 적법한 대리인인지는 위임장 및 재직증명서, 신분증을 통해 확인하고, 사용인감의 적법성 유무는 법원에서 발급한 법인인감증명서와 사용인감계를 통해 확인해야 한다.

〈임대인이 법인일 때 확인 사항〉

① 법인등기부등본, ② 법인인감증명서, ③ 사용인감계, ④ 위임장 및 재직증명서, ⑤ 사용인감, ⑥ 대리인 신분증

법인인감은 법인이 법원에 등록한 인감으로 법원에서 발급을 받는다. 임대인이 법인인감으로 직접 날인하면 사용인감이 필요없지만, 사용인감으로 날인할 경우에는 사용인감계에 찍힌 법인인감과 법인인감증명서의 법인인감이 동일한지 확인해야 한다. 또한 사용인감계에 찍힌 것과 동일한 도장으로 임대차계약서에 날인했는지 살펴봐야 한다.

**법인인감명서 및 사용인감계 예시**

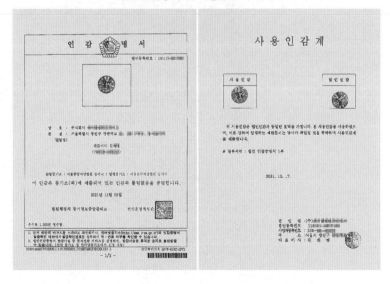

# PART 03

임대차의
계약갱신

# 23 상가임차인의 계약갱신요구권이란?

상가임차인은 임대차기간 만료 전 6개월부터 1개월까지 사이에 임대인에게 계약갱신을 요구할 수 있다. 이 경우 임대인은 정당한 사유가 없는 한 이를 거절할 수 없다(상가건물임대차보호법 제10조).

상가임차인이 계약갱신요구권을 행사하게 되면 갱신되는 임대차는 전 임대차와 동일한 조건으로 다시 계약한 것으로 본다. 다만 차임과 보증금은 상한요율 5% 범위 안에서 증감을 청구할 수 있다. 한편 임차인의 계약갱신요구권은 '최초의 임대차기간을 포함한 전체 임대차 기간이 10년을 초과하지 않는 범위 내'에서만 행사할 수 있다.

따라서 현재의 계약기간이 1년이든, 2년이든 임차인은 최초 입점일 기준으로 최소 10년 동안 임대인의 의사와 무관하게 안정적으로 영업할 수 있다. 하지만 아래와 같은 경우에 임대인은 임차인의 갱신요구를 거절할 수 있다.

<**임대인이 임차인의 갱신요구를 거절할 수 있는 경우**>

① 임차인이 3기의 차임액에 해당하는 금액에 이르도록 차임을 연체한 사실이 있는 경우
② 임차인이 거짓이나 그 밖의 부정한 방법으로 임차한 경우
③ 서로 합의해서 임대인이 임차인에게 상당한 보상을 제공한 경우
④ 임차인이 임대인의 동의 없이 목적 건물의 전부 또는 일부를 전대한 경우
⑤ 임차인이 임차한 건물의 전부 또는 일부를 고의나 중대한 과실로 파손한 경우
⑥ 임차한 건물의 전부 또는 일부가 멸실되어 임대차의 목적을 달성하지 못할 경우
⑦ 임대인이 다음 각 목의 어느 하나에 해당하는 사유로 목적 건물의 전부 또는 대부분을 철거하거나 재건축하기 위해서 목적 건물의 점유를 회복할 필요가 있는 경우
　가. 임대차계약 체결 당시 공사시기 및 소요기간 등을 포함한 철거 또는 재건축 계획을 임차인에게 구체적으로 고지하고 그 계획에 따르는 경우
　나. 건물이 노후·훼손 또는 일부 멸실되는 등 안전사고의 우려가 있는 경우
　다. 다른 법령에 따라 철거 또는 재건축이 이루어지는 경우
⑧ 그 밖에 임차인이 임차인으로서의 의무를 현저히 위반하거나 임대차를 계속하기 어려운 중대한 사유가 있는 경우

## 임차인은 3개월분의 월세를 연체하지 않도록 해야

임차인은 특히 임대차계약 존속 중 3개월분의 월세를 연체한 사실이 있다면 임대인은 임차인의 계약갱신요구를 거절할 수 있는 것을 명심해야 한다. 임차인이 3기 이상의 차임을 연체하면 임대인은 계약 갱신을 거절할 수 있을 뿐 아니라 계약이 종료될 때 권리금회수도 어려워질 수 있다. 또한 마트를 운영하는 임차인이 일부 공간을 정육점 등으로 재임대하는 등 상가 일부를 전대할 때는 임대인의 동의를 받아야 불이익이 없다.

간혹 임대인은 ⑦항의 재건축을 사유로 임차인에게 계약갱신요구를 거절하는 경우가 있다. 하지만 여기서 임대인은 임대차계약 체결 당시 임차인에게 철거 또는 재건축에 대한 계획을 구체적으로 알리고 그 계획에 따라야 한다. 계약을 체결하면서 통

---

**Tip** **3개월분의 월세 연체가 갱신요구의 거절 사유인 취지**

상가건물의 임차인에게 계약갱신요구권을 부여해서 권리금이나 시설투자비용을 회수할 수 있도록 임차권의 존속을 보장하되, 임차인이 종전 임대차의 존속 중에 3기의 차임액에 해당하는 금액에 이르도록 차임을 연체한 사실이 있는 경우에는 당사자 사이의 신뢰를 기초로 하는 임대차계약관계를 더 이상 유지하기 어려우므로, 임대인이 임차인의 계약갱신요구를 거절할 수 있도록 함으로써 그러한 경우에까지 임차인의 일방적 의사에 의해 계약관계가 연장되는 것을 허용하지 않는다는 것이다.

(대법원 2014. 7. 24. 선고 2021다28486 판결)

상적으로 특약하는 "임대인이 재건축할 때 임차인은 임대차목적물을 반환해야 한다"라는 두리뭉실한 약정으로 임대인이 임차인에 대해서 계약갱신요구를 거절할 수는 없다.

## 10년 보장받으려면 갱신요구 필수

임차인에게 주어진 10년의 영업보장기간은 자동으로 보호되는 것은 아니고, 임차인이 임대인에 대해 적극적으로 의사표현을 해야 한다. 예를 들어 임대차기간이 1년일 때 임대인은 임대차기간이 끝나기 6개월 전부터 1개월 전 사이에 더 이상은 임대차를 갱신하지 않겠다고 통보했는데, 임차인은 아무런 의사표현을 않게 되면 그 임대차는 갱신되지 않고 그대로 끝나게 된다. 그래서 임차인이 계속 영업하고자 한다면, 임대인의 의사와 관계없이 계약갱신을 요구해야 한다.

물론 임대차기간이 끝나기 1개월 전에 임대인이 갱신거절의 통지 또는 조건변경의 통지를 하지 않은 경우는 묵시적 갱신이 된다. 임차인은 종전 임대차와 같은 조건으로 1년을 더 영업할 수 있게 되므로, 임대인의 의사표현이 없을 때 임차인이 먼저 나서서 임대인을 자극할 필요는 없다.

임차인이 임대인에게 계약갱신을 요구할 때는 직접 만나서 구

# 계약갱신요구서

수신인 : 황신아
　　　　서울시 마포구 마포로 00

발신인 : 정승아
　　　　서울시 종로구세종대로 00

**제목 : 임대차계약 갱신요구**

1. 임대차 계약 내용
　임대차목적물 : 서울시 중구 서소문로124 101호
　당사자 : 임대인 - 황신아, 임차인 - 정승아
　임대차기간 : 2020년 5월 1일~2021년 4월 30일
　임대차보증금 : 삼천만 원정(₩30,000,000원)
　월차임 : 일백만 원정(₩1,000,000원)

2. 귀하와 발신인이 2020년 4월 1일 체결한 상기 임대차계약에 대해서 발신인은 임차인으로서
　'상가건물임대차보호법' 제10조(계약갱신 요구 등)에 따라 계약갱신을 요구합니다.

3. 귀하의 댁에 항상 건강과 행복이 가득하기를 기원합니다. 감사합니다.

2021년 3월 1일

발신인 정승아　(인)

황신아 귀하

두로 하거나 전화를 이용하거나 아니면 이메일, 내용증명우편
등도 가능하다. 혹시나 분쟁의 소지가 있을 때는 녹취를 하거나
내용증명우편으로 하는 것이 좋다.

구 상가건물 임대차보호법(2009.1.30. 법률 제9361호로 개정되기 전의 것) 제10
조 제1항에서 정하는 임차인의 계약갱신요구권은 임차인이 임대차기간이 만
료되기 6개월 전부터 1개월 전까지 사이에 계약의 갱신을 요구하면 그 단서
에서 정하는 사유가 없는 한 임대인이 그 갱신을 거절할 수 없는 것을 내용으
로 해서 임차인의 주도로 임대차계약의 갱신을 달성하려는 것이다.

(대법원 2010. 6. 10. 선고 2009다64307 판결 요약)

## 24 계약기간 1년이 유리할까? 아니면 10년이 유리할까?

빈번한
상담사례

　임차인은 상가임대차를 계약할 때 계약기간을 어떻게 정할지 고민하게 된다. 2년 이상 장기간으로 계약하면 그동안 임대인으로부터 퇴거에 대한 걱정은 없지만 임대차계약 도중에 해지하고 나가고 싶을 때 어려울 것 같고, 1년으로 계약하면 1년 후에는 임대인이 어김없이 월세를 올려달라고 할 것 같다. 그렇다고 장기간으로 설정하면 임대인은 계약기간에 월세 증액을 요청할 수 없는 걸까?

계약기간에 따른 임차인의 권리

| 구분 | 임대차계약기간 | |
|---|---|---|
| | 1년 | 10년 |
| 임차인의 영업 보장기간 | 10년 | 10년 |
| 임차인의 중도해지 | 1년마다 가능 | 불가능(임대인이 협조하면 가능) |
| 임차인의 임차권 양도 | 1년마다 가능 | 불가능(임대인이 협조하면 가능) |

**1년 계약해도 10년 영업 보장**

상가임대차 계약을 체결한 후 임차인이 입점하고 사업자등록을 신청하면 그다음날부터 대항력이 생겨 제삼자가 건물을 매수하더라도 임차인의 권리가 존속하게 된다. 이렇게 대항력을 갖춘 임차인은 환산보증금의 다과와 관계없이 10년간의 계약갱신요구권을 가지기 때문에, 처음에 계약기간을 1년으로 설정했어도 최소 10년간은 임대인의 의사와 무관하게 영업할 수 있다. 만약 계약기간을 10년으로 했으면 당연히 10년간 안정적으로 영업할 수 있다. 그래서 1년으로 계약을 하든 10년으로 계약을 하든 임차인은 10년간 영업할 수 있다.

**임차인의 과실이 있으면 임대인은 거절할 수도 있다**

임차인이 계약갱신을 요구했을 때, 임대인이 정당한 사유가 있다면 그것을 거절할 수 있다. 임차인이 계약기간 도중에 임차인이 3개월분의 월세를 연체한 적이 있거나 임대인의 동의 없이 상가 일부를 전대했을 때 등의 경우에 임대인이 임차인의 갱신요구를 거절할 수 있다. 이렇게 되면 임차인은 더 이상 계약을 갱신할 수 없고 임대차계약 만료일에 점포를 비워야 한다.

## 계약 도중 해지하려면 임대인의 협조가 필수

임대차기간을 10년으로 약정한 경우에, 임차인은 임대인과 합의하지 않고는 계약기간 도중에 계약을 해지할 수 없고 임대인의 동의 없이는 임차권을 양도하기도 어렵다. 하지만 1년 단위의 임대차계약에서 임차인은 어떤 사정이 생기면 1년마다 계약을 해지할 수 있고 임차권도 양도할 수 있다. 또한 5년~8년 중장기로 계약하면 임차인은 약정기간 임차물을 사용·수익할 수 있는 권리가 있지만, 계약기간 도중에 계약을 해지하거나 임차권을 양도하려면 임대인의 협조가 필수적이다.

## 임대인과 임차인은 임대료 증감 청구 가능

임차인은 계약한 기간과 관계없이 경제 사정의 변동 등으로 상당하지 않게 되면 언제든지 감액을 청구할 수 있다. 그리고 임대인도 조세, 공과금, 그 밖의 부담 증감이나 경제 사정의 변동으로 인해서 상당하지 않게 된 경우에는 증액을 청구할 수 있다.

### 환산보증금에 따른 보증금 또는 월세 증감

| 구 분 | | 환산보증금(서울시 기준) | |
|---|---|---|---|
| | | 9억 원 이하 | 9억 원 초과 |
| 임대인 증액청구 | 계약 또는 증액 후 최소 경과기간 | 1년 | 제한 없음 |
| | 상한 요율 | 5% | 제한 없음 |

## 계약기간 10년일 때도 1년마다 증액요구 가능

환산보증금(보증금+월세×100)이 대통령령으로 정하는 보증금액(서울시 : 9억 원) 이하일 때, 임대인은 임대차계약 또는 약정한 차임 등의 증액이 있고 난 뒤 1년이 지난 후에 증액을 청구할 수 있고, 청구당시의 차임 또는 보증금의 5%를 초과하지 못한다. 즉 임대인과 임차인이 임대차를 1년 단위로 계약했을 때, 임대인은 임대차계약 만료 후 갱신할 때마다 5% 이내에서 증액을 청구할 수 있다. 계약기간이 10년일 때, 임대인은 1년 지날 때마다 5% 이내에서 임차인에게 증액을 청구할 수 있다.

환산보증금이 대통령령으로 정하는 보증금액(서울의 경우 9억 원)을 초과할 경우에, 양 당사자는 부담의 증감이나 경제 사정의 변동 등이 있을 때는 언제든지 증감을 청구할 수 있다.

한편, 1년 단위로 계약하든 10년으로 계약하든 계약갱신요구 기간에 임대인이 임대료의 증액을 청구했을 때 임차인이 이에 동의하지 않으면 증액할 수 없다. 이때 임대인이 일방적으로 임대료를 증액하려면 법원에 임대료증액청구에 대한 소송을 제기해야 한다.

# 상가임대차의 묵시적 갱신이란?

'묵시적 갱신'이란 임대인과 임차인이 임대차기간이 만료하기 전에 계약 갱신이나 계약조건 변경 등에 대한 아무런 의사표시를 하지 않고 임대차가 연장되는 경우를 말한다. 상가임대차는 환산보증금이 대통령령으로 정하는 보증금액(서울시 : 9억 원) 이하일 경우에 '상가건물임대차보호법'이 적용되고, 그 기준금액을 초과하면 '민법'이 적용된다.

## 1. 상가건물임대차보호법의 묵시적 갱신

환산보증금(보증금＋월세×100)이 대통령령으로 정하는 보증금액(서울시 : 9억 원) 이하인 상가는 '상가건물임대차보호법'의 묵시적 갱신에 대한 규정이 적용된다. 임대인이 임대차기간만료 6개월~1개월 전 사이에 임차인에게 갱신거절의 통지 또는 월세 조정 등 계약조건의 변경에 대해 통지를 하지 않았다면, 해당 임대차계약은 묵시적으로 갱신된다.

### 갱신된 계약기간은 1년

상가에서 묵시적으로 갱신되는 임대차는 전 임대차와 동일한 조건으로 다시 계약된 것으로 보기 때문에, 보증금과 월세는 전 임대차와 동일하다. 임대차기간은 전 임대차기간과 무관하게 1년이 된다. 즉 종전 임대차기간이 1년일 때 묵시적으로 갱신된 임대차의 임차기간은 1년이 되고, 종전 임대차기간이 2년 또는 3년이더라도 묵시적으로 갱신된 임대차의 임차기간은 1년이다.

### 임차인은 계약 도중 해지 가능

묵시적 갱신 도중에 임대인은 계약을 해지할 수 없으나, 임차인은 언제든지 계약을 해지할 수 있다. 임차인이 임대인에게 계약해지를 통지하고 임대인이 통지를 받은 날부터 3개월이 지나면 계약은 해지된다. 따라서 묵시적 갱신 중일 때 임차인이 계약해지를 통지하고 3개월이 지나면 임차인은 임차목적물을 반환하고 임대차보증금을 돌려받을 수 있다. 만약 계약이 해지된 날에 임대차보증금을 돌려받지 못할 때 그 상가를 사용·수익하지 않는다면 그때부터 임대인에게 월세를 지급하지 않아도 되고, 임차인은 임차권등기명령을 신청할 수 있다.

또한 임차인이 입점한 후 계약갱신요구권 행사 가능 기간인 10년이 지났어도 묵시적 갱신은 적용될 수 있다. 임차인이 최초 임대차계약 후 10년을 초과했어도 임대인이 묵시적으로 갱신되지 않게 하려면 임대차기간 만료 6개월~1개월 전까지 사이에 임차인에게 갱신 거절의 통지를 하는 등 임대인은 적극적 조치를 해야 한다(대법원 2010. 6. 10. 선고 2009다 64307 판결 참조).

## 2. 민법을 적용하는 상가의 묵시적 갱신

환산보증금이 대통령령으로 정하는 보증금액(서울시 : 9억 원)을 초과하는 상가임대차는 '민법'이 적용된다. 임대차기간이 만료된 뒤 임차인이 임차물의 사용·수익을 계속하는 것에 대해 임대인이 상당한 기간 내에 이의를 하지 않으면 그 임대차는 묵시적으로 갱신된다.

### 임대인과 임차인 모두 도중에 계약 해지 가능

묵시적으로 갱신된 임대차는 종전 임대차와 동일한 조건이 되고, 존속기간은 정하지 않은 것으로 보기 때문에 각 당사자는 언제든지 임대차계약을 해지할 수 있다. 임대인이 해지를 통고하고 임차인이 통고를 받은 날로부터 6개월이 지나면 임대차계약은 해지되고, 임차인이 해지를 통고하고 임대인이 통고를 받은 날로부터 1개월이 지나면 임대차계약은 해지된다.

**상가임대차의 묵시적 갱신**

| 구분 | 상가건물임대차보호법 적용 | 민법 적용 |
|---|---|---|
| 적용 대상 | 환산보증금이<br>기준금액(서울 9억 원) 이하 | 환산보증금이<br>기준금액(서울 9억 원) 초과 |
| 갱신임대차의 존속기간 | 1년 | 해당 없음 |
| 갱신임대차의 임대료 | 전 임대차와 동일 | 전 임대차와 동일 |
| 계약해지 | ·임차인 : 해지 통고 3개월 후<br>　효력 발생<br>·임대인 : 해지 불가 | ·임차인 : 해지 통고 1개월 후<br>　효력 발생<br>·임대인 : 해지 통고 6개월 후<br>　효력 발생 |

## 3. 주택의 묵시적 갱신

주택임대차에서 임대인이 임대차기간만료 6개월~2개월 전까지 기간에 임차인에게 갱신거절의 통지를 하지 않거나 계약조건을 변경하지 않으면 갱신하지 않는다는 뜻의 통지를 하지 않은 경우에 그 기간이 끝난 때에 전 임대차와 동일한 조건으로 다시 임대차한 것으로 본다. 임차인이 임대차기간이 끝나기 2개월 전까지 임대인에게 통지하지 않은 경우도 마찬가지다(주택임대차보호법 제6조).

## 갱신된 계약기간은 2년

주택임대차가 묵시적으로 갱신되면 임대차의 존속기간은 상가와는 달리 2년이 된다. 묵시적 갱신 도중 임차인은 언제든지 임대인에 대해서 계약해지의 통고를 할 수 있고, 임대인이 그 통지를 받은 날로부터 3개월이 지나면 임대차는 소멸한다. 반면 임대인은 묵시적 갱신이 된 후 일방적으로 계약을 해지할 수 없다.

# 26 묵시적으로 갱신된 후, 임차종료 직전 계약해지가 가능할까?

## 상가는 기존 계약종료일에 해지 가능

상가의 임대인이 임대차기간이 만료되기 6개월~1개월 전까지 사이에 임차인에게 갱신거절의 통지 또는 조건변경을 통지하지 않으면 묵시적으로 갱신되어 그 기간이 만료된 때에 전 임대차와 같은 조건으로 다시 임대차한 것으로 본다(상가건물임대차보호법 제10조 제4항). 따라서 상가임대차가 묵시적으로 갱신되면 동일한 임대료에 계약기간은 1년이 연장된다.

상가임대차의 환산보증금이 대통령령으로 정하는 보증금액(서울 9억 원) 이하일 때 묵시적 갱신으로 기간이 연장되면, 임차인은 계약해지를 통고하고 3개월이 지나면 그 임대차계약은 해지된다.

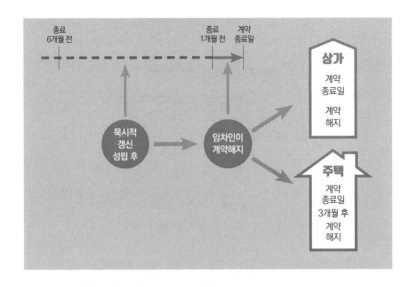

상가임대차의 묵시적 갱신은 임대인이 갱신거절의 통지를 했
는지 여부에 달려 있고 임차인은 해당이 없다. 따라서 임대차기
간이 만료되기 1개월 전까지 임대인이 갱신거절 등의 의사를 표
시하지 않아 임대차가 묵시적 갱신이 성립된 이후라도 기존 계
약종료일 전이라면, 임차인은 계약해지를 통보함으로써 계약종
료일에 임대차계약을 마칠 수 있다.

### 주택은 계약종료일 3개월 후 계약 해지

주택임대차에서는 임대인이 갱신 거절에 대한 의사표시를 하

# 법무부 질의 및 답변

민원 신청번호 1AA-1607-033641
처리기관 접수번호 2AA-1607-087841
답변일 2016-08-16

## 1. 질의의 요지

○ '상가건물임대차보호법'제10조 제4항의 묵시적 갱신과 관련해서, 상가 임차인의 종료 1개월 이내의 갱신거절 통지의 경우, 묵시적 갱신이 되는 것인지, 기간만료로 계약이 종료되는지에 대해서 문의

## 2. 검토의견

○ '주택임대차보호법' 제6조 제1항 2문의 '임차인이 임대차기간이 끝나기 1개월 전까지 통지하지 아니한 경우에도 또한 같다'와 같은 규정이 없는 '상가건물임대차보호법'제10조 제4항의 묵시적 갱신의 경우는 임대인이 임대차 기간 만료 6개월 전부터 1개월 전까지의 기간에 갱신거절이나 조건변경의 통지를 하지 않았다 하더라도, 임차인은 갱신거절 통지 시기에 대한 제한이 없으므로, 기간만료 전 1개월 이내의 기간에도 갱신거절 통지를 하여 묵시적 갱신이 되는 것을 막고 기간만료로 계약을 종료시킬 수 있다고 할 것입니다.

- '주택임대차보호법'과 같이 규정이 있는 경우는 그에 의할 것이나, 규정이 없는 부분에 대해서 당사자 의사가 우선된다고 할 것이므로 임차인이 계약 갱신 거절의 의사를 표시하면 기간만료로 임대차 계약이 종료된다고 할 것입니다.
- 한편 주택과 상가건물 모두 묵시적으로 갱신된 상황에서 임차인은 해지 통고를 하여 3개월 후에 계약 종료시킬 수 있습니다. 주택의 경우라면 임차인이 만료 1개월 이내의 기간에 해지 통고를 한다면 일단 묵시적 갱신이 된다고 할 것이고 원래의 기간이 만료하고 새롭게 갱신된 기간이 3개월이 경과한 후에 계약이 해지된다고 할 것입니다.
- 다만 임대인의 입장에서도 보증금 반환을 위한 자금 마련의 시간적 여유가 필요할 수 있으므로, 그러한 점을 고려하여 반환시기에 대해서 당사자끼리 약정으로 정할 수 있음은 당연합니다.

지 않는 것으로써 그 임대차계약이 묵시적으로 갱신되는 것은 물론이고, 임차인도 임대차기간이 끝나기 2개월 전까지 통지하지 않으면 묵시적으로 갱신된다(주택임대차보호법 제6조 제1항). 따라서 주택임차인이 임대차기간이 끝나기 2개월 전까지 임대

인에게 계약만료일에 계약을 종료하겠다는 의사를 통고하지 않았다면, 임차인은 상가임대차와 달리 계약만료일에 임대차를 종료할 수 없다. 이때 임차인은 원래의 임대차기간이 만료하고 묵시적으로 새롭게 갱신된 임대차계약에 대한 계약해지를 통고하고 3개월이 경과하면 임대차계약을 해지할 수 있다.

# 27 묵시적 갱신과 갱신요구권 행사의 갱신

## 묵시적 갱신일 때 임차인이 도중에 계약해지가 가능

현재의 임대차기간이 1년이든 2년이든, 임대차만료일 6개월 ~1개월 전 사이에 임대인이 임차인에게 갱신거절 또는 월세증액요구 등을 하지 않을 때 임대차는 묵시적으로 갱신된다. 환산보증금이 일정금액(서울시 : 9억 원) 이하일 때 묵시적으로 갱신된 임대차의 기간은 1년이며, 환산보증금이 일정금액(서울시 : 9억 원) 초과할 때는 기간의 정함이 없는 임대차로 갱신된다.

환산보증금이 일정금액(서울시 : 9억 원) 이하의 묵시적 갱신에서 임차인은 임대차기간 도중에 임대차계약을 해지할 수 있지만, 임대인은 해지할 수 없다. 묵시적 갱신 중일 때 임차인이 임대인에게 계약해지 통고 후 3개월이 지나면 임대차계약이 해지되므로, 임차인이 해당 상가를 인수하고자 하는 신규임차인을 임대인에게 주선했을 때 임대인은 이에 협조할 의무도 있다(상가건물임대차보호법 제10조의 4).

환산보증금이 일정금액(서울시 : 9억 원)을 초과하는 묵시적 갱신에서 임차인은 계약해지를 통고하고 1개월이 지나면 계약이 해지되고, 임대인은 계약해지를 통고하고 6개월이 지나면 계약이 해지된다. 따라서 임차인과 임대인은 상대방에게 계약해지 통고 후 각각 1개월, 6개월 동안 임차인이 권리금을 회수할 수 있도록 협조할 의무가 있다.

## 임차인이 계약갱신을 요구하면 전 임대차와 동일한 조건

임차인이 기존 임대차계약기간이 끝나기 6개월~1개월 전 사이에 임대인에게 계약갱신을 요구하면, 전 임대차와 동일한 조건으로 임대차계약이 갱신되며 임대차기간은 정한 바가 없으므로 그 기간을 1년으로 본다. 임차인이 계약갱신요구권을 행사함에 따라 갱신된 계약기간에 임대인과 임차인 모두 상대방의 동의 없이 일방적으로 계약을 해지할 수 없다.

임대차기간 도중에 임차인이 일방적으로 계약을 해지할 수 없으므로, 임차인은 갱신된 임대차기간이 끝나기 6개월 전부터 임대차 종료 시까지 신규임차인을 주선해야만 권리금회수기회에 대해 법적으로 보호받을 수 있다.

**묵시적 갱신과 계약갱신요구권**

| 구분 | 묵시적 갱신 | | 임차인이<br>계약갱신요구 |
|---|---|---|---|
| | 환산보증금 일정금액<br>(서울시 : 9억 원) 이하 | 환산보증금 일정금액<br>(서울시 : 9억 원) 초과 | |
| 갱신된 계약기간 | 1년 | 정함이 없음 | 1년 |
| 임차인의 계약해지 | 통고 3개월 후 해지 | 통고 1개월 후 해지 | × |
| 임대인의 계약해지 | × | 통고 6개월 후 해지 | × |
| 권리금 회수기회의<br>임대인 협조기간 | 임차인이 계약해지<br>통고하고 3개월 동안 | 임차인이 해지<br>통고하고 1개월 동안,<br>임대인이 해지 통고<br>하고 6개월 동안 | 임대차기간이 끝나기<br>직전 6개월 동안 |

# 28 | 임차인은 자동으로 10년 보호받나?

실제
상담사례

임대차계약기간이 만료되기 2개월 전에 임차인 A의 점포에 건물주 B가 찾아와 본인이 점포를 사용하겠다고 하면서 계약만료일에 나갈 것을 요구했다. A는 점포가 한창 바쁜 시간인 데다 그날따라 손님이 많아 B에게 대답할 겨를이 없어 나중에 대화하자는 말만 했다.

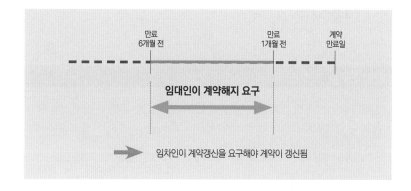

임차인은 10년의 계약갱신요구권이 있어서, 그 기간 채무불이행 등 임차인의 과실이 없는 한 임차인은 임대인의 의사와 무관하게 해당 점포를 사용·수익할 수 있다. 여기서 임차인은 임대차기간이 만료되기 6개월~1개월 전까지 사이에 내용증명 등으로 임대인에게 계약갱신요구권을 행사했을 때 임대인은 정당한 사유 없이 거절할 수 없다.

### 계약갱신을 요구해야 임대차계약 갱신

임대차기간이 만료되기 6개월~1개월 전까지 5개월 동안에 임대인이 갱신거절 또는 조건변경의 통지를 하지 않은 경우에는 묵시적 갱신이 성립된다. 하지만 임대인이 계약만료일에 임대차를 종료한다고 했을 때 임차인이 아무런 의사표시를 않게 되면 계약만료일에 임대차가 종료하게 된다. 그러므로 임차인이 임대차를 갱신하고자 한다면, 계약을 해지하려는 임대인에게 꼭 계약갱신을 요구해야 한다.

**관련 판례**  임차인의 계약갱신요구권 행사

임대인의 갱신 거절 통지의 선후와 관계없이 임차인은 계약갱신요구권을 행사할 수 있고, 이러한 임차인의 계약갱신요구권의 행사로 인해서 종전 임대차는 법 제10조 제3항에 따라 갱신된다.

(대법원 2014. 4. 30. 선고 2013다35115 판결 요약)

## 29 건물주가 바뀌면 다시 10년을 보호받나?

**건물주가 바뀌고 월세도 인상하면 새로 10년을 보호받을까?**

신림동에서 8년째 식당을 운영하는 임차인 A는 어느 날 새 건물주 B로부터 임대차계약기간이 끝나는 다음 달부터 월세를 20만 원 인상하겠다는 연락을 받았다. 그리고 다음 날 A와 B는 임대차기간을 2년으로 계약하면서 임대인 B는 "2년 후 점포를 비워야 합니다"라고 말했다.

B는 재계약한 임대차기간을 포함하면 10년이 되는데, 임대인도 바뀌고 월세도 올렸으니 새롭게 10년을 보호받을 수 있을까?

## 임차인의 계약갱신요구권은 최초 임대차기간 포함해서 10년

상가건물이 매매, 상속, 증여 등 어떤 이유로 건물주가 바뀌어도 임차인의 10년의 계약갱신요구권은 최초 입주할 당시부터를 기준으로 한다. 그래서 임대인 B가 2년 후 임차인 A의 계약갱신요구를 거절하면, 임차인의 권리금회수기회보호 등은 별론으로 하고, A는 점포를 B에게 넘기고 나가야 하는 처지가 된다.

**관련 판례**  계약갱신요구권과 최초의 임대차기간

상가건물임대차보호법 제10조 제2항은 '임차인의 계약갱신요구권은 최초의 임대차기간을 포함한 전체 임대차기간이 5년을 초과하지 않는 범위 내에서만 행사할 수 있다'라고 규정하고 있으므로, 법률규정의 문언 및 임차인의 계약갱신요구권을 전체 임대차기간 5년의 범위 내에서 인정하게 된 입법 취지에 비추어볼 때 '최초의 임대차기간'이라 함은 이 법 시행 이후에 체결된 임대차계약에 있어서나 법 시행 이전에 체결되었다가 법 시행 이후에 갱신된 임대차계약에 있어서 모두 당해 상가건물에 관해서 최초로 체결된 임대차계약의 기간을 의미한다고 할 것이다.

(대법원 2006. 3. 23. 선고 2005다74320 판결 요약)

## 30 점포를 확장하거나 이전하면 다시 10년을 보호받을 수 있을까?

**동일한 건물주와 점포를 확장하면 새로 10년을 보호받을까?**

임차인 A는 합정동의 한 주상복합건물 105호에서 10년째 식당을 운영하다가, 같은 건물에 있는 공인중개사의 주선으로 바로 옆 구분상가 106호를 임차해서 식당을 확장했다. 105호와 106호는 한 사람이 소유했고, 106호는 105호보다 면적이 작고 월세도 시세보다 저렴하게 책정했다. A와 B는 105호와 106호에 대해서 임대차기간 2년으로 임대차계약서를 한 장으로 작성해서 서명 및 날인 했다.

임대차기간이 만료되기 6개월 전 임대인 B는 A에게 계약해지를 통고했다. B는 106호가 105호보다 면적이 좁고 월세도 적기 때문에, 최근 임대차계약은 새로운 임대차로 볼 수 없다고 주장했다.

## 확장하면 새롭게 10년의 계약갱신요구권 주장 가능

임차인이 10년째 식당을 운영 중인 105호와 새롭게 임차한 106호는 동일인의 소유일 뿐, 등기사항전부증명서 및 건축물대장상 완전히 독립된 객체이고 구조적으로도 각각 단독으로 사용할 수 있도록 설계되어 있다. A와 B 간의 기존 105호에 대한 임대차와 105호 및 106호에 대한 새로운 임대차는 원칙적으로 동일한 계약으로 볼 수 없다. 따라서 임차인 A는 105호와 106호에 대한 임대차계약에 대해서 기존 105호의 임대차계약과 별개로 새롭게 10년의 계약갱신요구권을 주장할 수 있다.

임대인이 동일해도 임차목적물을 변경하면 기존 임대차와 전혀 새로운 임대차계약이 체결되는 것으로 보기 때문에 임차인은 새롭게 10년의 계약갱신요구권을 주장할 수 있다. 다만 새로운 임대차계약이 확장된 면적이 미미하고 계약조건도 변함이 없어서 종전 임대차와 동일성이 유지된다고 인정된다면, 임차인은 새롭게 10년의 계약갱신요구권을 주장할 수 없게 된다.

## 이전하면 새롭게 10년의 계약갱신요구권 주장 가능

임대인과 임차인이 동일한 상황에서, 임차물을 확장한 경우의 계약갱신요구권에 관한 법리는 임차인이 점포를 이전했을 경우도 마찬가지로 적용할 수 있다. 만약 한 건물에서 임대인이 같을 때 임차인이 105호에 관한 임대차계약을 해지하고 106호를 사용하기로 임대차계약을 체결했다면, 임차인은 106호의 영업개시일부터 새롭게 10년 동안 관련 법의 보호받을 수 있다.

하지만 영업 중인 임차인이 임대인이 소유한 다른 공간으로 이전하면서 새롭게 임대차계약을 체결했을 때, 보증금과 월세, 관리비 등 계약조건이 유사하고 임대인이 임차인의 이전 비용을 부담하는 등 종전 임대차의 동일성을 유지하는 것으로 볼 수 있는 특별한 사유가 있다면, 이전한 곳에 대한 임대차계약은 새로운 임대차라고 보기 어려울 수도 있다. 그렇게 되면 임차인이 주장할 수 있는 10년의 '계약갱신요구권 행사 기간'은 종전 임대차기간을 포함하게 되어, 임차인은 새롭게 임차한 공간에서 영업을 다시 시작했음에도 불구하고 새로운 계약갱신요구권 10년을 주장할 수 없다.

# 31

## 종전 계약에서 월세를 연체했다고 계약갱신요구를 거절할 수 있을까?

실제 상담사례

임차인 A는 성수동 한 상가건물에서 임대인 B와 임대차기간 2년으로 약정하고 2018년 3월 최초 입점했다. A는 2018년 6월 경 매출이 저조해 월세 3개월분을 연체한 적이 있으나, 이후에는 월세 지급일에 꼬박꼬박 B의 통장에 월세를 입금했다. A는 2020년 3월에 계약을 갱신한 후 코로나19 확산에 따른 장기 불황인데도 월세를 연체하지 않았다.

A는 2022년 3월 임대차계약 만료일 앞두고 B에게 계약갱신을 요구했으나, B는 종전 임대차에서 월세를 연체한 사실을 들어 A의 요구를 거절했다. 과연 임대인이 종전 임대차의 3개월분 월세 연체를 사유로 임차인의 계약갱신요구를 거절할 수 있을까?

## 종전 임대차의 3기 차임연체는 갱신요구 거절 사유

임차인이 3개월분의 월세를 연체한 사실이 있는 경우에, 임대인은 임차인의 계약갱신요구를 거절할 수 있다(상가건물임대차보호법 제10조 제1항 제1호). 임대차계약 관계는 당사자 사이의 신뢰를 기초로 하므로, 종전 임대차기간에 차임을 3기분에 달하도록 연체한 사실이 있는 경우에까지 임차인의 일방적 의사에 의해서 계약관계가 연장되는 것을 허용하지 않는다는 취지다. 임대차계약이 동일성을 가지고 연속된 계약이라면, 임차인이 임대차기간 중 어느 때라도 차임이 3개월분에 달하도록 연체된 사실이 있는 경우에 원칙적으로 임대인은 임차인의 계약갱신요구를 거부할 수 있다. 따라서 B는 A의 계약갱신요구를 거부할 수 있다.

다만, 임대인과 임차인이 임대차계약을 갱신하면서 임대인이 임차인의 차임연체에 대한 전력을 문제삼지 않겠다는 취지를 포함해서 약정한다든지, 아니면 임차인의 과실에 대해 서로 합의한 후 임차인이 임대인에게 상당한 보상을 제공한 경우에는, 임차인은 10년의 계약갱신요구권을 행사했을 때 임대인은 그것을 거절할 수 없다.

**관련 판례**  3기 차임연체와 계약갱신요구권

임대차기간 중 어느 때라도 차임이 3기분에 달하도록 연체된 사실이 있다면 그 임차인과의 계약관계 연장을 받아들여야 할 만큼의 신뢰가 깨어졌으므로 임대인은 계약갱신 요구를 거절할 수 있다. 반드시 임차인이 계약갱신요구권을 행사할 당시에 3기분에 이르는 차임이 연체되어 있어야 하는 것은 아니다.

(대법원 2021. 5. 13. 선고 2020다255429 판결)

# 32

# 타인의 종전 임대차를 계약갱신요구권 10년에 포함하기 위해서는?

임차인 A는 종로구에서 한 상가건물을 5년간 임차하기로 계약한 후 다음 표와 같이 1년 10개월 만에 임대차를 종료했다. 임차인 B는 해당 점포에 대해 종전 임대차의 잔여기간(3년 2개월)을 계약기간으로 정해 임대인과 계약을 체결하고, 계약이 종료할 무렵 1년으로 1회 갱신해서 점포를 운영했다.

| 구분 | 종전 임대차<br>(임차인 A) | | 신규임대차<br>(임차인 B) | | 갱신임대차<br>(임차인 B) |
|---|---|---|---|---|---|
| 계약<br>기간 | 2016. 1. 8~2021. 1. 7<br>(종료일 : 2017.11.7) | | 2017. 11. 8~<br>2021. 1. 7 | | 2021. 1. 8~<br>2022. 1. 7 |

임대인은 갱신한 임대차계약의 만료일을 3개월 앞두고 임차인 B에게 더 이상 임대차계약을 갱신할 수 없다고 통보했다. 임

대인은 B의 임차기간은 종전 임대차계약을 포함해서 5년을 초과했기 때문에, 임차인은 계약갱신요구권을 행사할 수 없다고 주장했다. 임대차계약 체결 시에 특약사항 제9항 "임대차계약 기간은 전 임차인의 임대차기간을 승계하는 계약임"을 포함해서 약정했고, 종전 임차인과 계약을 체결할 때 '상가건물임대차보호법'상 계약갱신요구권의 전체 임대차기간은 5년이었다는 것이다.

**전체 임대차기간에 기존 계약기간을 포함하려는 약정 사례**

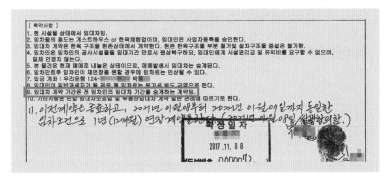

## 최초 임대차계약의 기산점은 신규임대차의 시작일

임대인이 계약갱신요구권 10년과 관련해 종전 임대차기간까지 포함해 전체 임대차기간을 산정하고자 한다면, 이처럼 두루뭉술한 특약만으로는 충분치 않다. 더군다나 그 특약으로 인한 임차인의 권리 제한 등에 대한 설명도 없었다. 따라서 B의 계약갱신요구권 행사와 관련한 최초 임대차계약기간의 기산점은 B의 임차계약 시작일인 2017년 1월 7일이다.

임차인 B는 2021년 1월 8일 임대차계약을 갱신했고, '상가건물임대차보호법'의 계약갱신요구권의 적용은 개정법 시행일(2018. 10. 16) 이후 최초로 체결되거나 갱신되는 임대차부터 적용하므로(법률 제15791호, 2018. 10. 16. 부칙 제2조 참조), B의 계약갱신요구권 행사와 관련한 전체 임대차기간은 10년이 된다.

## 엄격한 임차권양도계약으로 종전 임대차기간 포함 가능

임대인이 임차인과 임대차계약을 종료하고 해당 점포에 대해서 신규임차인과 새로운 임대차계약을 체결한다면, 신규임차인은 본인이 최초 입점한 날부터 10년의 계약갱신요구권을 행사할 수 있다. '상가건물임대차보호법'은 임차인의 3기 차임연체 등 특별할 경우를 제외하고 임차인에게 최소 영업기간을 보장함으로써 임차인을 조금 더 두텁게 보호한다.

이 사례와 같이 임차인이 변경될 때 임대인은 종전 임대차계약 기간도 전체 10년에 포함하고 싶을 수 있다. 이를 위해서는 임대인과 신규임차인 간의 임대차계약은 새로운 임대차계약 체결이 아니고, 임대인의 동의에 따른 임차인 간의 '임차권 양도

계약'을 통해 기존 임대차계약기간까지 포함해 전체 임대차기간을 산정하는 방식이어야 한다.

만약 임대인이 신규임차인이 계약갱신요구권을 행사할 수 있는 10년에 종전 임차인의 임대차기간을 포함하고자 한다면, 임차인이 신규임차인에게 임차권을 적법하게 양도해야 한다. 임차권양도가 적법하게 이루어진 경우에 별도의 다른 특약이 없는 한 '임대인의 동의가 있기 전에 임차인이 차임을 연체해서 발생한 채무나 기타 손해배상 채무 등은 양수인에게 이전하지 않는 점' 등에 비추어 보면, 임차권 양도에 있어 계약갱신요구권의 행사기간에 대한 기산점은 양수인에게 이전된다고 보기 어렵다. 따라서 '임차권 양도 계약'은 기존임차인이 양수인에게 임차권을 양도한다는 내용과 임대인은 이에 동의한다는 내용을 포함하고, 임대인, 기존임차인, 양수인(신규임차인) 등 3인이 합의해야 한다. 임대인은 '임차권 양도 계약서', '임차권 양도 승낙서' 등을 통해 객관적인 입증자료를 구비하는 것이 중요하다.

**임대인은 설명의무를 다하고 임차인이 동의해야 효력 발생**

많은 상가임차인은 10년의 영업기간이 보장될 것이라 생각하고 거액의 권리금을 지급하거나 비용을 들여 시설을 갖춘다. 따라서 임대인은 신규임차인이 종전 임차인의 임대차기간을 포함해서 계약갱신요구권을 행사할 수 있음을 구체적으로 설명해야한다. 즉 임대인이 본인의 의도대로 전체 임대차기간을 산정하기 위해서는 신규임대차계약 또는 임차권양도계약에 관한 처분문서에 종전 임대차계약 시점을 기산점으로 전체 임대차기간을계산한다는 점을 명시해야 한다. 또는 임대인이 양수인(신규임차인)에게 계약갱신요구권 행사기간에 관한 내용을 충분히 설명하고 임차인이 명확히 이해하거나 동의한 증거를 확보해야 한다.

# 임차권 양도 계약서

## 임차권 양도 계약서

양도인(이름 또는 법인명 기재)과 양수인(이름 또는 법인명 기재)는 아래와 같이 임차권 양도 계약을 체결한다.

※ 양도인은 임차권을 양도하는 기존 임차인을, 양수인은 임차권을 양수하는 신규임차인을 의미한다.

**[임대차목적물인 상가건물의 표시]**

| 소재지 | | 상 호 | |
|---|---|---|---|
| 임대면적 | | 전용면적 | |
| 업 종 | | 허가(등록)번호 | |

**[임차권의 내용]**

| 임대차<br>관 계 | 임차보증금 | | 월 차 임 | |
|---|---|---|---|---|
| | 관리비 | | 부가가치세 | 별도( ), 포함( ) |
| | 계약기간 | 년 월 일부터 년 월 일까지( 월) | | |

**[특약사항]**

| |
|---|
| |
| |

별첨 : 1. 임대차계약서, 2. 임대인의 임차권 양도 승낙서

이 계약을 증명하기 위해서 계약 당사자가 이의 없음을 확인하고 각각 서명 또는 날인한다.

년     월     일

| 양도인 | 주소 | | | | | (인) |
|---|---|---|---|---|---|---|
| | 성명 | | 주민등록번호 | | 전화 | |
| 양수인 | 주소 | | | | | (인) |
| | 성명 | | 주민등록번호 | | 전화 | |

# 임차권 양도 승낙서

본인이 소유한 아래의 상가건물은 임차인(이름 또는 법인명 기재)에게 다음과 같은 조건으로 임대 중에 있으나, 임차인이 해당 임차권을 양수인(이름 또는 법인명 기재)에게 양도하는 것을 승낙합니다.

**[임대차목적물인 상가건물의 표시]**

| 소재지 | | 상 호 | |
|---|---|---|---|
| 임대면적 | | 전용면적 | |
| 업 종 | | 허가(등록)번호 | |

**[임차권의 내용]**

| 임대차<br>관 계 | 임차보증금 | | 월 차 임 | |
|---|---|---|---|---|
| | 관리비 | | 부가가치세 | 별도( ), 포함( ) |
| | 계약기간 | 년  월  일부터   년   월   일까지( 월) | | |

**[특약사항]**

|  |
|---|
|  |

년     월     일

임대인 ;                       (인)


임차인(이름 또는 법인명 기재) 귀하

# 33 주택에서 민박업을 운영하면 10년 보호받을 수 있을까?

임차인 A는 용산구에서 한 상가주택을 임차한 후 주로 외국인이 단기간 머무를 수 있는 민박업을 운영했다. 임대인 B는 임대차계약 체결 당시 민박업을 운영하는 것에 동의했고, 임차인은 사업자등록(업태 : 숙박 및 음식점업, 종목 : 숙박공유업)을 갖췄다.

**민박업 운영에 임대인이 동의한 특약사항**

제9조 [중개대상물확인설명서교부 등] 개업공인중개사는 중개대상물확인설명서를 작성하고 업무보증관계증서 (공제증서 등) 사본을
첨부하여 거래당사자 쌍방에게 교부한다. (교부일자 : 2019년 11월 08일)

[ 특약사항 ]
1. 현 시설물 상태에서 임대차한다.
2. 임대인은 유██에게 모든 권한을 위임한다(농협, 067-██████ 유██)
3. 임대할 부분의 면적은 (공부상 전용면적 또는 연면적, 실측면적)이다.
4. 본지역은 용산 재개발예정지로서 향후 재개발로 인한 명도시에는 조건없이 명도하기로 한다.
5. 잔금일은 만당김수 의기로한다 (2020년 1월 15일에 월세 납입있음)
6. 임대인은 임차인이 이주택에서 외국인관광 도시민박업을 하는것에 동의한다.
7. 기타사항은 민법 임내자모로범 및 부동산임내차 계약 일반 관레에 따르기로 한다.

어느 날 임대인 B는 본인이 본 임차물에 입주해서 거주할 계획이라면서 임차인에게 임대차계약 만료일에 임차물에서 나가

고 반환할 것을 요구했다. 임차인이 계약갱신을 요구해도 거부한다는 의사를 미리 밝힌 것이다.

A가 주거 목적으로 해당 건물을 임차하고 전입신고를 했다면 '주택임대차보호법'의 적용을 받게 된다. B가 그 건물에 실제 거주하려는 경우에는 A의 계약갱신요구를 거절할 수 있어서 계약 만료일에 임차인을 내보낼 수 있다(주택임대차보호법 제6조의 3 제1항 제8호 참조).

## 사업자등록을 갖추고 영업활동을 하면 10년 보호 대상

임차인 A는 임대차계약 체결 시에 해당 임차물에서 민박업을 운영하는 것에 대해 임대인의 동의를 받았다. 또한 민박업과 관련해서 사업자등록을 갖추고 영리를 목적으로 하는 영업활동을 했다. 따라서 A는 '상가건물임대차보호법'의 적용을 받기 때문에, 최초의 임대차기간을 포함한 전체 임대차기간 10년 이내에서 계약갱신요구권을 행사할 수 있다. 이에 A는 B의 계약종료 요구에 대해 다음과 같이 내용증명우편을 보냈다.

# 내 용 증 명

수신인 : 진경하 님
           부산광역시 연제구 종합운동장로12번길 8 103동 1404호
발신인 : 조동환
           서울특별시 양천구 오목로 120 5층

제목 : 임대차해지통고에 대한 답변서(임대차계약 갱신 요구)


1. 귀댁의 무궁한 안녕을 기원합니다.
2. 귀하가 대리인(법무법인 동하 홍길동 변호사)을 통해 발송한 임대차계약해지통고서를 수령한 후 이에 대한 답변을 드리겠습니다.
3. 본인은 임차목적물(1층 사무실, 1층 주택, 2층 주택) 전부에 대해서 외국인관광 도시민박업을 운영할 목적으로 사용·수익하는 것으로 전 소유자와 합의하고 2019년 11월 8일 아래와 같은 내용으로 임대차계약을 체결했습니다.

---
**임대차계약 주요 내용**
- 당 사 자 : 임대인(전 소유자) - 김00, 임차인 - 조동환
- 임대차목적물(서울시 용산구 한강로 123)
    ① 1층 사무실 : 보증금 2,000만 원, 월차임 60만 원
    ② 1층 주택 : 보증금 1,000만 원, 월차임 60만 원
    ③ 2층 주택 : 보증금 1,000만 원, 월차임 30만 원
- 임대차 기간 : 2019년 11월 20일 ~ 2021년 11월 19일(24개월)
---

4. 그리고 본인은 이 임차목적물에서 숙박 관련 사업자등록을 갖추고 임대차계약 내용에 따라 도시민박업을 운영하면서 영업활동을 하고 있습니다.
5. 본인은 이 임차목적물에 대한 재개발 등 특별한 사유가 없는 한 10년 이상 장기간 숙박업을 운영하고자 2019.11.20. 최초 입점했습니다. 또한 그 내용은 전 소유자와 임대차계약을 체결하면서 특약사항으로 분명하게 명시했습니다.
6. 소유권 이전에 따라 임대인의 지위를 승계한 귀하께서 본인이 전 임대인과 약정한 내용을 충분히 알고 있을 것으로 이해됩니다. 그리고 본인이 전 임대인과 장기간 영업할 수 있도록 약정했던 내용을 귀하께서 그대로 이행해주실 것을 부탁드리오며,
7. 이에 따라 본인은 이 임대차계약의 갱신을 요구하오니 협조해주시기 바랍니다.


환절기에 항상 건강 유지하시고, 귀하의 가정에 항상 행복이 가득하기를 기원합니다.
감사합니다.

2021년 9월 15일


진경하 님 귀하

# PART 04

·
·
·
·

# 임대료

빈번한
상담사례
----
실제
상담사례

## 34 상가임대차에서 재계약할 때 임대료 인상 한도는?

### 환산보증금이 일정금액 이하일 때 상한요율은 5%

상가임대차에서 환산보증금(보증금+월세×100)이 대통령령으로 정하는 금액(서울시 : 9억 원) 이하일 경우에, 임대차계약을 갱신하면서 임대인이 보증금과 월세를 증액 청구할 때 5%를 초과할 수 없다. 즉 임대인은 재계약 시에 기존 임대료의 5% 이내에서만 증액을 요구할 수 있다. 또한 임대인은 임대차계약을 체결하거나 임대료를 증액한 후 최소 1년이 지난 후에 임대료 증액을 청구할 수 있다.

상가임대차에서 환산보증금이 대통령령으로 정하는 금액(서울시 : 9억 원)을 초과할 경우에는 상한요율에 대한 제한이 없어서, 임대인과 임차인이 사적자치의 원칙에 따라 협의해 결정하면 된다.

**환산보증금과 임대료 증액**

| 구분 | 환산보증금 일정금액<br>(서울시 : 9억 원) 이하 | 환산보증금 일정금액<br>(서울 시 : 9억 원) 초과 |
|---|---|---|
| 증액 상한요율 | 5% | 해당 없음 |
| 증액 청구 주기 | 1년 | 해당 없음 |

## 당사자가 합의하면 5% 초과 가능

환산보증금이 일정금액 이하인 상가임대차에서 증액의 상한 요율 규정은 임대차계약의 존속 중 당사자 일방이 약정한 차임 등의 증감을 청구한 경우에 한해서 적용되고, 임대차계약이 종료한 후 재계약을 하거나 임대차계약 종료 전이라도 당사자의 합의로 차임 등을 증액하는 경우에는 적용되지 않는다(대법원 2014. 2. 13. 선고 2013다80481 판결). 따라서 '상가건물임대차보호법'에서 "이 법의 규정에 위반된 약정으로서 임차인에게 불리한 것은 효력이 없다"라고 규정하고 있지만, 임대인과 임차인이 보증금 또는 월세를 5% 초과해서 증액하기로 합의한다면 그 약정은 유효하다.

## 신규 임대차는 상한요율 5% 미적용

상가임대차의 임대료 상한요율 규정은 증액청구 당시 임대차 관계를 형성하고 있는 임대인과 임차인 사이에만 적용되고, 신규 임대차에는 적용되지 않는다. 따라서 기존 임차인과 임대차 계약을 해지하거나 임차물이 공실인 상태의 임대인은 신규임차 인에게 과거 임대차의 보증금과 월세와 상관없이 전혀 새로운 임대료를 제시할 수 있다.

**관련 법률** **상가건물임대차보호법 제11조(차임 등의 증감청구권)**

① 차임 또는 보증금이 임차건물에 관한 조세, 공과금, 그 밖에 부담의 증감이 나 '감염병의예방및관리에관한법률' 제2조 제2호에 따른 제1급 감염병 등에 의한 경제사정의 변동으로 인해서 상당하지 않은 경우에는 당사자는 장래의 차임 또는 보증금에 대해서 증감을 청구할 수 있다. 그러나 증액의 경우에는 대통령령으로 정하는 기준에 따른 비율을 초과하지 못한다.
② 제1항에 따른 증액 청구는 임대차계약 또는 약정한 차임 등의 증액이 있은 후 1년 이내에는 하지 못한다.

# 35 임대차기간 도중에 월세를 인상할 수 있을까?

빈번한
상담사례

상가임대차는 보통 1년 또는 2년 단위로 계약을 하고, 동물병원 등 장비를 빌리거나 초기 투자비가 많이 소요되는 업종은 임차인의 요구에 따라 장기간으로 계약하는 경우도 있다. 임차인은 환산보증금 다과와 관계없이 10년 동안 계약갱신요구권을 행사할 수 있어서, 최초에 단기로 계약을 체결했더라도 특별한 사유가 없으면 10년간 계약을 갱신하면서 영업할 수 있다.

임차인과 임대인은 임대차계약을 체결할 때 기간을 1년으로 하는 게 유리한지 아니면 2년 또는 장기간으로 설정하는 게 유리한지 고민하게 된다. 임차인 입장에서는 1년 단위로 계약을 하게 되면 임대인이 1년마다 월세를 인상할까 걱정이 되어 차라리 2년 또는 장기간 계약을 선호하기도 한다.

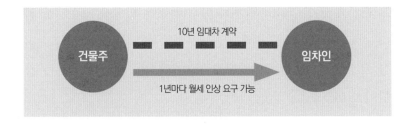

## 상가건물임대차보호법 적용 ⇒ 1년마다 증액 청구 가능

임대차기간을 5년으로 계약을 체결했다고 해서 임대인이 5년의 계약기간 동안 보증금과 월세를 인상 요구할 수 없는 것은 아니다. 환산보증금이 일정금액(서울시 : 9억 원) 이하일 때는 차임 또는 보증금이 경제 사정의 변동으로 적절치 않으면 당사자는 장래의 차임 또는 보증금에 대해서 증감을 청구할 수 있다. 임대차계약 또는 약정한 차임 등으로 증액한 후 1년 이내에는 하지 못한다(상가건물임대차보호법 제11조). 다시 말해 증액 후 1년이 지나면 임대인은 다시 증액을 청구할 수 있다.

예를 들어 임대차기간을 3년으로 계약했을 때, 임대인은 임대차가 시작된 날부터 1년이 지나면 보증금·월세를 증액 청구할 수 있고, 다시 1년 후에 보증금·월세를 증액 청구할 수 있다. 이렇듯 임대료와 임차기간의 장단은 아무런 관계가 없고, 오히려 장기임대차에서 임차인은 계약만료일 전에 해지가 필요한 경우에 반드시 임대인의 협조가 있어야 하는 위험을 감수해야 한다. 한편 임대인은 장기계약을 체결했을 때 안정적인 월세 수입을 보장할 수 있고 증액청구도 1년마다 가능해서 선호하는 경향이 있다.

## 민법 적용 ⇒ 증액청구에 기간 제한 없음

임대물에 대한 공과 부담의 증감 기타 경제 사정의 변동으로 약정한 차임이 상당하지 않게 된 때는 당사자는 장래에 대한 차임의 증감을 청구할 수 있다(민법 제628조). 환산보증금이 일정 금액(서울시 : 9억 원)을 초과할 때는 '민법'에 따라 임대료의 상한요율이나 증액청구의 최소기간 경과 등에 대한 제한이 없다.

그래서 임대인과 임차인 양 당사자는 언제든지 경제 사정의 변동 등이 생기면 임대료의 증감을 청구할 수 있다. 예를 들어 임대차기간을 2년으로 계약을 체결한 후, 6개월만에 경제 사정의 변동 등이 생겼다면 임대인과 임차인은 상대방에 대해 임대료의 증감을 청구할 수 있다.

# 임대료 증액 청구서

수 신 인 : 전미
　　　　　서울시 마포구 공덕동 000-00
발 신 인 : 이건화
　　　　　서울시 영등포구 문래동 00-000

## 제목 : 임대료(월세) 증액 청구

1. 임대차 계약 내용
   임대차목적물 : 서울시 영등포구 양평동 00 신신빌딩 101호
   임대차기간 : 2019년 5월 1일 ~ 2021년 5월 1일
   임대차보증금 : 삼천만 원정(₩30,000,000원)
   월차임 : 이백만 원정(₩2,000,000원)

2. 귀하와 발신인 간의 2019년 4월 1일 계약 체결한 이 임대차계약이 2개월 後 종료
   예정입니다. 그간 조세, 공과금 등이 인상되었고, 경제 사정의 변동으로 인해서 현재의
   보증금과 월세가 상당하지 않게 되어 임대료 인상이 불가피하게 되었습니다.

3. 주변 상가건물의 보증금 및 차임 등을 고려해서 2021년 5월 1일부터 월차임을 금
   이백일십만 원(₩2,100,000원)으로 증액 요청하오니 양해해주시기 바라며 인상된 월차임은
   종전과 같은 방법으로 지급해 주시기 바랍니다.

2021년 3월 1일

발신인　　　이건화 (인)

**전미 귀하**

## 36 임차인의 차임인하 요구도 가능할까?

**임대료가 주변 시세보다 높다면 감액 청구 가능**

임차인은 해당 점포에서 최초로 임대차계약을 체결할 때 임대료 시세에 대한 정보력이 상대적으로 부족하고, 주로 개업공인중개사와 임대인의 설명을 듣는다. 임차인이 어떤 연유로 임대료가 높게 책정된 점포에 입점할 수 있고, 계약체결 후 시간이 지나면서 주변에 장례식장 등 기피시설이 생김으로 임대료의 객관적 타당성이 결여될 수 있다.

'상가건물임대차보호법'에서 증액 청구의 경우에는 5%의 인상 한도가 있지만, 감액 청구에는 제한 규정이 없다. 임차인은 임대료가 주변보다 현저히 고액이거나 부당할 때 임대인에게 일단 임대료감액을 요구하고, 협의가 안 되면 법원에 차임 또는 보증금의 감액 조정을 신청할 수 있다. 또한 임대료 조정을 포함한 상가임대차 분쟁을 다루는 서울시 상가임대차분쟁조정위원회(02-2133-1211)에 도움을 요청할 수도 있다.

## 감액의 객관적인 입증자료를 잘 준비해야

임차인은 단지 영업이 부진하다는 이유로 임대료감액을 요청할 수는 없다. 임대차계약 체결 후 해당 점포 주변이 예상했던 것보다 상권이 활성화되지 못하고 인접한 곳에 대형 쇼핑몰이 들어와 임차인의 매출에 막대한 영향을 끼치는 등 임차인의 과실이 아닌 외적 요인에 의해 영업이 잘 안 되어 약정한 임대료가 현저히 부당할 때는 그에 대한 객관적인 입증자료를 준비해 임대료감액을 청구할 수 있다.

# 상가건물임대차분쟁조정 신청서

신 청 인  장준하
　　　　　서울특별시 양천구 목동 ○○○ (우편번호 ○○○-○○○)
　　　　　전화·휴대폰 :○○○-○○○

피신청인  황서영
　　　　　서울특별시 양천구 목동 ○○○ (우편번호○○○-○○○)
　　　　　전화·휴대폰 :○○○-○○○

임차물 소재지 : 서울시 양천구 목동 000 1층

## 신청 취지
월세 감액 청구

## 신청 이유
1. 신청인은 피신청인과 2020. 10. 1. 피신청인 소유의 서울시 양천구 목동 ○○ 소재
   현대빌딩 101호에 대해서 보증금 3천만 원, 월세 2백만 원, 임대차기간 2020. 11. 1
   ~2022. 10. 31(2년)으로 임대차계약을 체결했습니다.

2. 그런데 최근 경제불황과 부동산 가격의 하락 및 임대료의 하락에 따라 위 임차물과
   유사한 인근 상가의 월세가 1백만 원까지 떨어진 상황입니다.

3. 신청인은 피신청인에 대해서 이 상가에 대한 월세를 현 시세와 같은 1백만 원으로
   감액해줄 것을 요청했으나 피신청인은 이에 응하지 않고 있습니다.

4. 따라서 신청인은 이 상가에 대한 월세를 1백만 원으로 감액할 것을 조정 신청합니다.

2021.  11.  01.

신청인 황서영 (서명 또는 날인)

**서울남부지방법원 귀중**

전세보증금 증감청구권의 인정은 이미 성립된 계약의 구속력에서 벗어나 그 내용을 바꾸는 결과를 가져오는 것인 데다가, 보충적인 법리인 사정변경의 원칙, 공평의 원칙 내지 신의칙에 터잡은 것인 만큼 엄격한 요건 아래에서만 인정될 수 있으므로, 기본적으로 사정변경의 원칙의 요건인 ① 계약 당시 그 기초가 되었던 사정이 현저히 변경되었을 것, ② 그 사정변경을 당사자들이 예견하지 않았고 예견할 수 없었을 것, ③ 그 사정변경이 당사자들에게 책임 없는 사유로 발생하였을 것, ④ 당초의 계약 내용에 당사자를 구속시키는 것이 신의칙상 현저히 부당할 것 등의 요건이 충족된 경우로, 전세보증금 시세의 증감 정도가 상당한 수준(일반적인 예로서, 당초 약정금액의 20% 이상 증감하는 경우를 상정할 수 있음)에 달하고, 나머지 전세기간이 적어도 6개월 이상은 되어야 전세보증금의 증감청구권을 받아들일 정당성과 필요성이 인정될 수 있고, 증감의 정도도 시세의 등락을 그대로 반영할 것이 아니라 그 밖에 당사자들의 특수성, 계약의 법적 안정성 등의 요소를 고려해서 적절히 조정되어야 한다.

(서울지법동부지원 1998. 12. 11. 선고 98가합 19149 판결)

# 37 임차인이 월세를 안 낼 때 임대인의 대응 방법

## 월세를 계속 연체하면 서로의 손해를 최소화하는 방향으로

임차인의 경제적 사정 등으로 월세가 밀리면 임대인은 보증금에서 연체된 월세를 공제해 결국 손해보지 않을 수도 있지만, 매월 나올 것으로 기대한 현금흐름이 끊겨 임대인도 큰 부담이 될 수 있다.

임차인이 장기간 월세를 연체하거나 보증금이 월세에 비해 넉넉지 않다면, 임대인은 어느 순간 1년 내외 소요되는 명도소송과 강제집행에 대한 절차도 고려해야 한다. 더군다나 임차인이 월세를 계속 연체하면서 임차인의 손해가 누적되는 것이 명확한 상황이라면, 임대인은 마냥 기다리는 것보다 하루빨리 계약을 해지하고 임차인을 강제로 내보내 임차인의 손해를 최소화할 수도 있다.


## 임대인이 임의로 강제집행하면 형사적 처벌

임차인은 임대인에게 임대료를 지급하고 임차목적물을 사용·수익할 수 있는 권리인 임차권을 가지므로, 임대인은 임차물의 보존에 관한 긴급한 상황 등 특별한 경우가 아니라면 임차인의 임차물 사용을 방해할 수 없다.

임차인이 월세를 연체하고 연락도 잘 안됐다고 해서 임대인이 임의로 잠금장치를 풀고 임차인 물건을 꺼내면 주거침입죄, 재물손괴죄 등으로 처벌받을 수도 있다. 또한 임대인이 임차인이 장사하는 곳에 가서 소리를 치거나 으박지르면 영업방해행위로 고소당할 수도 있다.


## 임차인이 일부러 월세를 안 낼 때는 원칙대로 대처해야

임차인이 월세를 낼 여력이 있으면서 어떤 목적으로 일부러 월세를 내지 않으면 결국은 임차인이 크게 손해볼 수 있다.

임대인은 월세를 연체한 임차인 재산의 권리행사에 제한을 가할 수 있다. 임대인은 임차인의 주거지를 확인한 후 임차인이 본인 소유 집에서 살고 있으면 그 부동산을 상대로, 임차인이 전세라면 전세보증금에, 또는 임차인의 자동차에 가압류를 신청할수 있다. 임대인이 연체된 월차임을 채권으로 가압류신청을 하면 법원에서는 대부분 받아들여진다.

월세 연체는 사실관계 논쟁의 여지가 없으므로, 임대인은 법원에 지급명령을 신청해 월세를 연체한 임차인을 압박할 수 있다. 지급명령은 임대인이 법정에 나오지 않고 일반 민사소송에 비해 적은 비용으로 신속하게 민사분쟁을 해결할 수 있는 절차적 장점이 있다.

### 임차인이 능력 없을 때는 신속히 대처해야

임차인이 현재 월세를 지급할 능력이 없고 앞으로도 크게 개선될 여지가 보이지 않을 때 임대인은 계약해지를 염두해야 한다. 월세에 비해 보증금이 다액이면 조금 더 기다릴 수는 있겠지만, 보증금이 소액이고 다른 임차인을 쉽게 구할 수 있다면 계약을 해지하는 게 현명할 수 있다.

임차인이 3개월분 이상의 월세를 연체하면 임대인은 임차인에게 계약해지를 통고할 수 있다. 임차인이 집주인의 요구를 거부하고 버티면 명도소송을 제기한 후 강제집행을 해야 한다. 그런데 임대인이 승소하더라도 밀린 월세를 공제하면 보증금이 남지 않고 오히려 임차인에게 추가로 받아내야 한다면, 임차인을 상대로 돈을 받아내기는 쉽지는 않을 일이다. 임대인은 밀린 월세를 일부 탕감하거나 이사비를 지원하는 등 임차인에게 퇴로를 열어주는 대책도 검토할 필요가 있다.

**임대료 연체 계약해지 내용증명 사례**

## 계약해지 통보

수신인 : 강민철
주   소 : 서울시 양천구 목동 000아파트 00동 00호(우편번호 000000)

발신인 : 윤은식
주   소 : 서울시 강남구 역삼동 00, 101호(우편번호 000000)

**제목 : 임대료 연체로 인한 계약해지 통보**

1. 본인은 수신인과 2021년 7월 1일 본인 소유의 서울시 양천구 목동 00번지 상가 101호 30㎡에 대해서 보증금 500만 원과 월차임 30만 원을 매월 말일에 지급하는 조건으로 임대차계약을 체결했으나, 2022년 2월 1일 현재 수신인은 5개월의 임대료를 지급하지 않아 연체 임대료가 150만 원에 달하고 있습니다.

2. 수차례에 걸친 구두 요청에도 불구하고 임대료의 지급이 계속 연체되고 있는 점에 유감을 표시하며,

3. 연체된 150만 원을 2022년 2월 15일까지 입금해주실 것을 요청하고, 이 기일까지 지급하지 않으면 우리 민법에 근거해서 동일자로 임대차계약을 해지하며 아울러 수신인이 점유하고 있는 상가를 원상회복해서 본인에게 명도해주실 것을 통지합니다.

2022년 2월 1일

발신인  윤은식 (인)

# 38 | 임차인이 3기 차임액을 연체하면

상가에서 임차인의 차임 연체액이 3기 차임액에 달하는 때에 임대인은 임대차계약을 해지할 수 있다. 그리고 임차인이 과거에 3기의 차임액을 연체한 사실이 있는 경우에, 임대인은 임차인의 계약갱신요구를 거절할 수 있고, 임차인이 신규임차인을 주선해서 권리금을 주선하려고 할 때 임대인은 임차인의 권리금 회수에 협조할 의무가 없다.

### 밀린 월세의 합계가 3개월분에 달할 때

차임연체액이 3기의 차임액에 달하는 때란 연체한 차임의 합계가 3개월분에 달하는 때를 의미한다. 예를 들어 1월분, 2월분,

3월분 차임을 연속해서 연체한 경우뿐만 아니라, 1월분 연체 후 2월분, 3월분은 내다가 다시 4월분, 5월분을 연체한 경우도 포함된다. 또한 여러 달에 걸쳐 조금씩 연체한 금액의 합계가 3개월분에 이르러도 마찬가지다.

**3기 차임연체 여부 사례**

| 구분 | 미지급 월세 | | | | | 3기 차임액 연체 여부 |
|---|---|---|---|---|---|---|
| | 1월 | 2월 | 3월 | 4월 | 합계 | |
| A | 0 | 50만 원 | 50만 원 | 50만 원 | 150만 원 | ○ |
| B | 20만 원 | 30만 원 | 50만 원 | 50만 원 | 150만 원 | ○ |
| C | 30만 원 | 30만 원 | 30만 원 | 30만 원 | 120만 원 | × |

A와 B는 연체한 금액의 합계가 3개월분 월세 150만 원에 이르러 차임연체액이 3기 차임액에 달하는 것이고, C는 4개월 연속 30만 원씩 연체했지만 150만 원에 이르지 않았으므로 3기 차임액 연체가 아니다.

한편 임차인이 월세를 매달 며칠씩 늦게 입금하거나, 1~2개월 밀렸다가 입금하는 것을 반복해도 연체한 금액의 합계가 3개월분에 달하지 않으면 임대인이 딱히 조치할 방법은 없다. 그래서 간혹 임대인과 감정이 상한 임차인이 일부러 매달마다 월세를 며칠씩 연체하는 경우도 있다.

# 39 임차인에게 불리한 증액 특약은 무효

빈번한 상담사례

## 임차인에게 불리하면 원칙적으로 무효

상가임대차계약에서 '상가건물임대차보호법'의 규정에 위반되고 임차인에게 불리한 약정은 효력이 없다. 임대인과 임차인은 경제 사정의 변동에 따라 차임 또는 보증금에 대해서 증감을 청구할 수 있고, 증액의 경우는 5%를 초과하지 못한다. 따라서

---

**〈불공정 특약 – 매년 5% 월세 인상〉**

〈특약사항〉

2. 임대인은 1년마다 5% 범위에서 월세를 인상할 수 있으며, 임대인이 인상액을 임차인에게 사전에 통보하면 임차인은 이의를 제기할 수 없다.

---

이처럼 감액의 여지가 없이 임차인에게 불리한 일방적인 증액 특약은 당사자가 합의했어도 무효가 된다.

환산보증금이 9억 원을 초과할 때는 '민법'을 적용받게 되는데 이때도 역시 일방적인 5% 인상과 같이 차임 또는 보증금에 대한 증감 청구를 임차인에게 불리하도록 약정을 했다면 무효가 된다. 임차인도 경제 사정의 변동으로 인해서 약정한 차임이 상당하지 않을 때는 임대인에게 감액을 청구할 수 있으며, 이런 임차인의 권리를 원천적으로 박탈하는 약정은 무효다.

## 임차인에게 불리하지 않으면 유효

어떤 특약이 '상가건물임대차보호법'에 위반한 내용일지라도, 임차인에게 불리하지 않다는 특별한 사정이 있다면 유효할

**관련 판례** 임차인에게 불리한 약정 효력

임대차계약에 있어서 차임은 당사자 간에 합의가 있어야 하고, 임대차기간 중 당사자의 일방이 차임을 변경하려고 할 때도 상대방의 동의를 얻어서 해야 한다. 그렇지 않은 경우는 민법 제628조에 의해서 차임의 증감을 청구해야 할 것이다. 만일 임대차계약 체결 시에 임대인이 일방적으로 차임을 인상할 수 있고 상대방은 이의를 할 수 없다고 약정했다면, 이는 강행규정인 민법 제628조에 위반하는 약정으로써 임차인에게 불리한 것이므로 민법 제652조에 의해 효력이 없다.

(대법원 1992. 11. 24. 선고 92다31163, 31170 판결)

수도 있다. 예를 들어 직접 장사하고 있던 임대인이 시설 일체를 무상으로 임차인에게 사용하게 하면서 임대료도 주변 시세보다 저렴하게 책정했다면, 매년 5% 인상 약정은 임차인에게 불리하다고 보기 어려우므로 유효할 수 있다.

## 임차인에게 일방적으로 불리한 약관 내용은 무효

대형상가건물에서 임대사업자는 일정한 형식의 미리 마련한 계약서 양식에 호수와 금액 등을 기재하는 약관으로 임차인과 계약하는 경우가 많다. 약관은 계약서가 부동의 문자로 활자화되어서 임차인이 요청해도 내용을 수정하기가 불편하고, 불리한 조항을 그대로 둔 채 계약을 체결하게 된다.

만약 임차인이 불리한 약관에 대해 시정요구를 했는데 임대인이 이에 응하지 않는다면 임차인은 공정거래위원회에 계약조항에 대한 심사를 청구할 수 있다. 공정거래위원회는 심사한 결과 위반사항이 있다면 임대인에게 시정권고를 하게 된다. 임대인이 시정권고를 받고도 따르지 않으면 시정명령이 나가고 시정명령도 거부하면 벌금이나 징역에 처할 수 있다. 또한 임차인은 시정권고를 근거로 법원에 부당이득반환과 손해배상을 청구할 수 있다.

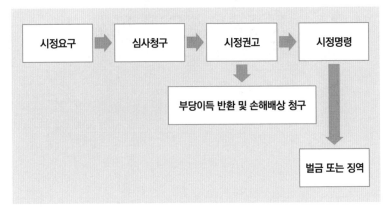

불공정약관에 대한 구제절차

시정요구 → 심사청구 → 시정권고 → 시정명령

부당이득 반환 및 손해배상 청구

벌금 또는 징역

20××년 2월 판교의 한 오피스텔의 임대차계약서상 약관 조항 중에 "갑은 최초 임대차기간 1년 경과 후 매년 보증금 및 월세 각각을 5% 이내에서 인상할 수 있으며, 인상액을 을에게 사전 통보하고, 을은 갑이 제시하는 인상금액을 갑이 별도 지정하는 기일 내에 추가 납부해야 한다"라는 내용이 있었다. 이에 공정거래위원회는 매년 5% 이내의 보증금 및 월세 인상을 기정사실로 하는 내용은 고객인 임차인에 부당하게 불리한 조항이며 임차인의 차임감액청구권을 사실상 배제하는 조항으로 무효라고 시정권고했다.

# 40 보증금을 증액할 때 유의사항

### 기존 계약서는 보관

임대차계약 기간이 만료되고 재계약하면서 새 계약서를 작성한 후, 기존 임대차계약서는 분실되거나 훼손되지 않도록 잘 보관해야 한다. 임대보증금에 대한 증빙서류인 임대차계약서를 잃어버려, 예기치 못하게 보증금을 손해 보는 일은 없어야 할 것이다. 또한 임대차계약서 원본은 경매가 진행될 때 임대차보증금을 배당받기 위해 꼭 필요한데, 만일을 대비해 계약서를 스캔해서 저장하거나 복사본을 보관하는 것이 좋다.

## 새로운 계약서에 확정일자를

새 계약서를 작성하고 임차인이 인상된 보증금을 지급할 경우에 해당 상가건물의 소유권에 영향을 줄 수 있는 가압류, 압류, 소유권이전청구가등기, 소유권이전금지가처분, 근저당권 등이 새로 설정되었는지 등기사항전부증명서를 발급받아서 확인해야 한다.

임대차보증금 3,000만 원을 1,000만 원 증액해 4,000만 원으로 갱신할 때, 기존 임대차 계약서는 별도로 보관하고 인상된 금액의 새 계약서를 작성한 후 주민센터(주택) 또는 세무서(상가)를 방문해 새로운 계약서에 확정일자를 받는다. 인상된 1,000만 원에 대해서는 확정일자를 새로 받는 날부터 대항력과 우선변제권이 생긴다. 만약 기존계약서와 새로운 계약서의 사이에 근저당 설정이 되었다면, 인상된 1,000만원에 대한 우선변제권은 중간에 설정된 근저당보다 후순위가 된다. 즉 해당 상가건물이 경매에 넘어가면 증액한 1,000만원에 대해서는 근저당권자보다 후순위로 배당되므로 낙찰금이 부족할 때에 1,000만 원 중 전부 또는 일부를 손해 볼 수도 있다.

## 특약조항을 첨부한 새로운 계약서 작성

새로운 계약서의 특약사항란에 '이 계약서는 20××년 ××월 ××일 임대인 ○○○와 임차인 ○○○이 임차보증금 3,000만 원, 월세 100만 원, 계약기간 2019. 5. 1~2021. 4. 30.으로 체결한 임대차계약에서 보증금을 1,000만 원 인상한 계약이다'라고 당사자·계약조건·변경내용 등을 특정함으로써 종전 임대차계약의 연장선상임을 분명히 하는 게 중요하다.

기존 계약서에서 3,000만 원을 빨간색으로 두 줄을 긋고 4,000만 원으로 명기한 후 인감을 찍고 확정일자를 받는 방법으로는 인상된 보증금을 보호받을 수 없다. 또한 기존 확정일자를 받은 계약서 뒷면에 인상된 보증금과 지급일자 그리고 수령인을 명기하고 변경된 보증금액으로 확정일자를 받아도 증액된 보증금에 대한 우선변제권을 확보할 수 없다.

중개업자를 통해 재계약서를 작성할 때 중개보수는 증액 후의 임대료 전체에 대해서 계산하는 것이 아니라, 인상된 보증금과 월세에 관한 중개보수만 지급한다. 사례의 경우는 1,000만 원에 대한 중개보수를 지급하면 된다. 그 금액이 현저히 소액일 경우에는 별도로 협의할 수도 있고, 양 당사자가 모든 변경내용을 합의해 중개업자가 계약서만 작성한 경우에는 소정의 대서료만 지급하기도 한다.

# 〈증액계약의 특약사항 사례〉

**특약사항**

1. 기본 및 현시설물상태에서 임대한다.

2. 본계약은 2020년 7월 13일 체결한 임대차계약(임대인 : 김○○, 서○○, 임차인 : 이○○, 보증금 3,000만 원, 월세 100만 원, 계약기간 2019. 5. 1~2021. 4. 30)의 1,000만 원 증액 계약이다.

3. 계약일 현재 등기사항전부증명서상 근저당권(채권최고액 금 72,000만 원)이 있다.

4. 계약일 현재 등기사항전부증명서상 소유권자와 임대차 의사를 전화로 확인하고, 김○○의 부친인 김○○이 대리계약요건(인감증명서, 위임장)을 갖추어 대리 계약한다.

5. 임대차보증금 4,000만 원 중 3,000만 원은 기존 보증금으로 대체하고, 임차인은 보증금의 증액분 1,000만 원을 2021년 5월 1일까지 지급한다.

6. 보증금의 증액금 1,000만 원은 공동명의인 서○○의 계좌(신한은행 110-○○○○-690783)으로 입금하고, 월차임 100만 원은 공동명의인 김○○의 계좌(우리은행 377-○○○○-1215)로 매달 말일에 입금한다.

7. 계약기간 만료 후 마지막 달의 월차임은 임차인이 사용한 만큼의 백분율로 계산(일할 계산)해서 임대인에게 지급한다.

8. 기타사항은 민법 및 상가건물임대차보호법 등 관련 법에 따르기로 한다.

# 41

## 10년 초과 후 임대료 증액 한도는?

**임대료 인상은 원칙적으로 5%를 초과할 수 없음**

상가건물에서 차임 또는 보증금이 임차건물에 관한 조세, 공과금, 그 밖의 부담 증감이나 경제 사정의 변동으로 인해서 상당하지 않게 된 경우, 당사자는 장래의 차임 또는 보증금에 대해서 증감을 청구할 수 있다. 환산보증금이 일정금액(서울시 : 9억 원) 이하일 때 상가건물 임대료 증액은 5%를 초과할 수 없고, 증액 청구는 임대차계약 또는 임대료 증액이 있고 난 뒤 1년이 지난 후 할 수 있다. 만약 임대인이 부당하게 5% 초과해서 징수했다면, 임차인은 상한요율을 초과 지급한 인상금을 부당이득으로 반환 청구할 수도 있다.

## 10년 초과하면 증액 상한요율은 무용지물

최초 임대차기간을 포함한 전체 임대차기간이 10년을 초과하게 되면, 임대인은 별다른 사유가 없어도 임차인의 계약갱신요구를 거부할 수 있다. 임차인이 임대인의 5% 초과 증액요구를 거부하면 임대인은 임차인과 재계약하지 않을 수 있으므로, 임차인이 해당 상가에서 계속 영업하고자 한다면 5% 초과하면서 재계약을 할 수밖에 없다. 결국 임대차기간이 10년을 초과했을 때, 임대인은 임대료 증액 상한요율 제한 없이 임차인에게 임대료 증액을 청구할 수 있다.

**관련 판례** 임대차계약 종료 후 증액 약정 효력

한편, 임대차계약이 종료한 후 재계약을 하거나 임대차계약 종료 전이라도 당사자의 합의로 차임 등을 증액하는 경우에는 증액 상한요율이 적용되지 않는다.

(대법원 2014. 2. 13. 선고 2013다80481 판결 참조)

## 42 │ 소송 중에 월세를 지급해야 할까?

임차인 A는 북촌 한옥마을 입구에서 보증금 2천만 원, 월세 150만 원에 1층 상가를 임차해 10년 동안 옷가게를 운영하면서 20××년 9월 3번째 건물주를 맞았다. 새 건물주는 본인이 건물을 직접 사용하겠다며 나갈 것을 요구했지만 갈 곳도 마땅치가 않고 새로운 곳에서 시작할 자금도 넉넉지 못한 임차인은 이러지도 저러지도 못하고 있었다.

**임대인은 명도소송, 임차인은 손해배상청구소송**

임대인은 수차례 임차인에게 가게를 비울 것을 요청했다. 이에 임차인은 권리금보상을 요구했는데, 임대인은 임차인에게 권리금을 지급할 의사가 없었다. 임대차기간이 만료하자 임대인은 명도소송을 제기했고, 임차인은 해당 점포에서 영업을 계속하면서 손해배상청구 등 맞소송으로 응수했다.

임대인이 명도소송에서 승소했지만, 임차인이 계속 버티고 점포를 비워주지 않자 임대인은 법원에 강제집행을 신청했다. 임차인은 임대인의 부당행위를 알리는 대자보로 점포 전면을 도배했고, 법원에서는 언제든지 강제로 집행할 수 있어서 점포를 밤낮없이 지켰다. 당연히 영업이 정상적으로 운영될 리 없었다.

### 정상적인 영업 불가능 ⇒ 임차인 월세 부담?

명도소송의 확정판결 후 1년이 지나서야 강제집행이 진행되었고, 임대인은 계약기간만료 후 강제집행한 날까지 월세를 청구했다. 임차인은 계약기간만료 후 정상적인 영업이 불가능한 기간은 월세를 부담할 의무가 없다고 주장했다. 실제 법원 판결 후에 임차인은 가게 문은 열었지만 강제집행에 대비하느라 집기로 점포 앞을 막아 손님을 맞을 수가 없었고, 월세를 지급할 수 없다고 주장했다.

## 임차인이 사용·수익했으므로 임차인이 월세 부담

임대차기간만료한 후 임대인은 임대차보증금을 법원에 공탁했다. 법원은 임차인의 공탁금수령 여부와 관계없이 임차인이 임차물을 사용·수익을 했으므로 임차인은 그 기간 목적물을 사용하지 못한 건물주의 손해를 월차임으로 부담해야 한다고 판단했다. 따라서 비록 임차인이 정상적으로 영업하지 못했어도, 목적물을 점유했으므로 임대차기간만료 후 강제집행하는 날까지의 월세를 임차인이 부담해야 한다.

## 명도소송과 손해배상청구소송은 별도로 진행

이처럼 임차인이 계약갱신 요구할 수 있는 기간 10년을 초과하는 등 명도와 관련해 승소하기 어려운 상황이라면, 정상적인 영업이 불가능한 점포를 지킬 필요가 있는지 신중하게 고려할 필요가 있다. 그리고 임차인은 해당 점포를 비운 후, 임대인을 상대로 손해배상청구소송을 명도와 별개로 진행하면 된다.

## 43 월세와 보증금을 동시에 5% 인상할 수 있을까?

신촌에서 보증금 5천만 원, 월세 200만 원에 갈비집을 운영하는 임차인 A는 계약기간이 만료할 때쯤 임대인으로부터 보증금과 월세를 동시에 5% 인상해달라는 요구를 받았다.

'상가건물임대차보호법'은 환산보증금이 일정금액(서울시 : 9억 원) 이하 임대차에서 차임 또는 보증금을 증액할 때 최소 경과기간과 상한요율을 규정하고 있다. 즉 임대인의 증액청구는 임대차계약 또는 약정한 차임 등의 증액이 있고 난 뒤 1년이 지난 후에 할 수 있고, 차임 또는 보증금의 증액청구는 청구당시의 차임 또는 보증금의 5%를 초과할 수 없다.

## 월세와 보증금을 동시에 증액청구가능

임대인은 차임과 보증금 중 1개를 증액청구할 수 있고 차임과 보증금을 동시에 증액청구할 수도 있다. 만약 월세와 보증금을 동시에 증액할 수 없다면, 임대인은 계약을 체결할 때 증액을 대비해 월세 없이 전세유형으로 계약하거나, 보증금을 최소로 하고 월세 비중을 높이는 것 중 하나를 선택해야 하는 모순에 빠질 수 있다. 한편 '상가건물임대차보호법'은 보증금의 월차임 전환 시 산정률을 제한함으로써 차임 등의 증액상한요율 규정의 실효성을 높이고 있다.

당사자는 상가건물의 조세, 공과금, 주변 상가건물의 차임 및 보증금, 그 밖의 부담이나 경제 사정의 변동 등을 고려해서 차임 또는 보증금의 증감을 청구할 수 있다. 하지만 증액 상한요율을 5%로 규정하고 있으므로 임대인과 임차인이 그 이하에서 협의해서 결정해야 유효하고, 임대인의 일방적인 통보만으로 증액청구가 인정될 수 없다.

# 44

# 5% 초과 인상분은
# 돌려받을 수 있을까?

실제
상담사례

　　임차인 A는 성동구에서 7년째 식당을 운영하고 있다. 최초 임
대차계약 체결 시에 해당 점포가 오랫동안 비어있던 탓에 A는
저렴한 임대료로 임차할 수 있었고, 인테리어공사 및 집기를 갖
추는데 꽤 큰 비용을 들였다. 임대인 B는 매년 재계약할 때마다
5%를 초과해 월세 인상을 요구했고, B와 말다툼을 우려한 A는
B의 요구를 대부분 수용했다.

　　A는 불경기가 계속된데다 개인적인 사정까지 생겨 영업을 중
단하기로 마음먹었다. A는 임대차기간 5% 초과해서 지급한 월
세를 돌려받을 수 있을까?

## 원칙적으로 5% 초과 증액 약정은 무효

임대료가 임차건물에 관한 조세, 공과금, 그 밖의 부담의 증감이나 경제 사정의 변동으로 인해서 상당하지 않게 된 경우에는 당사자는 장래의 임대료에 대해 증감을 청구할 수 있고, 증액의 경우에는 5%를 초과하지 못한다(상가건물임대차보호법 제11조). 그리고 '상가건물임대차보호법'은 강행규정이기 때문에 임대인과 임차인이 임차인에게 불리하도록 5%를 초과해서 증액하기로 약정했다면 그것은 효력이 없어서(동법 제15조), 임차인은 임대인이 5% 초과해서 징수한 임대료를 반환청구할 수 있다.

## 양 당사자가 합의했다면 5% 초과 증액 약정은 유효

'상가건물임대차보호법'이 증액의 경우에 5%를 초과하지 못한다고 규정한 것에 대해, 법원은 "이 규정은 임대차계약의 존속 중 당사자 일방이 약정한 차임 등의 증감을 청구한 경우에 한해서 적용되고, 임대차계약이 종료한 후 재계약을 하거나 임대차계약 종료 전이라도 당사자의 합의로 차임 등을 증액하는 경우에는 적용되지 않는다"라고 판단한다(대법원 2014. 2. 13. 선고 2013다80481 판결). 즉 '상가건물임대차보호법'은 강행규정으로 5% 초과 증액을 금지하고 있지만, 양 당사자가 5% 초과 증액하기로 합의한다면 그대로 인정한다는 것이다.

　임대인이 증액을 요구하고 임차인이 동의하지 않은 상태에서, 임대차계약 종료 시 임대인이 일방적으로 보증금에서 월세를 공제했다면 임차인은 임대인이 5% 초과해서 징수한 임대료를 돌려받을 수 있다. 하지만 임대인의 증액요구에 임차인이 동의했다면 그것이 5%를 초과할지라도 임차인은 특별한 사정이 없다면 돌려받기 어렵다. 따라서 이처럼 임차인 A가 임대인의 요청에 따라 재계약서에 서명했다면 돌려받기는 쉽지 않다.

# 권리금

빈번한
상담사례
----------
실제
상담사례

# 45 | 권리금이란?

빈번한
상담사례

권리금이란 임대차 목적물인 상가건물에서 영업을 하는 자 또는 영업을 하려는 자가 ① 영업시설·비품, ② 거래처, 신용, 영업상의 노하우, ③ 상가건물의 위치에 따른 영업상의 이점 등 유형·무형의 재산적 가치의 양도 또는 이용 대가로 임대인, 임차인에게 보증금과 차임 이외에 지급하는 금전 등의 대가를 말한다(상가건물임대차보호법 제10조의 3).

권리금은 시설권리금, 영업권리금, 바닥권리금 외에도 '허가권리금'이 형성되는 상가가 있다. 영업의 종류에 따라 해당 관청의 인·허가를 받아야 하는 업종에서, 임차인이 영위하고자 하는 종목으로 인·허가를 받은 상가를 인수할 때 지급하는 권리금을 말한다. 예를 들어 일정한 범위 내에서 더 이상 신규 영업 허

| Tip | 임차인의 권리금를 보호해야 하는지? |
|---|---|

2015년 5월 13일 '상가건물임대차보호법'의 개정과 함께 임차인의 권리금회수기회보호가 제도화되었다. 기존의 법률은 임차인이 투자한 시설이나 비품 등 유형 재산과 영업활동으로 형성된 지명도나 신용 등 무형 재산에 대한 경제적 이익이 임대인의 계약해지 및 갱신거절에 의해 침해되는 것을 그대로 방치했다. 임차인은 새로운 점포를 구해 다시 영업에 필요한 시설을 갖춰야 하고 지명도와 위상을 쌓기 위해서 상당기간 영업손실을 감당해야 했다. 임대인은 임차인이 이룬 유형·무형의 가치를 아무런 제한 없이 이용하거나, 심지어는 신규임차인을 구해 직접 권리금을 받을 수 있었다.
이러한 문제점을 해결하기 위해 임대차종료 시에 임차인이 권리금을 회수할 수 있도록 기회를 보장하고, 임대인은 이에 협조할 의무를 부과했다.

가가 제한되는 담배 판매권, 복권 판매권, 호텔, 세차장 등이 있다. 또한 기존 허가를 반납하고 다시 신청한 경우에, 관련 법 강화로 인해 시설을 추가하지 않는 한 허가를 받을 수 없는 업종도 허가권리금이 거래될 수 있다.

### 권리금의 종류

| 종류 | 권리금 내용 | 비고 |
|---|---|---|
| 시설권리금 | ① 영업시설·비품 : 시설투자비 | 임차인 간의 거래 |
| 영업권리금 | ② 거래처, 신용, 영업상의 노하우 : 명성, 신뢰, 고객 관리의 대가 | 임차인 간의 거래 |
| 바닥권리금 | ③ 상가건물의 위치에 따른 영업상의 이점 : 지역적 장소적 이익의 대가 | 임대인과 임차인 또는 임차인 간의 거래 |

권리금 거래는 주로 임차권을 양도할 때 또는 전대차 시에 임차보증금 이외에 별도로 신규임차인이 상가건물의 기존임차인에게 지급하는 것이 보편적인 관행이다. 또한 기존 임차인이 나간 빈 점포나 신축건물의 준공 후 최초로 임대하는 빈 점포에서는 임대인이 임차인으로부터 바닥권리금을 직접 수수하는 경우도 있다.

---

**관련 판례**    권리금 정의

영업용 건물의 임대차에 수반되어 행해지는 권리금의 지급은 임대차계약의 내용을 이루는 것은 아니고 권리금 자체는 거기의 영업시설·비품 등 유형물이나 거래처, 신용, 영업상의 노하우(Know-how) 혹은 점포 위치에 따른 영업상 이점 등 무형의 재산적 가치의 양도 또는 일정기간 동안 이용한 대가라고 볼 것이므로 권리금계약은 임대차계약이나 임차권양도계약 등에 수반되어 체결되지만 임대차계약 등과는 별개의 계약이다.

(대법원 2013. 5. 9. 선고 2012다115120 판결)

# 임차인이 권리금을 보호받기 위한 유의사항

빈번한
상담사례

임차인은 임대차기간이 만료될 때 또는 본인의 사정으로 영업을 중단할 때 신규임차인을 구해서 임대인에게 소개하고 임차권을 양도하면서 권리금을 받으려고 한다. 임대인이 신규임대차의 임대료나 임차조건 등에 대해 원활하게 협조한다면 아무런 문제가 없지만, 임대인이 임차인의 권리금수수를 방해한다면 임차인은 막심한 손해가 발생할 것이다.

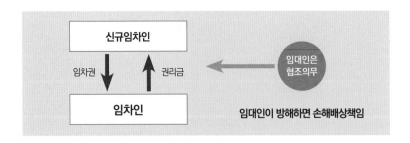

## 임차인이 권리금을 회수할 때 임대인은 방해하지 말아야

 임대차계약이 끝날 때 임대인은 임차인에게 권리금을 지급할 의무는 없고, 임차인이 신규임차인으로부터 권리금을 받으려고 할 때 임대인은 이를 방해해서는 안 된다. 즉 임차인이 임대인에게 신규임차인을 주선했을 때 임대인은 정당한 사유 없이 신규임차인과 임대차계약 체결을 거절할 수 없다.

 임대인이 정당한 사유 없이 신규임차인과의 계약체결을 거절해서 임차인이 권리금을 받지 못하게 되면, 임대인은 임차인이 입은 손해(임차인이 수수할 수 있는 권리금 상당액)를 책임져야 한다. 물론 임대인이 신규임차인과 임대차계약을 거절할 정당한 사유가 있다면 손해배상책임을 지지 않고 임차인은 권리금을 회수할 수 없게 된다.

**상가건물임대차보호법 보호받기 위한 신규임차인의 주선 기간**

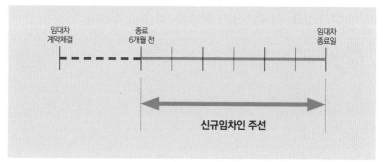

## 임차인은 6개월 안에 신규임차인을 주선해야

임차인이 '상가건물임대차보호법'의 보호를 받기 위해서는 임대차기간이 끝나기 6개월 전부터 임대차종료 시까지 신규임차인을 주선해야 한다. 이처럼 특정된 6개월 동안에 임대인이 정당한 사유 없이 임차인의 권리금 회수를 방해한다면 임대인에게 손해배상책임이 있다. 그래서 6개월을 벗어나서, 즉 그 이전에 또는 임대차기간이 끝나고 임대인이 임차인의 권리금 회수를 방해할 때는 임대인이 임차인의 권리금 손해를 책임지지 않아도 된다.

임차인이 계약만료일에 임대차를 종료하고 권리금을 회수하고자 한다면, 계약만료일부터 6개월 이전에 신규임차인을 물색할 필요가 있다. 임차인은 신규임차인과 임차권 양도 및 권리금 등에 대해 조율한 후 법으로 보호받을 수 있는 기간(임대차기간이 끝나기 6개월 전부터 임대차종료 시까지) 중에 임대인에게 신규임대차계약에 대한 협조를 구해야 현행법으로 보호받을 수 있다.

# 47 권리금 거래에서 임대인이 협조하지 않아도 되는 경우

임차인이 권리금을 회수하려고 할 때 임대인은 이에 협조할 의무가 있지만, 임대인은 협조하지 않은 정당한 사유가 있다면 임차인이 권리금을 회수하지 못해 손해가 발생하더라도 임대인

> **〈권리금 회수의 협조 의무가 없는 임대인의 정당한 사유〉**
>
> ① 임차인이 주선한 신규임차인이 되려는 자가 보증금 또는 차임을 지급할 자력이 없는 경우
> ② 임차인이 주선한 신규임차인이 되려는 자가 임차인의 의무를 위반할 우려가 있거나 그 밖에 임대차를 유지하기 어려운 상당한 사유가 있는 경우
> ③ 임대차 목적물인 상가건물을 1년 6개월 이상 영리목적으로 사용하지 않은 경우
> ④ 임대인이 선택한 신규임차인이 임차인과 권리금 계약을 체결하고 그 권리금을 지급한 경우

은 책임이 없다.

임차인은 임대인에게 임차인이 주선한 신규임차인이 되려는 자의 보증금 및 차임을 지급할 자력 또는 그 밖에 임차인의 의무를 이행할 의사 및 능력에 관해서 자신이 알고 있는 정보를 제공해야 한다(상가건물임대차보호법 제10조의 4 제5항). 임차인이 주선한 신규임차인이 임대료를 지급할 자력이 없거나 임차인의 의무를 위반할 우려가 있다면, 임대인은 신규임차인과의 임대차계약을 체결할 필요가 없다. 다만, 임대인은 신규임차인에 대한 임대료 지급능력 등에 대해서 매우 주관적으로 판단하고 주장할 수 있으므로 그것이 쟁점화된다면 최종적으로는 법원에서 판단을 받아야 한다는 것을 고려하면 지금 당장 아쉬운 처지에 있는 임차인에게 불리하게 작용할 수도 있다.

임대인이 임대차계약 종료 후 1년 6개월 이상 임차물을 비워 놓는 등 영리목적으로 사용하지 않거나 임대인이 선택한 신규임차인이 임차인에게 권리금을 지급한 경우에도 임대인은 임차인의 권리금회수에 협조할 의무가 없다.

### 갱신거절의 사유가 있다면 권리금회수도 어려워

임차인이 임대차기간이 만료되기 6개월 전부터 1개월 전까지 사이에 계약갱신을 요구한 상황에서, 임대인은 '임차인이 3개월분의 월세를 연체', '임차인이 임대인의 동의 없이 목적물의 전부 또는 일부를 전대', '임차인이 임차인의 의무를 현저히 위반' 등의 특별한 사유가 있을 때에 그 요구를 거절할 수 있다(상가건물임대차보호법 제10조 1항). 그리고 임대인의 '계약갱신요구 거절 사유'는 임차인의 권리금회수기회에 협조할 필요가 없는 사

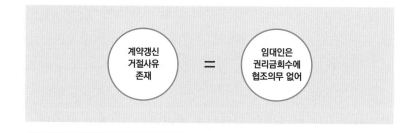

〈임대인이 권리금회수에 협조의무가 없는 경우〉

① 임차인이 3기의 차임액에 해당하는 금액에 이르도록 차임을 연체한 사실이 있는 경우
② 임차인이 거짓이나 그 밖에 부정한 방법으로 임차한 경우
③ 서로 합의해서 임대인이 임차인에게 상당한 보상을 제공한 경우
④ 임차인이 임대인의 동의 없이 목적 건물의 전부 또는 일부를 전대한 경우
⑤ 임차인이 임차한 건물의 전부 또는 일부를 고의나 중대한 과실로 파손한 경우
⑥ 임차한 건물의 전부 또는 일부가 멸실되어 임대차의 목적을 달성하지 못할 경우
⑦ 그 밖에 임차인이 임차인의 의무를 현저히 위반하거나 임대차를 계속하기 어려운 중대한 사유가 있는 경우

유로도 인정된다. 즉 임차인의 계약갱신요구를 거절할 수 있는 사유가 있을 때, 임대인은 임차인의 권리금회수기회에 협조할 의무가 없다.

여기서 특히 임차인이 주의해야 할 조항은 ①항, ④항, ⑦항 등이다. 임차인이 임대차기간에 어떤 사유로 3기의 차임을 연체한 적이 있었다면, 임대차계약이 끝날 무렵 임대인의 방해로 권리금 회수를 못 해도 임대인에게 손해배상을 청구할 수 없다. 또한 임차인이 임대인의 동의 없이 상가 일부를 정육코너나 떡볶이코너 등으로 전대한 경우, 임차인이 임차인의 의무를 현저히 위반한 경우에 임대인은 임차인의 권리금회수기회를 방해해도 임차인의 손해배상을 책임지지 않아도 된다.

# 48 임차인이 권리금 손해배상을 청구하려면

임대인은 정당한 사유 없이 임차인이 신규임차인으로부터 권리금을 받는 것을 방해해서는 안 되며, 임대인이 임차인의 권리금 수수를 방해함으로써 임차인에게 손해를 입힌 경우에는 임대인이 그 손해를 배상할 책임이 있다.

임대인이 ① 신규임차인에게 현저히 고액의 임대료를 제시해 신규임차인과의 임대차계약이 무산되거나, ② 해당 점포를 직접 사용하겠다면서 신규임차인과의 임대차계약을 거부하거나, ③ 임차인의 연락을 아무런 사유 없이 회피하는 등의 이유로 임차인이 권리금을 회수하지 못하게 되면, 임차인은 임대인을 상대로 권리금 상당액을 손해배상으로 청구할 수 있다. 임차인이 손해배상을 청구하기 위해서는 임대인의 방해행위 또는 계약거절에 대한 자료를 구비해야 하고, 그에 관해 입증하지 못하면 손해배상 소송에 있어 임차인의 기대가 충족되지 못할 수 있다.

임차인의 손해배상청구 주장이 어느 정도 인정되는 상황이라면, 임대인은 신규임차인과 계약거절의 정당한 사유로 인정되는 '신규임차인의 무자력, 의무위반 우려, 1년 6개월 비영리 사용' 등을 인정받기 위해서 적극적으로 그 사유를 주장해야 하고, 이러한 주장이 받아들여지면 손해배상책임을 면할 수 있다.

**현저한 고액임대료 청구에 대한 입증은 임차인이**

임대인이 신규임차인과 계약체결을 거절할 목적으로 신규임차인이 수용할 수 없을 정도의 현저히 고액의 월세와 보증금을 요구하게 되면, 신규임차인은 계약을 포기할 수밖에 없다. 이때 임차인은 권리금을 회수할 수 없고, 임차인은 임대인을 상대로 손해배상을 청구할 수 있다. 임대인이 과도하게 임대료를 청구했는지 여부는 주변 상가의 임대료 시세와 조세·공과금, 전용률, 관리비 현황 등 해당 상가의 특수성 등을 종합적으로 비교·검토한 후 판단할 수 있다.

법적 다툼으로 이어지면 임차인은 임대인이 제시했던 차임과 보증금이 주변 시세 등에 비해 월등히 과도하다는 사실을 입증해야 한다. 주변 점포의 가로조건, 획지조건(劃地條件), 지역의 환경조건, 접근조건, 공법상의 규제조건 등에 따른 임대료 수준을 통해 임대인의 주장이 과도하다는 것을 밝히거나, 임차인이 직접 비슷한 위치, 규모의 근처 상가건물을 조사하고 공인중개사의 의견서를 받는 것도 도움이 될 수 있다.

임대인이 신규임차인에게 임대료를 과도하게 청구했는지 여부는, 임대인이 종전 임차인에게서 받았던 월세에 비해 월등히 높은 비율로 증액 청구했는지보다, 임대인이 청구한 월세가 주변 시세와 비교해서 어느 정도인지에 따라 판단할 수 있다. 고액의 임대료를 요구했어도 종전 임차인이 주변에 비해 저렴한 임대료로 영업 중이었다면, 임대인이 요구한 임대료는 인상률만 높을 뿐 현저한 고액의 차임과 보증금을 요구하는 것이 아닐 수도 있다. 반대로 임대인은 손해배상 책임을 지지 않으려면 신규임차인에게 요구한 차임과 보증금에 대한 객관적 근거를 마련하는 것이 중요하다.

## 임대인의 직접 사용은 손해배상 책임 사유

원칙적으로 임대인은 해당 임차물에서 직접 영업한다는 이유로 임차인이 주선한 신규임차인과 계약체결을 거부할 수는 없다. 따라서 임대인이 임차인의 권리금 회수를 방해하고 임대인이 직접 또는 자신의 자녀들이 상가건물을 사용한다면 임차인에게 손해배상책임을 져야 한다.

단, 임대인이 임대차종료 후 그 상가건물을 1년 6개월 이상 영리목적으로 사용하지 않으면, 임차인이 주선한 신규임차인과 계약체결을 거절할 수 있다. '영리목적으로 사용하지 않은 경우'란 경제적 이익을 취득하지 않고 영업 이외의 행위를 목적으로 사용하는 것으로, 임대인을 포함해서 자신의 자녀 등 누구라도 해당 상가를 1년 6개월 이상 영리목적으로 사용하지 않는 것을 말한다. 예를 들어 임대인이 지인에게 무상으로 빌려주고 그 지인이 영업하게 되면, 임대인이 직접 이득을 취하지는 않았지만 영리목적으로 사용한 것으로 본다.

## 49 임차기간 10년 초과한 후 권리금을 회수할 수 있을까?

빈번한 상담사례

'상가건물임대차보호법'상 임차인의 '권리금회수기회보호'는 임차인이 임대차가 종료될 때 신규임차인을 주선하면서 적용되는 것이다. 따라서 임차인은 계약갱신요구권을 행사할 수 있는 기간뿐만 아니라, 전체 임대차기간이 10년을 초과해도 권리금 회수기회를 보호받을 수 있다.

### 영업했던 기간과 무관하게 권리금 보호

계약갱신요구권은 임차인이 임대인에게 계약갱신을 요구했을 때 임대인이 10년의 범위에서 정당한 사유가 없이 요구를 거절하지 못하는 것으로, 임차인이 짧지 않은 기간 동안 임대차계약

PART 05 권리금 201

을 일방적으로 갱신할 수 있는 권리다. 한편 권리금회수기회보호에 따라 임대인은 임대차기간이 끝나기 6개월 전부터 임대차종료 시까지 임차인이 권리금을 회수할 수 있도록 협조해야 한다.

## 임대인의 손해배상 책임범위는 사건별로 종합적으로 판단해야

임차인이 권리금을 회수하지 못했을 때, 임대인의 손해배상 책임에 대한 사유 및 범위는 임대인의 과실에 따라 사건별로 구체적인 사정이 제각각 다르다. 즉 임차인의 권리금 손해에 대한 임대인의 책임을 따질 때, 임차인이 계약갱신을 요구할 수 있는 10년이 지났는지는 주요한 기준이 될 수 없으며, 임대차계약마다 개별적인 상황을 종합적으로 살펴야 한다.

전체 임대차기간 10년을 초과했을 때 임대인이 임차인에게 나갈 것을 요구하면 임차인은 해당 점포를 비워야 한다. 임차인이 나가지 않고 임대인이 명도소송을 제기하면 임차인은 패소하고 소송기간의 임대료 상당액 및 소송 관련 제반 비용을 부담할 수 있다. 하지만 임차인이 영업기간 10년 후 나가야 하는 것과 별개로 임차인은 신규임차인을 주선해서 권리금을 회수할 권리가 있기 때문에, 임대인은 명도소송과 별개로 임차인의 권리금회수에 협조하지 않으면 예기치 못한 손실을 볼 수 있다.

계약갱신요구권행사기간이 지난 후의 권리금회수기회보호

임차인이 임대차기간이 끝나기 3개월 전부터 임대차종료 시까지 신규임차인을 주선했으므로, 임대인은 정당한 사유 없이 신규임차인과 임대차계약 체결을 거절해서는 안 된다. 이는 임차인과 임대인 사이의 전체 임대차기간이 5년을 지난 경우에도 마찬가지다.

(대법원 2019. 5. 16. 선고 2017다225312, 225329 판결)

– 이 판결 후 '상가건물임대차보호법'이 개정됨에 따라, 상기 판례에서 '3개월'은 '6개월'로, '5년'은 '10년'으로 볼 수 있다.

# 상가건물을 철거·재건축할 때 권리금을 보호받을 수 있을까?

## 철거·재건축할 때는 권리금 회수 불가능

임차인은 임대차계약이 만료될 때 임대인에게 신규임차인을 주선하고 신규임차인으로부터 권리금을 회수할 수 있다. 그런데 임대인이 해당 상가건물을 철거·재건축하는 경우 임차인은 신규임차인을 구할 수 없어 권리금을 보호받지 못한다. 이때 임대인이 임차인의 기존건물에서 일군 영업재산을 가로채는 경우라고 판단할 수 없으므로 임차인의 권리금회수를 방해하는 것으로 보기 어렵다.

임대인이 철거·재건축을 이유로 임차인을 내보내게 되면 임차인은 권리금을 회수받을 수도 없고 임대인에게 손해배상책임을 물을 수 없다.

## 건물주가 실제 철거하지 않을 경우를 대비

실무에서는 임대인이 철거·재건축 등을 이유로 임차인을 내보낸 후 임대인이 상가건물을 재건축하지 않고 스스로 신규임차인을 구해 권리금을 받는 경우도 있다. 임차인은 다음에 생길 수도 있는 손해배상책임에 대한 분쟁을 대비해 신규임차인과 체결한 권리금계약서 보관하거나 임대인이 철거·재건축을 이유로 명도를 요구했던 정황(녹취 등)을 확보할 필요도 있다.

## 계약갱신요구권 10년 이내에는 철거·재건축 불가능

상가건물에서 환산보증금의 다과와 관계없이 임차인은 10년의 계약갱신요구권이 있어서, 원칙적으로 임대인은 그 기간에는 철거·재건축을 이유로 임차인을 내보낼 수가 없다. 하지만 임대인이 임대차계약을 체결할 때에 공사시기 및 소요기간 등 철거·재건축 계획을 임차인에게 구체적으로 고지하고 그 계획에 따르는 경우는 임차인의 계약갱신요구를 거절할 수 있다.

또한 해당 건물이 노후·훼손 또는 일부 멸실되는 등 안전사고의 우려가 있는 경우에는 임차인이 입점한 지 10년이 경과하지 않았더라도 임대인은 임차인을 내보낼 수 있다. 일반적으로 건축물의 안전등급이 'E등급'에 해당한다면 안전사고의 우려가 있다고 볼 수 있다. 하지만 상가건물이 E등급에 해당하더라도 큰 예산을 들이지 않고 건축물에 대한 구조를 보강함으로써 문제를 해결할 수 있다면 이야기가 달라질 수 있다. 즉 상가건물이 E등급이더라도 간단한 구조보강공사를 함으로써 안전사고의 우려를 해소할 수 있다면, 임대인은 임차인의 계약갱신요구를 거절할 수 없다.

| Tip | 건축물의 안전등급 |
| --- | --- |

**A등급(우수)** : 문제점이 없는 최상의 상태
**B등급(양호)** : 보조 부재에 경미한 결함이 발생했으나, 기능 발휘에는 지장이 없으며 내구성 증진을 위해서 일부의 보수가 필요한 상태
**C등급(보통)** : 주요 부재에 경미한 경함 또는 보조 부재에 광범위한 결함이 발생했으나 전체적인 시설물의 안전에는 지장이 없으며, 주요 부재에 간단한 보강이 필요한 상태
**D등급(미흡)** : 주요 부재에 결함이 발생해서 긴급한 보수·보강이 필요하며 사용제한 여부를 결정해야 하는 상태
**E등급(불량)** : 주요 부재에 발생한 심각한 결함으로 인해서 시설물의 안전에 위험이 있어 즉각 사용을 금지하고 보강 또는 개축이 필요한 상태

임대차계약 체결 시에 "임대인이 임차인에게 재건축을 통보하면 임차인은 이의를 제기할 수 없고 3개월 이내에 임차물을 임대인에게 반환한다"라는 등의 임대인이 임차인을 일방적으로 내보낼 수 있는 취지의 약정은 효력이 없다고 볼 수 있다. 이 특약은 공사시기 및 소요기간 등을 포함한 재건축 계획을 임차인에게 구체적으로 고지하지 않았고, '상가건물임대차보호법'에 위반되면서 임차인에게 불리한 내용이기 때문이다.

## 51 대형상가의 임차인은 권리금을 보호받을 수 있을까?

빈번한 상담사례

임대차목적물이 '유통산업발전법'에 따른 대규모점포 또는 준대규모점포의 일부인 상가건물(전통시장 제외)의 임차인은 현행법의 권리금회수기회보호의 적용에서 배제된다. 임대차 목적물인 상가건물이 국유재산이거나 공유재산일 경우에도 마찬가지다(상가건물임대차보호법 제10조의 5).

**대형상가건물과 마트 등 대규모점포는 권리금보호 제외**

'유통산업발전법'에 따른 대규모점포에는 대형마트, 전문점, 백화점, 쇼핑센터, 복합쇼핑몰, 그 밖의 대규모점포 등이 있다.

### 대규모 점포의 종류

| 구분 | 내용 |
|---|---|
| 대형마트 | 매장 면적의 합계가 3천㎡ 이상으로 식품·가전 및 생활용품을 중심으로 점원의 도움 없이 소비자에게 소매하는 점포의 집단 |
| 전문점 | 매장 면적의 합계가 3천㎡ 이상으로 의류·가전 또는 가정용품 등 특정 품목에 특화한 점포의 집단 |
| 백화점 | 매장 면적의 합계가 3천㎡ 이상으로 다양한 상품을 구매할 수 있도록 현대적 판매시설과 소비자 편익시설이 설치된 점포로 직영의 비율이 30% 이상인 점포의 집단 |
| 쇼핑센터 | 매장 면적의 합계가 3천㎡ 이상으로 다수의 대규모 점포 또는 소매점포와 각종 편의시설이 일체적으로 설치된 점포로 직영 또는 임대의 형태로 운영되는 점포의 집단 |
| 복합쇼핑몰 | 매장 면적의 합계가 3천㎡ 이상으로 쇼핑, 오락 및 업무 기능 등이 한 곳에 집적되고, 문화·관광 시설의 역할을 하며, 1개의 업체가 개발·관리 및 운영하는 점포의 집단 |
| 그 밖의 대규모점포 | 위의 ①~⑤의 규정에 해당하는 점포의 집단 외에 매장 면적의 합계가 3천㎡ 이상인 점포의 집단 |

또한 건물 간의 거리가 50m 이내로 연접되어 있으면서 소비자가 통행할 수 있는 지하도 또는 지상통로가 설치되어 있고 연접된 건물 면적의 합계가 3천㎡ 이상인 건물도 대규모점포에 포함된다. 그래서 백화점, 대형마트, 동대문의 대형쇼핑센터 등의 상가건물임대차는 권리금회수기회보호 적용대상에서 제외된다.

이들 상가건물에서는 임차인이 신규임차인을 주선했을 때 임대인이 협조할 의무가 없어 임차인은 '상가건물임대차호보호법'dml 보호를 받지 못한다. 또한 대형마트와 달리 각 점포가 구분 소유된 동대문 등의 대형상가들도 대규모점포에 포함되어 권리금회수기회보호 대상에서 제외된다.

| 1F | 구분 상가 | 구분 상가 | 구분 상가 |
| :---: | :---: | :---: | :---: |
| B1 | 대형마트 | | |
| B2 | 대형마트 | | |

➡ 대형마트 및 지상의 구분상가는 권리금회수기회보호 대상에서 제외

지하층에 대형마트가 있는 경우에 건물 전체가 하나의 대규모점포가 되기 때문에, 대형마트와 별도의 공간에서 독립적으로 운영되는 임대매장으로 영업 중인 같은 건물 지상층의 구분상가도 권리금회수기회보호 대상에서 제외되므로, 이와 같은 건물의 임차인은 주의할 필요가 있다.

### 기업형 슈퍼마켓 등 준대규모점포의 임차인은 권리금보호 제외

준대규모점포란 ① 대규모점포를 경영하는 회사 또는 그 계열회사가 직영하는 점포, ② 상호출자제한기업집단의 계열회사가 직영하는 점포, ③ 위 ①, ②의 회사 또는 계열회사가 직영점형 체인사업 및 프랜차이즈형 체인사업의 형태로 운영하는 점포를 말한다. 예를 들어 기업형 슈퍼마켓이 이에 해당한다. 준대

규모점포의 임차인은 대규모점포와 마찬가지로 권리금회수기
회보호에서 제외된다.

## 국유재산 등에서도 권리금보호 제외

임대차 목적물인 상가건물이 '국유재산법'에 따른 국유재산
또는 '공유재산 및 물품 관리법'에 따른 공유재산의 임대차에
서도 권리금회수기회보호 규정은 적용되지 않는다. 국유재산
또는 공유재산이란 국가 소유재산 또는 지방자치단체 소유재
산을 말하며, 국립공원 및 한강고수부지 등에 위치한 점포가 이
에 해당한다.

다만 한국토지주택공사, 한국부동산원, 서울주택도시공사 등
중앙정부 및 지방자치단체의 산하기관, 투자·출연기관 등이 보
유한 상가건물은 국유재산법 등의 적용대상이 아니기 때문에,
특별한 경우가 아니라면 그 상가건물의 임차인은 '상가건물임
대차보호법'의 권리금회수기회를 보장받을 수 있다.

# 52 상가를 1년 6개월 비우면 임차인은 권리금을 보호받을 수 없나?

빈번한 상담사례

　　임차인이 신규임차인을 주선했을 때 임대인이 '정당한 사유' 가 있는 경우에 임대인은 임차인이 주선한 신규임차인과 계약 체결을 거절할 수 있고, '상가건물임대차보호법'에서는 다음의 4가지 사례를 정당한 사유로 예시하고 있다. 물론 임대인은 다음의 사유뿐만 아니라 그 외에도 다른 정당한 사유가 있다면 신규임차인과 계약체결을 거절할 수 있다.

> **관련 법률** 상가건물임대차보호법 제10조의 4 제2항(정당한 사유)
>
> 1. 임차인이 주선한 신규임차인이 되려는 자가 보증금 또는 차임을 지급할 자력이 없는 경우
> 2. 임차인이 주선한 신규임차인이 되려는 자가 임차인의 의무를 위반할 우려가 있거나 그 밖에 임대차를 유지하기 어려운 상당한 사유가 있는 경우
> 3. 임대차목적물인 상가건물을 1년 6개월 이상 영리목적으로 사용하지 않은 경우
> 4. 임대인이 선택한 신규임차인이 임차인과 권리금 계약을 체결하고 그 권리금을 지급한 경우

## 건물주가 악용할 수 있는 18개월 비영리 사용

임대차계약이 종료되고 임차인이 점포를 비운 후 1년 6개월 이상 상가를 영리목적으로 사용하지 않으면, 임대인은 권리금 손해배상책임을 면하게 된다. 해당 점포의 권리금이 18개월 동안의 월세보다 월등히 많다면, 임대인은 기존 임차인을 내쫓은 후 신규임차인으로부터 직접 권리금을 수수할 수도 있다.

임대인이 18개월 동안 해당 점포를 비운다는 핑계로 권리금 회수를 방해하고 임차인을 내보낸 후 몇 개월이 채 지나지 않아 신규임차인을 들이면, 기존임차인은 그것을 감시하기 쉽지 않고 임대인의 불법행위를 적발하더라도 그때 돼서 손해배상을 청구하는 것도 현실적으로 어렵다. 만약 임차인은 이와 같은 조짐이 보인다면 소송을 대비해 임대인이 점포를 비워놓겠다고 통지함으로 인해 영업을 중단하거나 신규점포에 권리금 등 상당한 비용을 부담하고 이전한 사실에 대한 입증자료를 준비할 필요가 있다. 또한 해당 임차물에 대한 신규임차인과의 권리금 계약서 등을 구비할 필요가 있다. 권리금계약서는 임차인이 입은 손해액의 기준이 될 수 있기 때문이다.

## 건물주를 포함한 누구라도 영리목적으로 사용 불가

임대인뿐만 아니라 임대인 외에 누구라도 1년 6개월 이상 해당 상가를 사용함으로써 경제적 이익을 취해서는 안 된다. 그 상가에서 임대인의 친척 및 지인 등이 영업하면, 임대인이 직접 이득을 취하지 않더라도 영리목적으로 사용한 경우이므로 임대인의 손해배상책임의무가 발생한다.

해당 상가를 창고로 사용하는 경우에, 단순히 개인 집기를 보관하는 수준이라면 영리목적의 사용이 아닌 것으로 인정받을 수 있겠지만, 그 창고에 보관한 물품이 다른 사업의 영업에 활용한다면 영리목적으로 사용한 것으로 볼 수 있다.

**관련 판례**  권리금 회수방해 성립조건 사례

종전 소유자인 임대인이 임대차 종료 후 상가건물을 영리목적으로 사용하지 않은 기간이 1년 6개월에 미치지 못하는 사이에 상가건물의 소유권이 변동되었더라도, 임대인이 상가건물을 영리목적으로 사용하지 않은 상태가 새로운 소유자의 소유기간에도 계속해서 그대로 유지될 것을 전제로 처분하고, 실제 새로운 소유자가 그 기간에 상가건물을 영리목적으로 사용하지 않으며, 임대인과 새로운 소유자의 비영리 사용기간을 합쳐서 1년 6개월 이상이 되는 경우라면, 임대인에게 임차인의 권리금을 가로챌 의도가 있었다고 보기 어려우므로, 그러한 임대인에 대해서는 이 사건 조항에 부합하는 정당한 사유를 인정할 수 없다.

(대법원 2021.11.25. 선고 2019285257 판결)

# 53 | 임대인이 업종을 이유로 권리금회수를 방해해도 될까?

임차인이 여러 점포를 둘러본 후 하나를 선택해서 임대인과 협상한 후 가부를 결정하듯이, 임대인도 여러 임차인을 만난 후 임차인과 업종을 선택할 수 있다. 임대인은 임차인을 구하면서 특정 업종만을 고집할 수 있고, 특정 업종만을 배제할 수도 있다.

임대인은 신규임차인과 계약체결을 회피하기 위한 수단으로 업종을 이용해서는 안 되기 때문에, 기존 임차인이 주선한 신규임차인의 업종과 관련해서 임대인의 선택은 다소 제한을 받게 된다. 해당 점포 주변의 상권이나 영업의 종류 등 제반 사정을 고려해서 판단해야 한다.

예를 들어, 식당이 즐비한 골목에서 해당 점포가 공실인 상태에서는 임대인이 임차인을 자유롭게 선택할 수 있다. 하지만 임차인이 영업하던 식당에서 임대차가 종료될 때, 임대인이 신규 임차인에 대해 식당을 배제하고 커피전문점만을 고집하는 것은 문제가 될 수 있다.

## 업종 이유가 합리적 범위를 벗어나면 임대인이 책임

특정한 업종을 배제하거나 고집하는 등 업종과 관련된 임대인의 요구가 주위 상권이나 영업의 종류 등 제반 사정을 고려할 때 신규임차인과의 계약 체결을 회피하기 위한 수단으로 임대인이 악용했다면, 임대인은 손해배상책임을 질 수 있다. 하지만 임대인이 업종을 이유로 신규임차인과 계약체결을 거부해도, 거절 당시의 여러 사정을 종합적으로 고려했을 때 임대인이 합리적 범위를 벗어났다고 볼만한 특별한 사정이 없다면, 임대인은 정당한 사유를 인정받을 수 있고 손해배상책임을 면하게 된다.

예를 들어 카페를 하던 임차인이 유흥업소를 운영하려는 신규임차인을 주선했을 때, 임대인은 건물 내 다른 점포에 미치는 영향 등을 고려해서 신규임차인과의 계약체결을 거절할 수 있다. 이런 경우 임차인은 카페 및 유사한 업종과 관련된 신규임차인을 주선해 권리금을 회수할 수 있다.

## 방해행위 입증책임은 임차인

임대인이 정당한 사유 없이 임차인의 권리금회수를 방해했을 때, 임차인은 임대인의 위법행위를 입증해야 손해배상을 청구할 수 있다.

임차인은 임대인의 업종 관련 방해가 의심되면 소송에 대비해 임대인과의 대화를 녹취하는 등 증거물을 확보해야 한다. 또한 임차인은 임대인에게 신규임대차에 대한 의사를 묻기 전에 권리금계약서를 작성하고, 임대인에게 서면이든 구두든(구두라면 녹취 필요) 신규임대차계약을 요청할 필요가 있다.

## 54 임대인이 미리 거절의사를 밝혀 신규임차인을 구할 수 없다면?

**미리 알렸어도 임대인은 책임을 피할 수는 없어**

임대인이 임대차계약의 종료를 앞두고 재건축하거나 본인이 직접 임차물을 사용할 목적 등으로 신규임차인과는 계약을 체결하지 않겠다고 미리 통보하는 경우가 있다. 또한 주변 중개업소에도 신규임차인을 주선할 필요가 없다고 통보해서 신규임차인을 구하기가 원천적으로 어려울 때가 있다.

임대인은 임차인에게 본인 의사를 미리 통보함으로써 본인은 정당하다고 주장하는 것을 어렵지 않게 볼 수 있는데, 이와 같은 행위는 정당한 사유 없이 임대인이 임차인이 주선한 신규임차인이 되려는 자와 임대차계약의 체결을 거절하는 행위에 해당한다고 볼 수 있다(상가건물임대차보호법 제10조의 4 제1항 제4호).

## 임차인은 임대인의 거절 의사에 대한 입증자료를 확보해야

임대인이 신규임대차계약에 대한 거절 의사를 미리 통보하면, 임차인은 신규임차인을 주선하기가 쉽지 않다. 또한 주선해도 임대인이 당연히 거절할 것이므로, 임차인의 신규임차인 주선 노력이 아무 의미가 없을 것이다. 이때 임차인은 신규임차인 주선 없이 바로 임대인에게 권리금회수기회방해를 이유로 손해배상을 청구할 수 있다.

임차인은 손해배상청구할 때를 대비해, 임대인이 미리 신규임대차에 대한 계약체결의 거절의사를 표시해 신규임차인을 구할 필요가 없었다는 사실을 증명할 수 있는 자료를 확보해야 한다. 임대인이 거절의 의사표시를 구두로 했다면 녹취할 필요가 있고, 녹취만으로 충분치 않다면 임차인이 그 사실에 대한 내용증명우편을 보내 명확히 하는 것도 좋은 방법이다.

이와 관련한 소송이 진행된다면 일반적으로 재판부는 권리금에 대한 감정평가액을 참조해서 결정하게 된다. 그런데 임대인이 거절했는데도 임차인이 신규임차인을 주선해 권리금계약서를 확보한다면 도움이 될 수 있다.

임대인이 계약체결의 거절의사를 주변 중개업소에 미리 통보한 경우 신규임차인을 구하기 어렵다. 하지만 상가임대차를 전문으로 하는 중개업소는 주택임대차를 다루는 중개업소에 비해 상대적으로 영업 범위가 넓기 때문에, 이를 활용한다면 어렵지 않게 신규임차인을 구할 수 있는 점도 참고할 수 있다.

**관련 판례** 　신규임차인 주선 없이 손해배상청구

상가 임차인인 甲이 임대차기간 만료 전 임대인인 乙에게 甲이 주선하는 신규임차인과 임대차계약을 체결해줄 것을 요청했다. 그러나 乙이 상가를 인도 받은 후 직접 사용할 계획이라고 답변했고, 이에 甲이 신규임차인 물색을 중단하고 임대차기간 만료일에 乙에게 상가를 인도한 후 乙을 상대로 권리금회수방해로 인한 손해배상을 구한 사안에서, 乙이 甲의 신규임차인 주선을 거절하는 의사를 명백히 표시했으므로 甲은 실제로 신규임차인을 주선하지 않았더라도 임대인의 권리금회수기회보호의무 위반을 이유로 乙에게 손해배상을 청구할 수 있다고 봐야한다. 그런데도 이와 달리 본 원심판단에 법리 오해의 잘못이 있다고 한 사례다.

(대법원 2019. 7. 4. 선고 2018다284226 판결)

# 55

# 권리금계약서 작성하기

임차인과 신규임차인이 체결하는 '상가건물임대차권리금계약서'(이하 '권리금계약서'라 함)는 ① 임대차목적물인 상가건물의 표시, ② 임차인의 임대차계약 현황, ③ 계약내용, ④ 특약사항, ⑤ 당사자의 표시 등에 관한 내용을 포함한다.

**임대차목적물인 상가건물의 표시**

| 소재지 | 서울시 중구 서소문로 124 | 상호 | 나주곰탕 |
|---|---|---|---|
| 임대면적 | 99.45㎡ | 전용면적 | 66.87㎡ |
| 업종 | 일반음식점 | 허가(등록)번호 | 제 2018-0511087 |

'임대차목적물인 상가건물의 표시'에는 소재지, 임대면적, 전용면적과 기존 임차인이 영업 중인 점포의 상호, 업종, 허가(등록)번호를 명기한다. 임대면적은 해당 임차물의 전용면적과 공

용면적을 더한 면적이다. 임대면적과 전용면적은 건축물대장에서 확인할 수 있다.

신규임차인은 건축물대장상의 임대면적과 전용면적이 권리금계약서에 그대로 명기됐는지 확인해야 한다. 건축물대장에서 해당 상가건물의 위반건축물 표시 여부를 살펴봐야 한다. 또한 불법 증축한 부분이 건축물대장상 위반건축물로 기재되지 않을 수도 있으므로, 임차인은 실제 사용 중인 면적과 건축물대장상 면적을 비교한 것도 중요하다.

**임차인의 임대차계약 현황**

| 임대차 관계 | 임차보증금 | 금 일억 원 (₩100,000,000) | 월 차 임 | 금 삼백만 원 (₩3,000,000) |
|---|---|---|---|---|
| | 관 리 비 | 금 삼십만 원(₩300,000) | 부가가치세 | 별도(○), 포함(  ) |
| | 계약기간 | 2020년 4월 1일부터 2022년 3월 31일까지(24개월) | | |

'임차인의 임대차계약 현황'은 임차보증금, 월차임(월세), 관리비, 부가가치세 포함 여부, 계약기간 등 기존임차인의 임대차계약 현황을 표시한다.

신규임차인은 권리금계약을 체결할 때의 임대료뿐만 아니라 과거 임대료 증감에 대한 이력 및 렌트프리를 받았는지 등도 확인할 필요가 있다. 렌트프리는 기간에 따라 임차인의 수익률에 영향을 주고, 이전에 렌트프리가 있었다면 신규임차인도 임대인과 협의해볼 여지가 다분하기 때문이다.

## 계약내용 중 권리금의 지급

**제1조(권리금의 지급)** 신규임차인은 임차인에게 다음과 같이 권리금을 지급한다.

| | | | |
|---|---|---|---|
| 총 권리금 | 금 오천만 원정(₩50,000,000) | | |
| 계약금 | 금 오백만 원정은 계약 시에 지급하고 영수함. 영수자(강정호 ㉑) | | |
| 중도금 | 금 (없음) | 년  월  일에 지급한다. | |
| 잔금 | 금 사천오백만 원정 | 2022년 1월 31일에 지급한다. | |
| | ※ 잔금지급일까지 임대인과 신규임차인 사이에 임대차계약이 체결되지 않는 경우 임대차계약체결일을 잔금지급일로 본다. | | |

'계약내용' 중 임차인과 신규임차인이 정한 권리금을 어느 시기에 얼마의 비율로 지급할 것인가도 매우 중요하다. 일반적으로 위의 권리금계약서의 내용과 같이 계약금 10%, 잔금 90%를 지급한다.

권리금계약은 임차인과 신규임차인이 합의한 후 신규임차인과 임대인이 임대차계약을 체결해야 완성되기 때문에 임대인의 의사가 중요하다. 임차인과 신규임차인이 권리금계약을 체결했는데 임대인이 신규임차인에게 예상치 못한 조건을 제시한다면 권리금계약은 해제할 수밖에 없고, 이 때 임차인이 권리금계약의 계약금을 받았다면 신규임차인에게 돌려줘야 한다.

일반적으로 이와 같은 번거로운 일을 방지하기 위해 임대인에게 의사를 확인한 후 권리금계약서를 작성하기도 하고, 먼저 권리금계약서를 작성하고 신규임대차계약을 체결할 때 권리금의 계약금을 지급하는 경우도 있다.

## 계약내용 중 권리금의 대가인 재산적 가치

| 유형의 재산적 가치 | 비품목록서 첨부 |
|---|---|
| 무형의 재산적 가치 | 장부기록 거래처 50개, 식자재 납품업체 5개 등 |

신규임차인은 권리금계약을 체결할 때, 양도받는 영업권리 및 비품을 포함한 시설권리를 구체적으로 명기하고 권리금계약의 잔금 지급과 동시에 그대로 인수해야 한다. 인수받을 고객명단, 비품내역 등을 구체적으로 기재해야 하고, 열거해야 할 내용이 많다면 별도의 별지로 목록서를 만들어 첨부하면 된다.

### 비품 목록서(예시)

| NO | 품명 | 규격 | 수량 | 비고 |
|---|---|---|---|---|
| 1 | 냉장고 | 삼성-215 | 1 | 사진1 |
| 2 | 4인 테이블 SET | 테이블+의자4 | 5 | 사진2 |
| 3 | | | | |

'계약내용'에서 "임대인과 임대차계약이 체결되지 못하는 경우에 권리금계약은 무효로 하고 임차인은 지급받은 계약금을 신규임차인에게 반환한다"라는 내용은 매우 중요하다. 임대인의 계약거절, 과도한 임대료 증액 등 무리한 임대조건 변경 등으로 임대차계약이 체결되지 못한 경우에 아무런 조건 없이 권리금계약을 해제해야 하기 때문이다.

권리금계약에서 계약금을 지급한다는 것은 당사자가 계약해

## 〈특약사항에 빈번하게 사용하는 예시〉

① 양도인은 점포내외 시설일체 및 영업에 관련된 권리를 양수인에게 양도한다. 점포내의 시설, 비품, 집기 및 고객명단과 거래처명단 등은 본계약 체결 당시의 양 당사자가 확인한 상태를 유지해서 양수인에게 인도하며, 이에 대한 자세한 목록은 특약사항 별지의 비품목록에 기재한다. 비품목록에 기재되어 있지 않았어도 양도인이 별도로 소유한다는 약정이 없는 한 영업에 필요한 비품은 양수인에게 귀속한다.

② 양수인은 이 권리금계약의 계약금을 양수인이 임대인과 임대차계약을 체결한 후 임대차계약의 계약금 지급일에 양도인에게 지급한다.

③ 만약 임대인이 양수인에게 월세를 10% 초과 인상할 것을 요구한다면 본 권리금계약은 무효로 한다.

④ 양도인은 영업에 관련된 일체를 양도하고 향후 10년간 주변 10킬로미터 이내에서 동일업종 또는 유사업종을 영업하지 아니하고, 이를 위반하는 경우 지급한 권리금의 3배를 배상한다.

⑤ 본 권리금계약은 임대인의 사전 동의 없이 체결된 계약으로 양도인은 소유자와 양수인 간에 임대차계약이 체결되도록 적극적으로 협조하며, 임대차계약이 정상적으로 이루어지지 못할 경우 본 권리금계약은 무효로 하고 양도인은 수령한 권리금계약의 계약금을 양수인에게 즉시 반환한다.

⑥ 양도인 또는 양수인이 이 계약상의 내용에 대해서 불이행이 있을 경우 그 상대방은 불이행한 자에 대해서 서면으로 최고하고 계약을 해제할 수 있다. 그리고 그 계약 당사자는 계약해제에 따른 위약금을 각각 상대방에 청구할 수 있으며, 계약금을 위약금의 기준으로 본다.

제권을 유보하고 있음을 의미하므로 신규임차인은 중도금을 지급하기 전까지 임차인은 계약금의 2배를 배상하고, 신규임차인은 계약금을 포기하고 권리금계약을 해제할 수 있다.

　'계약내용'란이 '민법' 등의 일반적인 내용을 담고 있다면 '특약사항'란은 양도인과 양수인 간의 원만한 계약 이행을 위한 특수한 상황을 반영한 내용을 포함한다. 앞서 실무에서 자주 사용하는 '특약사항'의 몇 가지 예시를 열거했다.

　경우에 따라서 권리금계약이 완성되지 않더라도 소송을 위해 권리금계약서가 필요한 임차인이 있고, 임대인과 협의가 안 된 상태에서 권리금계약의 계약금 지급을 꺼리는 양수인이 있다. 이때는 ②항과 ③항의 특약사항을 활용하면 좋다.

# 상가건물임대차권리금계약서

임차인(이름 또는 법인명 기재)과 신규임차인이 되려는 자(이름 또는 법인명 기재)는 아래와 같이 권리금 계약을 체결한다.

※ 임차인은 권리금을 지급받는 사람을, 신규임차인이 되려는 자(이하 「신규임차인」이라 한다)는 권리금을 지급하는 사람을 의미한다.

**[임대차목적물인 상가건물의 표시]**

| 소 재 지 | | 상 호 | |
|---|---|---|---|
| 임대면적 | | 전용면적 | |
| 업 종 | | 허가(등록)번호 | |

**[임차인의 임대차계약 현황]**

| 임 대 차 관 계 | 임차보증금 | | | | 월 차 임 | | |
|---|---|---|---|---|---|---|---|
| | 관 리 비 | | | | 부가가치세 | 별도( ), 포함( ) | |
| | 계약기간 | 년 월 일부터 | | | 년 월 | 일까지( 월) | |

**[계약내용]**
**제1조(권리금의 지급)** 신규임차인은 임차인에게 다음과 같이 권리금을 지급한다.

| 총 권리금 | 금 | 원정(₩ ) |
|---|---|---|
| 계 약 금 | 금 | 원정은 계약 시에 지급하고 영수함. 영수자 ( (인) ) |
| 중 도 금 | 금 | 년 월 일에 지급한다. |
| 잔 금 | 금 | 년 월 일에 지급한다.<br>※ 잔금지급일까지 임대인과 신규임차인 사이에 임대차계약이 체결되지 않는 경우 임대차계약체결일을 잔금지급일로 본다. |

**제2조(임차인의 의무)** ① 임차인은 신규임차인을 임대인에게 주선해야 하며, 임대인과 신규임차인 간에 임대차계약이 체결될 수 있도록 협력해야 한다.

② 임차인은 신규임차인이 정상적인 영업을 개시할 수 있도록 전화가입권의 이전, 사업등록의 폐지 등에 협력해야 한다.

③ 임차인은 신규임차인이 잔금을 지급할 때까지 권리금의 대가로 아래 유형·무형의 재산적 가치를 이전한다.

| 유형의 재산적 가치 | 영업시설·비품 등 |
|---|---|
| 무형의 재산적 가치 | 거래처, 신용, 영업상의 노하우, 상가건물의 위치에 따른 영업상의 이점 등 |

※ 필요한 경우 이전 대상 목록을 별지로 첨부할 수 있다.

④ 임차인은 신규임차인에게 제3항의 재산적 가치를 이전할 때까지 선량한 관리자로서의 주의의무를 다해서 제3항의 재산적 가치를 유지·관리해야 한다.

⑤ 임차인은 이 계약체결 후 신규임차인이 잔금을 지급할 때까지 임차목적물상 권리관계, 보증금, 월차임 등 임대차계약 내용이 변경된 경우 또는 영업정지 및 취소, 임차목적물에 대한 철거명령 등 영업을 지속할 수 없는 사유가 발생한 경우 이를 즉시 신규임차인에게 고지해야 한다.

**제3조(임대차계약과의 관계)** 임대인의 계약거절, 무리한 임대조건 변경, 목적물의 훼손 등 임차인과 신규임차인의 책임 없는 사유로 임대차계약이 체결되지 못하는 경우 본계약은 무효로 하며, 임차인은 지급받은 계약금 등을 신규임차인에게 즉시 반환해야 한다.

**제4조(계약의 해제 및 손해배상)** ① 신규임차인이 중도금(중도금 약정이 없을 때는 잔금)을 지급하기 전까지 임차인은 계약금의 2배를 배상하고, 신규임차인은 계약금을 포기하고 이 계약을 해제할 수 있다.

② 임차인 또는 신규임차인이 이 계약상의 내용을 이행하지 않는 경우 그 상대방은 계약상의 채무를 이행하지 않은 자에 대해서 서면으로 최고하고 계약을 해제할 수 있다.

③ 이 계약체결 이후 임차인의 영업기간 중 발생한 사유로 인한 영업정지 및 취소, 임차목적물에 대한 철거명령 등으로 인해서 신규임차인이 영업을 개시하지 못하거나 영업을 지속할 수 없는 중대한 하자가 발생한 경우에는 신규임차인은 계약을 해제하거나 임차인에게 손해배상을 청구할 수 있다. 계약을 해제하는 경우에도 손해배상을 청구할 수 있다.

④ 계약의 해제 및 손해배상에 관해서는 이 계약서에 정함이 없는 경우 '민법'의 규정에 따른다.

**[특약사항]**

이 계약을 증명하기 위해서 계약 당사자가 이의 없음을 확인하고 각각 서명 또는 날인한다.

년          월          일

| 임 대 차 | 주  소 | | | | | | |
|---|---|---|---|---|---|---|---|
| | 성  명 | | 주민등록번호 | | 전  화 | | (인) |
| 대 리 인 | 주  소 | | | | | | |
| | 성  명 | | 주민등록번호 | | 전  화 | | |
| 신규임차인 | 주  소 | | | | | | |
| | 성  명 | | 주민등록번호 | | 전  화 | | (인) |
| 대 리 인 | 주  소 | | | | | | |
| | 성  명 | | 주민등록번호 | | 전  화 | | |

출처 : 법무부 웹사이트(www.moj.go.kr/moj/index.do)

# 56

# 권리금계약의
# 유의사항

## 위반건축물은 없는지 확인

건축물대장을 발급해서 위반건축물로 등재되었는지를 확인해야 한다. 위반건축물 철거 후 영업가능 여부와 위반건축물을 존치할 때 이행강제금의 부담 주체는 누구인지 자세히 살펴봐야 한다.

때로는 위반건축물이 건축물대장에 등재되지 않을 때도 있으므로, 실제 임차 중인 면적과 건축물대장상 면적을 비교·점검해야 한다. 특히 허가 업종일 경우 위반건축물로 인해 허가가 승계되지 않거나 신규로 허가·등록을 못할 수 있다.

## 임대인 및 권리관계 확인

토지와 건물의 등기부등본을 발급받아 임대인이 소유권자인지 또는 적법한 대리인인지를 확인해야 한다. 그리고 상가건물은 경매에 넘어갔을 때 주택에 비해 임차인이 보증금을 돌려받지 못한 경우가 많으므로 소유권 이외의 권리관계도 면밀히 검토해야 한다. 근저당권은 채권최고액이 등기부등본에 표시되므로 대출금액을 유추할 수 있으나, 등기부등본에 표시되지 않은 다른 임차인의 임대차계약에 관한 내용은 건물주나 개업공인중개사에게 요청해 확인해야 한다.

## 임대인의 의사 확인

임대인이 임차인이 생각하는 것 이상으로 과도하게 신규임차인에게 월세 인상을 요구하거나 업종을 이유로 신규임차인과의 계약을 거부하면, 신규임차인은 예상했던 본계약을 체결할 수 없게 된다.

권리금계약을 체결할 때 일반적으로 "소유자와 양수인 간의 임대차계약이 체결되지 못할 경우 권리 양·수도 계약은 해제되고, 이미 지급한 금원은 원상회복한다"라고 약정한다. 하지만 권리금계약이 해제됐을 때 기존임차인인 양도인이 수수한 권리금을 다 써버렸다면 신규임차인으로서는 지급했던 권리금 일부를 반환받기가 쉽지 않을 수도 있다.

## 영업자 지위 승계

영업자의 지위승계가 필요한 경우에, 신규임차인은 권리금의 잔금을 기존임차인에게 지급할 때 영업자의 권리이전에 필요한 서류를 미리 확인받아서 승계할 수 있도록 해야 한다. 기존임차인이 어떤 이유에서 인감증명서 등을 떼어주지 않거나 연락이 끊기면 신규임차인은 제때 영업을 할 수 없게 된다. 물론 신규임차인은 영업허가명의에 대한 변경절차를 이행하라는 민사소송을 제기해 승소한 후, 그 판결문 사본을 첨부해 영업자지위

**새올전자민원창구 행정처분공개 사례**

| 강남구 \| 새올 전자민원창구 | | 민원신청 및 조회 | 행정정보 공개 | 고객센터 |
|---|---|---|---|---|

**행정처분공개**

| 행정처분번호 | 2021 - 302 | | |
|---|---|---|---|
| 업종명 | 일반음식점 | 인허가번호 | 32200001012020▒▒ |
| 업소명 | 옥▒▒ | 대표자명 | 최▒▒ |
| 소재지 | 도로명 : 서울특별시 강남구▒▒▒▒▒▒지하2층 (역삼동)<br>지번명 : 서울특별시 강남구▒▒▒▒▒▒빌딩 | | |
| 행정처분 | 처분사항 : 영업정지2개월(2021.8.23.~10.21.)<br>처분확정일자 : 2021-08-06<br>처분기간 : 2021-08-23 ~ 2021-10-21<br>안내사항 : | | |
| 위반내용(1)차 | 위반일자 : 2021-04-10<br>위반사항 : 손님이 춤을 추는 것을 허용<br>법적근거 : 법 제71조 및 법 제75조<br>위반사유 :<br>위반장소 : | | |

승계를 신청할 수 있다. 하지만 예상했던 일정에 차질이 생기는 것은 감수해야 한다.

행정처분에 관한 사항은 영업자지위승계신고서에 첨부하지만, 권리금계약을 체결할 때 미리 확인해 양수인에게 선의의 피해가 없게 해야 한다. 행정처분 등에 관한 내용은 새올전자민원창구에서 확인할 수 있다.

## 권리금계약의 수수료

권리금계약을 주선한 개업공인중개사는 특별한 경우가 아니라면 권리금을 지급한 신규임차인에게 권리금의 수수료를 청구하지 않고, 권리금을 받은 임차인에게 소정의 수수료를 청구한다. 상가건물의 영업시설, 비품 등 유형물이나 영업상의 노하우 또는 점포 위치에 비롯한 이점 등 무형의 재산적 가치의 양도에 따른 권리금은 중개대상물이 아니므로 '공인중개사법'에서 규정하고 있는 중개수수료 상한요율을 적용하지 않고, 개업공인중개사와 기존임차인이 제한된 규정 없이 협의해서 결정할 수 있다.

임차인은 임대차계약의 주선에 대한 연장선으로 이해하기 때문에 권리금계약의 수수료를 상가임대차계약의 중개보수와 동일하게 생각하는 경향이 있다. 이에 권리금에 대한 수수료는 중개보수상한요율 0.9%를 적용한 금액 이하일 것이라고 생각한다. 하지만 개업공인중개사는 중개완성에 노력한 공로에 따라 임차인이 수수한 권리금의 1%에서 5% 내외, 많게는 10%에서 15%까지 청구한다. 이와 같이 당사자들이 권리금 수수료에 대한 기대와 생각이 전혀 다르기 때문에, 권리금을 수수한 임차인과 거래를 중개한 개업공인중개사 간에 다툼이 종종 발생한다. 따라서 임차인과 개업공인중개사는 권리금계약을 체결하기 전에 수수료를 미리 합의해 관련 다툼을 방지하면 좋다.

## 57 | 묵시적 갱신일 때 권리금을 보호받기 위해서는?

빈번한
상담사례

임대인이 임차인의 권리금회수에 대해 협조하지 않으면, 임차인은 현행법으로 권리금회수기회를 보호받기 위해 임대차기간이 끝나기 6개월 전부터 임대차 종료 시까지 신규임차인을 주선해야 한다. 그 기간에 임대인이 정당한 사유 없이 신규임차인과 임대차계약을 체결하지 않아 임차인이 권리금을 손해본다면 임대인은 손해배상책임을 져야 한다.

상가임대차의 묵시적 갱신은 지역별로 환산보증금의 다과에 따라 계약해지의 효력시기가 다르므로, 환산보증금의 규모에 따라 임차인이 계약해지를 통고한 후 신규임차인을 주선할 수 있는 시기가 달라진다.

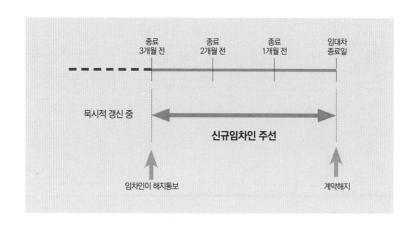

## 환산보증금이 일정금액 이하일 때는 임차인이 통고 후 '3개월'

상가건물의 환산보증금이 대통령령으로 정하는 보증금액(서울시 : 9억 원)을 초과하지 않을 때 묵시적 갱신은 '상가건물임대차보호법'의 적용을 받게 된다. 그래서 임대인이 임대차기간이 만료되기 6개월 전부터 1개월 전까지 사이에 임차인에게 갱신거절의 통지 또는 조건변경의 통지를 하지 않은 경우에는 묵시적으로 갱신되어, 전과 동일한 조건으로 1년간 임대차계약을 연장시킨다.

묵시적 갱신 도중에 임차인이 계약해지 통고를 하고, 임대인이 통고를 받은 날부터 3개월이 지나면 해지의 효력이 발생한다. 임차인이 권리금회수기회보호를 받기 위해서는 임대인이 계약해지를 통고받은 날부터 3개월이 경과하기 전에 신규임차인을 주선해야 한다.

## 환산보증금이 일정 금액을 초과하면 임차인이 통고 후 '1개월'

환산보증금이 대통령령으로 정하는 보증금액(서울시 : 9억 원)을 초과할 때의 상가임대차의 묵시적 갱신은 '상가건물임대차보호법'이 아닌 '민법'을 적용하게 된다. 그래서 임차인이 계약해지를 통고하고 임대인이 그 통고를 받은 날로부터 1개월이 지나면 계약해지의 효력이 발생한다. 임차인은 그 기간에 신규임차인을 주선해야 권리금회수기회를 보호받게 된다.

임대인이 계약해지를 통고하고 임차인이 그 통고를 받은 날로부터 6개월이 지나면 계약해지의 효력이 발생하므로, 임차인은 계약해지를 통고받은 날부터 6개월이 경과하기 전에 신규임차인을 주선해야 한다.

## 58 '임차인은 권리금을 주장할 수 없다'라는 특약의 효력은?

실제 상담사례

임대인과 임차인이 임대차계약을 체결하면서 '권리금을 주장할 수 없다', '임차인은 신규임차인으로부터 권리금을 받을 수 없다'라는 등의 특약을 했어도, 그 내용은 현행법 규정에 위반된 약정으로 임차인에게 불리한 것이므로 원칙적으로 효력이 없다 (상가건물임대차보호법 제15조).

그래서 임차인은 이처럼 약정했음에도 불구하고 신규임차인을 주선해서 권리금을 회수할 수 있고, 만약 임대인이 정당한

| - 특약 사항 - | |
|---|---|
| 5. 임차인은 임대차계약 만료 시에 권리금을 주장할 수 없다. | ➡ 원칙적으로 **무효** |

사유 없이 방해하면 임차인이 권리금을 받지 못해 입은 손해를 책임져야 한다.

## 임차인에게 불리하지 않다면 유효

권리금보호배제 특약이 임차인에게 불리하지 않다는 특별한 사정이 있다면 유효할 수도 있다. 예를 들어 임대인이 임대인의 비용으로 해당 점포에 상당한 시설을 설치하고 임차인이 나갈 때 권리금을 주장하지 않기로 하는 경우, 임대인과 임차인이 임대차계약을 체결할 때 임대인이 월세를 상당 기간 면제해 주면서 건물주가 바뀌면 임차인은 가게를 비운다고 하는 경우 등은 '상가건물임대차보호법'에 위반된 약정이나 임차인에게 불리하지 않아 유효할 수 있다.

# 권리금손해배상을
# 청구하기 위한 준비사항

## 임차인 A와 신규임차인 B의 권리양수도 계약

임차인 A는 2015년 7월 도곡동에서 영업 중인 음악학원을 인수해서 보증금 5천만 원, 월세 150만 원에 임대차계약 체결 후 영업을 시작했다. 최초 임대차기간인 2년이 경과한 2017년 7월 이후 수차례 묵시적 갱신으로 2021년 1월에 이르렀다. A가 운영한 음악학원은 아파트 단지 내 상가에 위치해서 인구변화나 주변 여건이 변함이 없어 5년 동안 월세는 변동 없었다.

A는 음악학원을 잘 운영해 원생이 160명 이상 꾸준하게 유지되었고, 그러던 중 좋은 조건에 음악학원을 넘길 기회가 생겨 2017년 1월 신규임차인과 권리금계약을 체결했다. A는 계약금과 중도금을 받고 설 연휴 다음날에 잔금을 치르기로 하고 신규

임차인 B와 인수·인계를 진행했다. 물론 A와 B는 임대인이 보증금과 월세를 어느 정도 인상할 수도 있을 것이라고 예상도 했다.

## 임대인 C의 신규임대차 계약 체결 거절

2021년 1월 중순 무렵 A는 임대인 C에게 이와 같은 사실을 알리고 신규임차인과 계약해달라고 요청했는데, 임대인은 막무가내로 A가 계약기간만료일인 7월까지 영업할 것을 주장했다. A는 전화 통화와 문자로 수차례 C에게 간곡히 부탁했는데 C는 특별한 이유 없이 계약기간만료일 7월까지는 신규임대차계약을 하지 않겠다는 것이다.

임차인 A는 참으로 난감했다. 지금 학원을 넘기지 못하면 권리금계약은 파기될 수밖에 없고, 7월에 좋은 조건의 신규임차인을 구한다는 보장도 없다. 사실 음악학원을 아무리 잘 관리했어도 적절한 권리금 받고 넘기기란 쉽지 않다. 임대인이 정당한 사유 없이 임차인의 권리금회수를 방해하는 행위가 명백함에도 임차인은 지금 당장 조치할 방법이 없었다.

## 임차인 A는 손해배상청구의 입증자료를 준비

A는 C에게 권리금손해배상을 청구하기 위해 기본적인 사실확인을 하고, 그 사실들을 소송과정에서 입증자료로 활용해야한다. A는 진행 경과를 문서로 남길 필요가 있어서 임대인 C에게 내용증명우편을 보냈다.

임차인 A는 내용증명서를 작성하면서 가장 중요한 '① 임대차 종료 : 1월 23일 해지 통보 ⇒ 4월 23일 계약 해지, ② 임차인의 신규임대차계약 체결요청 : 1월 23일~4월 23일, ③ 신규임대차계약 체결요청에 대한 임대인의 거부' 등의 내용을 포함했다.

**내용증명 – 신규임대차계약체결 협조요청**

# 내용증명

수신(임대인) : 강정호
　　　　　　　 서울시 동작구 상도1동 ○○○-○○
발신(임차인) : 윤다희
　　　　　　　 서울시 관악구 봉천동 ○○○-○○

**제목 : 신규임대차계약 체결 협조 요청**

1. 임대차계약 내용
　 - 임대차목적물 : 서울시 동작구 노량진동 상가 101호
　 - 임대차보증금 : 금 오천만 원정(₩50,000,000원)
　 - 월차임 : 금 일백오십만 원정(₩1,500,000원)

- 최초 임대차기간 : 2015년 7월 15일~2017년 7월 15일
- 현재 임대차기간 : 묵시적 갱신 중

2. 발신인(임차인)과 수신인(임대인)은 이와 같은 내용으로 임대차계약 존속 중이며, 발신인은 2021년 1월 23일(월) 19시경 전화상으로 수신인에게 발신인의 임차권 양도 및 계약해지의 내용을 통보하고, 수신인이 새로운 임차인과 계약 체결할 것을 요청했습니다. 이에 수신인은 전화상으로 신규 임대차계약을 체결하겠다고 했다가, 다음날 1월 24일(화) 신규임대차계약 체결을 정당한 사유 없이 거절했습니다.

3. 발신인이 2021년 1월 23일 묵시적 갱신 중인 임대차계약을 해지 통보함으로써 3개월 후인 2021년 4월 23일 계약해지의 효력이 발생하며, 임대차계약 만료 3개월 전부터 임대차계약이 끝나는 날까지 사이에 수신인은 발신인의 임차권 양도 등에 협조해야 할 의무가 있습니다.

4. 수신인이 신규임대차 계약체결에 협조하지 않아 발신인은 권리금 등에 손해가 발생할 위기에 처했음을 주지하시기 바라며, 이로 인해 발신인이 손해가 발생한다면 수신인이 그 책임을 져야 함을 유념하시기 바랍니다.

5. 다시 한번, 발신인의 임차권 양도 및 수신인의 신규임대차계약 체결 등에 수신인이 협조해줄 것을 간곡히 부탁드립니다.

2021년 1월 31일

발신인 : 윤다희 (인)

수신인 강정호 귀하

# 60 임대인이 직접 사용한다고 하는데, 권리금은?

## 임대인은 계약만료일에 명도요구

오금동에서 스크린골프숍을 6년째 운영 중인 임차인 A는 2022년 1월 바뀐 임대인 B로부터 점포를 비워달라는 내용증명 우편을 받았다. 최근 해당 상가건물을 매입한 임대인 B는 전 층을 본인 회사의 사무실로 사용하려고 임차인 A에게 임대차계약 만료일 2022년 3월 18일까지 원상회복 후 점포를 비워달라고 요청한 것이다.

# 계약종료통보

수신자(임차인)  성명 : 松嶋修司
　　　　　　　　　주소 : 서울시 송파구 오금동 ○○○-○○
발신자(임대인)  성명 : 戶田健斗
　　　　　　　　　주소 : 서울시 강남구 일원동 ○○○-○○

**제목 : 임대차계약만료에 따른 임대차 부동산 명도청구**

1. 수신인은 전 소유권자와 서울 송파구 오금동 ○○○-○○ 소재 건물 지하층 전체에 대해서 보증금 2천만 원, 월차임 150만 원 (부가세 별도), 계약기간 2020년 3월 18일부터 2022년 3월 18일까지의 조건으로 임대차계약을 체결했습니다.

2. 2022년 1월 10일 본 상가건물을 매입한 발신인은 이 상가건물을 2022년 3월 19일부터 폐사의 사무실로 사용할 예정이라고 귀하에게 통보했습니다.

3. 이에 수신인은 위 임차목적물을 2017년 3월 18일까지 원상으로 회복해 발신인에게 반환하시기 바랍니다.

4. 발신인은 임대차계약 만료일에 임대차보증금을 수신인에게 반환하도록 하겠습니다.

안녕히 계십시오.

2022년 1월 10일

발신인 戶田健斗 (인)

松嶋修司 귀하

## 임차인은 임대인에게 신규임대차계약 체결요청

임차인 A는 초기에 상당한 투자를 했을 뿐만 아니라 스크린 골프 특성상 장비와 프로그램 업그레이드 등으로 장기간 지속적인 투자를 했기 때문에, 이 내용증명을 받고 상당히 당황했다.

통상적으로 스크린골프숍의 경우 방 1개에 5천만 원 정도 시설권리금이 형성되고 있는데, 이것을 원상회복하게 되면 엄청난 손해가 아닐 수 없다. 이후로 임차인 A는 임대인에게 계속 영업할 수 있게 요청했으나 임대인 B는 단호하게 거절했다.

임대인 B는 임차인 A의 계약갱신요구를 거부하고, B가 해당 건물을 직접 사용해야 하므로 신규임차인을 주선해도 신규임대차계약을 하지 않을 것이라고 했다. 이에 A는 권리금 손해배상청구소송까지 염두에 두고 신규임차인을 구해 권리금계약서를 작성한 후 임대인에게 신규임대차계약 체결을 요구했다.

# 요청서

수신인(임대인) 성명 : 김세원
주소 : 서울시 송파구 오금동 ○○○-○○
발신인(임차인) 성명 : 오현경
주소 : 서울시 강남구 일원동 ○○○-○○
임대차목적물 : 서울시 송파구 오금동 ○○○-○○ 지하층

## 제목 : 신규임대차계약 체결요청

1. 귀 댁의 건승을 기원합니다.

2. 본인은 이 부동산 소재지에서 6년간 스크린골프장을 운영하면서 시설투자를 꾸준히 해서 그 가치가 상당하며, 많은 단골도 확보를 했습니다. 이런 점포를 폐업한다면 본인에게는 말로 형용할 수 없는 가혹한 처사이며, 사회적으로도 손실일 수밖에 없습니다.

3. 귀하가 본인과는 재계약 거절 의사를 확실히 밝혔기 때문에 본인은 신규임차인을 물색했습니다.

4. 그리고 본인은 스크린골프장을 양수받을 신규임차인을 구했고, 2022년 2월 6일 본인과 신규임차인은 해당 점포를 양도·양수하기로 약정했습니다.

5. 이에 본인은 귀하에게 신규임차인과 임대차계약 체결할 것을 요청하오니 협조를 간곡히 부탁드립니다.

6. 그리고 임대인이 보증금, 월세 등 임대차계약 내용에 관해 별도의 의사가 있다면 계약 내용에 반영하도록 적극적으로 신규임차인과 협의하겠습니다.

2022년 2월 6일

발신인 오현경 (인)

김세원 귀하

# 61 권리금손해배상 청구 전 내용증명 작성요령

　임차인 A는 임대차기간만료일을 약 2개월 앞두고, 신규임차인을 구해 권리금계약을 체결했다. 임차인 A는 임대인에게 신규임대차계약체결을 요청했는데, 임대인은 "내 건물에서 권리금을 거래하는 것은 인정할 수 없다"라고 하면서 막무가내로 신규임차인과의 계약을 거절했다.

　이후에 임차인이 전화 통화해서 협의하려고 해도 여의치 않았고 임대인이 임차인을 만나주려 하지 않아, 임차인 A는 임대인이 정당한 사유 없이 신규임대차계약체결을 거절한 사실을 서면으로 확인하려고 내용증명우편을 보내기로 했다.

## 내용증명우편은 본인의 의사표현 및 사실확인에 활용

내용증명우편은 일방 당사자가 상대방에게 언제, 어떤 내용의 의사를 표현했다는 사실을 우체국이라는 공적기관을 활용해 기록을 남기는 것인데, 일반적으로 소송과정에서 유용한 입증자료로 활용한다.

일방 당사자의 내용증명을 받아본 상대방도 자기에게 불리한 점에 대해 조목조목 반박하는 내용을 담아 답변을 하기도 하는데, 간혹 일방 당사자가 기대했던 답을 상대방이 서면으로 보낼 때도 있다. 그래서 본인도 내용증명서를 작성할 때는 혹시나 본인에게 일부라도 불리한 내용이 되지 않도록 충분히 검토해야 한다.

### 〈내용증명 유의사항〉

- 하고 싶은 말이 아닌 꼭 해야 할 말을 한다.
- 소송을 염두에 두고 사실관계 위주로 기재한다.
- 날짜, 시간, 장소 등을 구체적이고 명확하게 작성한다.
- 본질과 관련 없는 내용은 제외한다.
- 제삼자 또는 재판부에서 봤을 때 이해하기 쉽도록 서술한다.
- 계약 당사자로서 약정을 성실히 이행하고 있는 모습을 표현한다.
- 필요한 경우 상대방의 답변을 유도한다.
- 객관성이 결여된 요구는 하지 않는다.
- "△△소송하겠다"라는 등 협박은 삼간다.
- 감정에 치우치지 않는다.
- 상대방에 대한 예의를 갖춘다.

내용증명은 하고 싶은 말이 아닌 해야 할 말을 구체적이고 명확하게 사실관계를 위주로 기재해야 하고, 향후 소송에서 주장할 내용을 염두에 두며 작성해야 한다. 그리고 이 내용은 소송과정에서 많은 관계자뿐만 아니라 특히 재판부가 볼 수 있으므로, 본인은 계약을 성실히 이행하고자 하는 바르고 합리적인 임차인(또는 임대인)이라는 것을 내용증명우편의 내용을 통해 나타내야 한다. 또한 본질과 벗어난 내용을 구구절절 표현하면 재판 관련자들이 핵심을 놓칠 수도 있으므로 주의해야 한다.

만약 상대방이 불법행위를 했어도 상대방의 불법행위 사실을 확인하는 것을 목적으로 하고, "손해배상, 영업방해 등으로 △△소송하겠다"라는 표현은 삼가는 것이 좋다. 소송을 제기할 수 있는 일정 요건이 갖춰지면 적절한 시기에 상대방에게 책임을 묻고, 내가 할 수 있는 카드를 미리 보여줄 필요는 없다. 간혹 감추고 있는 카드가 협상에서 큰 역할을 하는 경우도 있다.

이 사례에서는 임차인은 추후 손해배상청구소송에 대비해 필수적으로 확인해야 할 내용인 ① 임대인에게 신규임차인을 주선한 사실, ② 임대인이 정당한 사유 없이 신규임대차계약을 거절한 사실 등을 포함해서 내용증명서를 작성하면 된다.

# 내용증명

수신인(임대인) : 이 명 호 (010-1111-1111)

　　　　　　　　서울특별시 은평구 은평로 98

발신인(임차인) : 박 선 영 (010-2222-2222)

　　　　　　　　서울특별시 은평구 구산동 120

임대차 부동산 : 서울특별시 은평구 구산동 120

## 제목 : 신규임대차계약 체결요청

1. 귀댁의 무궁한 발전을 기원합니다.

2. 본인(임차인)은 상기 임대차목적물을 귀하(임대인)로부터 임차해서 영업 중이며, 임대차계약만료일은 2022년 3월 15일입니다.

3. 본인은 해당 점포를 인수할 신규임차인을 구해서 2022년 2월 6일 귀하에게 신규임대차계약 체결을 요청했으나, 귀하는 "임대인은 이 점포에서 권리금 거래를 허용할 수 없다"라는 취지로 신규임대차계약 체결을 거절한 바 있습니다. 그 후 본인은 수차례 귀하에게 신규임대차계약 체결을 협의하고자 전화를 시도했으나 연결되지 않고 있어 매우 안타깝습니다.

4. 본인은 귀하에게 다시 한번 서면으로 신규임대차계약 체결할 것을 간곡히 요청합니다.

5. 그리고 귀하께서 신규임차인과 보증금, 월세 등을 조정하시고자 한다면 임대차계약 내용에 반영하도록 적극적으로 협의하겠습니다.

2022년 2월 8일

임차인 박선영 (인)

이명호 귀하

## 62 권리금을 받은 양도인이 근처에서 새로 영업할 때 대처법

### 권리금을 지급하고 영업권 양도·양수

2021년 10월 공인중개사 자격증을 취득한 A는 화곡동의 한 부동산 중개업소를 인수하기로 하고, 2022년 1월 중개업소를 운영 중인 B와 권리금계약을 체결했다. A는 양도인 B에게 권리금 4천만 원을 지급하고 컴퓨터를 포함한 집기류와 고객명단 등을 넘겨받았고, 며칠 후 임차인 A는 B의 임대차계약과 동일한 조건으로 임대인과 신규임대차계약을 체결하고 개업공인중개사로서 영업을 시작했다. A는 개업하기 전 사무실 내부를 깨끗하고 환하게 인테리어공사를 했고, 상호는 그대로 유지한 채 간판을 새 것으로 교체했다.

## 권리금 받은 양도인이 주변에서 개업

A가 영업한 지 1년이 지났을 무렵, A로부터 권리금을 받고 해당 점포를 양도했던 B가 불과 500m 떨어진 곳에서 새로운 중개업소를 다시 차렸다. B의 온라인광고 내용 중에는 B가 A에게 양도했던 물건도 다수 포함돼 있었다. B는 거액의 권리금을 받고도 A에게 넘겼던 고객명단을 다시 이용했다. B는 A를 찾아가서 항의했으나 A는 "비록 두 점포가 멀지 않지만, 거기는 강서구 화곡동이고 여기는 양천구 신월동인데 무슨 상관이냐"라고 당당하게 말했다.

## 양수인은 영업금지가처분신청 및 손해배상청구 가능

영업을 하다가 제삼자와 영업권을 양·수도하는 경우 다른 약정이 없다면 양도인은 10년간 동일한 특별시·광역시·시·군 인접 특별시·광역시·시·군에서 동종영업을 하지 않아야 할 의무가 있다.

이와 같이 양도인이 그 의무를 위반했을 때, 양수인은 양도인을 상대로 양도인의 영업금지가처분을 신청할 수 있고 손해배상을 청구할 수 있다. 여기서 양수인이 청구할 수 있는 손해배상 범위는 양수인이 양도인에게 지급했던 권리금뿐만 아니라, 양수인에게 넘겨준 고객명단을 이용한 양도인의 수익도 포함할 수 있다.

① 영업을 양도한 경우에 다른 약정이 없으면 양도인은 10년간 동일한 특별시·광역시·시·군과 인접 특별시·광역시·시·군에서 동종영업을 하지 못한다.

② 양도인이 동종영업을 하지 아니할 것을 약정한 때에는 동일한 특별시·광역시· 시·군과 인접 특별시·광역시·시·군에 한해서 20년을 초과하지 아니한 범위 내에서 그 효력이 있다.

# 63

## 위반건축물로 인해 권리금을 받지 못하면 손해배상을 청구할 수 있을까?

실제 상담사례

　종로구에서 상가건물의 일부를 임차해 2년째 잡화점을 운영하고 있는 임차인 A는 영업 부진으로 어려운 와중에 점포를 인수할 사람을 구했다. 신규임차인은 정육점을 운영하려고 구청에 방문했으나 해당 건물의 옆 가게에 위반건축물이 있어 영업신고증을 발급받을 수 없었다. A는 임대인에게 위반상태를 해소해달라고 요청했으나, 임대인은 전혀 협조할 의사가 없었다.

　결국 A는 점포를 양도하지 못해 기대했던 권리금을 받지 못하고 계약기간종료일까지 월세를 부담해야 했다. A는 임대인에게 손해배상을 청구할 수 있을까?

## 위반건축물로 등재되면 영업 또는 허가·면허·등록 등 제한

여러 개의 점포로 구성된 일반건물에서 한 점포에 부분적으로 건축법의 위반사항이 있다면 그 건물의 건축물대장(갑)에 위반건축물로 표기되어, 신고·허가 대상 업종은 그 건물의 모든 점포에서 영업 제한을 받을 수 있다. 상가건물에서 주요한 건축법 위반 행위로는 ① 카페 등 점포 앞에 영업용 테이블을 설치하고 천막 지붕을 씌운 경우, ② 식당 등 점포 뒤를 새시(Sash, 경량 철골 등) 또는 조립식 패널로 씌우고 영업장(주방 등)을 확장한 경우, ③ 필로티에 창고 등 용도로 임시건물을 만든 경우, ④ 현관이나 외부 계단 등을 비가림이나 차양을 위해 새시 및 아크릴판으로 씌운 경우, ⑤ 층고가 높은 점포의 경우에 복층 구조를 만든 경우, ⑥ 베란다에 새시, 조립식 패널, 아크릴판으로 기둥과 지붕을 설치한 경우 등이 있다.

시장·군수·구청장 등 허가권자는 위반건축물이 있을 때 그 건축의 철거·용도변경·사용금지·사용제한 등 시정명령을 할 수 있고, 시정명령을 받고 이행하지 않은 건축물에 대해 영업이나 허가·면허·인가·등록·지정 등을 하지 않도록 요청할 수 있다(건축법 제79조 제2항). 또한 허가권자는 시정명령을 받은 후 시정기간 내에 시정명령을 이행하지 않은 건축주 등에 대해 그 시정명령의 이행에 필요한 상당한 이행기한을 정해서 그 기한까지 시정명령을 이행하지 않으면 소정의 이행강제금을 부과한다(건축법 제80조 제1항 참조).

## 위반건축물 외 종합적으로 검토 후 책임소재를 가려야

임차인이 임대차기간이 끝나기 6개월 전부터 임대차종료 시까지 신규임차인으로 권리금을 받으려고 할 때 임대인은 정당한 사유 없이 이를 방해해서는 안 된다. 이와 같이 해당 상가건물이 위반건축물로 등재되어 임차인이 권리금을 회수하지 못했을 때 임차인이 임대인에게 손해배상을 청구하기 위해서는 ① 임차인이 입점한 시기와 위반건축물로 등재된 시기의 비교, ② 위반건축물 등재가 임차인 및 신규임차인의 업종에 미치는 영향, ③ 임대인의 업종배제에 대한 합리성, ④ 임차인이 현행법을 준수했는지(차임연체 여부, 신규임차인 주선 기간 등) 등을 종합적으로 검토해야 한다.

임차인 보호와 더불어 임대인에게도 업종 선택권이 있다. 따라서 임대인의 업종과 관련된 요구가 주위 상권이나 영업의 종류 등 제반 사정을 고려할 때 신규임차인과의 계약체결을 회피하기 위해 합리적 범위를 벗어났다고 볼만한 특별한 사정이 없다면, 임대인은 업종변경을 이유로 신규임차인과의 계약을 거절할 수 있다.

임차인 A의 잡화점은 신고 업종이 아니어서 관할 세무서에서 사업자등록만 신청하고 영업할 수 있지만, A가 주선한 신규임차인의 업종은 신고 대상이다. 또한 상담과정에서 A의 계약내용을 확인하니, A가 최초 입점하기 전에 해당 상가건물이 위반건축물로 등재되었고, A의 임대차기간은 6개월 이상 남았다. 따라서 임차인은 건축물의 위반사항이 해소되지 않았다는 이유로 임대인에게 손해배상을 청구하기란 어려울 것으로 판단된다.

PART **06**

⋮

# 임대차계약의
# 해제 및 해지

빈번한
상담사례
-----------
실제
상담사례

# 64 | 가계약금은
돌려받을 수 있을까?

빈번한
상담사례

## 중요 부분이 확정된 가계약은 조건부계약

본계약 체결에 이르기 전에 당사자들의 다양한 이해관계를 반영한 합의가 흔히 '가계약'으로 이루어지는 경우가 많다. 가계약이란 부동산 거래나 임대차계약 시에 정식으로 계약을 체결하기 전에 임시로 맺는 계약이다. 양 당사자 서로의 필요에 따라 본계약을 체결하기 전에 행하는 가계약은 법적 성질이 확연히 다른 2가지로 해석할 수 있다.

본계약 주요 급부의 중요 부분이 확정되어 있지 않은 경우는 준비단계의 계약으로 볼 수 있고, 주요 급부의 중요 부분이 확정된 경우는 조건부계약으로 볼 수 있다. 조건부계약은 특정한 조건이 성취되면 법률행위의 효력이 발생하는 것으로, 양 당사자는 본계약이 이행될 수 있도록 의무를 다해야 한다.

## 준비단계의 계약일 때는 가계약금을 돌려받을 수 있다

가계약 시 본계약의 목적물, 대금 등 중요내용에 대해 정한 바가 없고 가계약금이 일반적인 거래의 계약금(거래금액의 5~10%)에 비해 미미한 금액에 불과하다면 계약의 준비단계로 본다. 이때 지급한 가계약금은 단순한 보관금에 그쳐 그 자체가 효력이 없을 수 있어, 가계약금을 돌려받을 수 있다.

또한 당사자 간 특약으로 본계약 체결을 조건으로 하거나, 본계약 체결 전 일방이 임의로 파기할 권리를 유보한 때는 본계약이 체결되지 않거나 일방이 파기하면 무효가 되어 가계약금을 돌려받을 수 있다.

## 조건부계약일 때는 가계약금을 돌려받을 수 없다.

가계약단계에서 계약의 모든 내용이 합의되지 않더라도 본계약의 주된 내용인 거래목적물과 거래금액 등 매매·임대차계약의 중요한 요소들에 관한 합의가 이루어진 경우라면, 그 가계약은 양 당사자를 구속하는 조건부계약이 된다.

또한 가계약 단계에서 장래에 특정 가능한 기준, 방법 등에 관한 합의만으로도 가능하다. 이때는 매매·임대차계약이 성립된 것이어서 지급한 가계약금을 돌려받을 수 없다.

가계약의 효력은 결국 당사자의 계약구속에 대한 의사해석의 문제이다. 가계약금을 본인이나 대리권을 부여한 중개업자 등이 받았다면 일반적으로 계약의 효력을 인정해야 할 것이다. 왜냐하면, '민법'상 계약은 낙성계약이 원칙이어서, 반드시 계약서를 작성해야 하는 것이 아니라 구두합의만으로도 성립하고, 가계약금의 수수로 계약성립의 의사 합치가 있다고 봐야 할 것이기 때문이다. 다만 가계약은 본계약에 대한 '예약'의 형식이 될 것이다. 따라서 상대방이 본계약의 체결을 거부하면 본계약 체결을 청구하거나 일방적 의사표시로 본계약을 성립시킬 수 있다.

**관련 판례** **가계약의 매매계약 성립**

가계약서에 잔금지급 시기가 기재되지 않았고 후에 그 정식계약서가 작성되지 않았다 하더라도, 위 가계약서 작성 당시 매매계약의 중요 사항인 매매목적물과 매매대금 등이 특정되고 중도금 지급방법에 관한 합의가 있었으므로 원·피고 사이에 이 사건 부동산에 관한 매매계약은 성립되었다.

(대법원 2006. 11. 24. 선고 2005다39594 판결 요약)

# 65 계약금 일부만 지급했을 때 해약금은?

빈번한 상담사례

　당사자가 본계약의 목적물, 금액 등 중요한 내용을 합의한 후 계약서에 서명·날인했다면, 그 내용대로 이행해야 할 책임이 뒤따른다. 당사자 일방이 계약 당시에 계약금, 보증금 등의 명목으로 상대방에게 교부한 때에는 당사자 간에 다른 약정이 없는 한 당사자의 일방이 이행에 착수할 때까지는 이를 포기하고 수령자는 그 배액을 상환해서 계약을 해제할 수 있다(민법 제565조).

　부동산을 팔거나 임대할 때 계약금을 한꺼번에 지급하는 경우도 있지만, 계약금의 일부만 지급하고 계약금 중 나머지는 기일을 정해서 송금하는 경우도 많다. 계약체결 시 계약금의 일부만 지급한 후 여러 사정으로 인해 계약을 해제하고자 할 때 일부 지급한 금액에 대해서만 책임지면 된다고 생각할 수 있는데, 별도의 합의가 없는 한 계약금 전부를 책임져야 한다.

〈계약금 일부만 지급할 때의 특약 사례〉

① 임차인은 계약금 일천만 원(₩10,000,000) 중 일백만 원(₩1,000,000)을 계약체결일에 지급하고, 나머지 구백만 원(₩9,000,000)은 2022년 3월 31일까지 지급한다.

## 일부만 지급했어도 해약금은 계약금 전부

계약체결 시 별다른 특약이나 계약 당사자 간에 별도의 합의가 없다면, 매수인 또는 임차인은 지급한 계약금 일부만 포기하고 계약을 해제할 수 없고, 계약금 전부를 지급한 후 계약을 해제할 수 있다. 또한 매도인 또는 임대인이 계약금 중 일부만 받은 상태에서 계약을 해제하고자 한다면, 지급받은 계약금 일부만을 돌려주고 계약을 해제할 수는 없고, 지급받은 계약금 일부와 계약금을 해약금으로 지급해야 계약을 해제할 수 있다.

만약 매수인 또는 임차인이 실제로 지급한 돈만 포기하고 계약을 해제할 수 있다면, 지급한 돈이 소액일 때 사실상 계약을 자유롭게 해제할 수 있게 돼 계약의 구속력이 약화하는 결과가 발생해 부당하다.

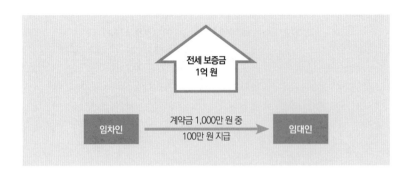

전세 보증금
1억 원

임차인 → 임대인

계약금 1,000만 원 중
100만 원 지급

사례처럼 임차인과 임대인이 전세보증금을 1억 원으로 정한 후, 임차인이 계약금 1,000만 원 중 100만 원을 지급한 상태에서 계약을 해제하고자 한다면 계약금의 나머지 900만 원을 지급해야만 임대차계약을 해제할 수 있다. 또한 임대인이 '민법' 제565조에 따라 일방적으로 계약을 해제하고자 한다면 지급받은 100만 원은 물론이고 해약금으로 1,000만 원을 추가로 매수인에게 지급해야 한다.

**관련 판례** **계약금과 해약금**

매도인이 '계약금 일부만 지급된 경우 지급받은 금원의 배액을 상환하고 매매계약을 해제할 수 있다'고 주장한 사안에서, '실제 교부받은 계약금'의 배액만을 상환해서 매매계약을 해제할 수 있다면 이는 당사자가 일정한 금액을 계약금으로 정한 의사에 반하게 될 뿐 아니라, 교부받은 금원이 소액일 경우에는 사실상 계약을 자유로이 해제할 수 있어 계약의 구속력이 약화되는 결과가 되어 부당하기 때문에, 계약금 일부만 지급된 경우 수령자가 매매계약을 해제할 수 있다고 하더라도 해약금의 기준이 되는 금원은 '실제 교부받은 계약금'이 아니라 '약정 계약금'이라고 봄이 타당하므로, 매도인이 계약금의 일부로써 지급받은 금원의 배액을 상환하는 것으로는 매매계약을 해제할 수 없다고 한 사례.

(대법원 2015. 4. 23. 선고 2014다231378 판결)

## 66 연락두절 임차인의 계약금을 몰수할 수 있을까?

빈번한 상담사례

오피스텔, 원룸, 사무실 등 소규모 부동산에서 임차인이 계약금 중 일부 소액만을 지급한 후, 약속한 날짜에 계약금을 지급하지도 않고 연락도 안 될 때가 있다. 그렇게 되면 임대인은 새로운 임차인을 구하게 되고 종전 임차인에게서 받았던 계약금 일부는 돌려주지 않게 된다. 또한 지급했던 계약금 일부를 돌려받지 못한 종전 임차인도 본인이 계약을 이행하지 못한 탓으로 포기하는 경우가 있다. 이와 같이 임차인이 연락되지 않는다고 해서 임대인이 임의로 계약금 일부를 몰수할 수 있을까?

## 계약을 적법하게 해제해야 계약금 몰수 가능

임차인이 계약을 성실하게 이행하지 않고 연락되지 않는다고 해서, 임대인이 계약을 임의로 해제하고 받았던 일부 계약금을 함부로 가질 수는 없다. 별도의 특약 없이 임차인에게 받았던 계약금을 몰수하기 위해서는 먼저 임대인이 적법하게 계약을 해제해야 한다. 그러기 위해서는 임차인에게 상당한 기간을 정해서 그 이행할 것을 독촉하고 그 기간 내에 임차인이 이행하지 않았을 때야 비로소 계약을 해제할 수 있다.

또한 계약을 적법하게 해제했어도 위약금에 관한 약정이 없다면 원칙적으로 임대인은 입증할 수 있는 실제 피해 금액만을 청구할 수 있다. 따라서 임차인이 지급한 일부 계약금을 돌려달라고 하면 임대인은 실제 손해를 제외하고 돌려줘야 한다. 예를 들어 임대인은 다음 임차인을 구할 수 있는 기간에 대한 보증금의 이자 등을 청구할 수 있다.

## 계약을 적법하게 해제한 후 새로운 계약을 체결해야

임대인이 연락이 안 되는 종전 임차인과 계약관계를 명확하게 하지 않은 채 신규임차인과 임대차계약을 체결한 후, 종전 임차인이 계약을 이행하겠다고 하면 임대인은 누구와 임대차계약을 맺을지 선택해야 한다. 만약 신규임차인과 체결한 계약을 포기하면 해약금을 포함해서 계약금의 2배를 지급해야 하고, 새로운 임차인과 계약을 그대로 이행하게 되면 종전 임차인에게는 계약 불이행에 따른 책임이 발생한다. 만약 임대인이 신규임차인과 계약한다고 할 때 종전 임차인이 새로운 임대차계약이 무효라고 주장하면 법적 다툼으로 비화할 수 있다.

이중임대차라고 해서 항상 무효인 것은 아니다. 이중임대차에서 두 번째 임차인이 임대인에게 이중임대차를 하도록 유인하거나 교사하는 등 적극적으로 임대인의 배신행위에 가담했다면 이중임대차는 사회질서에 반하는 무효인 법률행위로 볼 수 있다(대법원 2013. 6. 27. 선고 2011다5813 판결). 따라서 두 번째 임차인이 임대인에게 새로운 임대차계약을 체결하도록 적극적으로 행한 사실 등이 입증되면 새로운 계약이 무효가 될 수도 있다.

## 계약해제와 위약금에 관한 특약을 명시해야

임대인은 이런 상황에 휘말리지 않으려면, 임차인이 임대차계약을 이행하지 못한 경우에 특정 조건에서는 계약을 무효로 할 수 있다는 내용과 위약금에 대해 약정할 필요가 있다.

임대차계약에서 임차인이 계약금의 나머지를 약정한 일자에 지급하지 않으면 그 계약을 무효로 한다는 취지의 특약이 있는 경우, 임차인이 약정한 대로 계약금의 나머지를 지급하지 않으면 임대차계약은 자동으로 해제된 것으로 봐야 한다. 그리고 임차인이 약정한대로 계약을 이행하지 않을 때 임대인이 받았던 계약금을 몰수하기 위해서는 '임차인이 위약 시는 지급한 계약금을 포기하고 반환 청구할 수 없다'라는 위약금에 관한 특약이 있어야 한다.

**관련 판례** **계약 불이행 시 무효 특약**

매매계약에 있어서 매수인이 중도금을 약정한 일자에 지급하지 않으면 그 계약을 무효로 한다고 하는 특약이 있는 경우 매수인이 약정한대로 중도금을 지급하지 않으면(해제의 의사표시를 요하지 않고) 그 불이행 자체로서 계약은 그 일자에 자동적으로 해제된 것으로 봐야 한다.

(대법원 1991. 8. 13. 선고 91다13717 판결)

가계약에서 "매수인은 가계약일로부터 10일 이내에 본계약을 체결하기로 하고 만약 불이행 시는 본계약을 무효로 하고, 매수인은 어떤 이의도 민·형사상의 문제를 제기할 수 없다"고 약정한 경우, 이 약정내용만으로는 매수인의 계약 불이행 시 이미 지급한 가계약금의 반환청구를 포기하기로 하는 위약금 약정이 있었던 것으로 볼 수 없다고 한 사례다.

(대법원 2007. 10. 25. 선고 2007다40765 판결)

# 통지서

수취인 : 장순철
　　　　서울시 서초구 반포동 ○○○-○○
통지인 : 이승복
　　　　서울시 강남구 양재동 ○○

**제목 : 임대차계약 해제**

1. 임대차계약 내용
　　임대차목적물 : 서울시 강남구 양재동 ○○송화오피스텔 501호
　　임대차기간 : 2021. 10. 1~2023. 9. 30.
　　임대차보증금 : 삼천만 원정(₩30,000,000원)
　　월차임 : 일백만 원정(₩1,000,000원)

2. 본인은 귀하와 상기 내용으로 임대차하기로 약정 후 계약금 중 일부인 일백만 원을 2021. 9. 1. 송금받고, 2021. 9. 5. 직접 만나서 계약금의 나머지 이백만 원을 지급받고 계약서를 작성하기로 했습니다.

3. 그러나 귀하는 2021. 9. 5. 계약체결 장소에 나오지 않았으며, 2021년 9월 5일 이후 여러 차례 전화상으로 계약이행할 것을 요구했으나 귀하는 아무런 연락이 없이 계약금 나머지의 지급을 지체하고 있습니다.

4. 이에 2021년 9월 20일까지 계약금의 나머지를 지급해주실 것을 요청하며, 만약 이 기일까지 계약금의 나머지를 지급하지 않을 경우 본계약을 성실히 이행할 의사가 없다고 간주해서 본계약을 해제함을 통보합니다.

2021년 9월 10일

통지인 이승복 (인)

수취인 장순철 귀하

# 67

# 상가건물이 팔리면 임차인은 계약을 해지할 수 있나?

## 임차인이 임의로 임차권을 양도하면 임대인은 해지 가능

임차인이 임대인의 동의하에 임차권을 양도하면, 종전 임차인이 가진 임대차계약에 따른 권리와 의무는 포괄적으로 신규임차인에게 이전된다. 즉 임차인은 종전의 임대차 관계에서 벗어나 아무런 권리와 의무를 갖지 않게 되고, 신규임차인은 임대인과 임대차 관계를 형성하게 된다.

임차인이 임대인의 의사를 확인하지 않고 임차권을 양도했다면, 양도인은 양수인을 위해 임대인의 동의를 받아 줄 의무를 진다(대법원 1996. 6. 14. 선고 94다41003 판결). 임차인이 임대인의 동의 없이 그 권리를 양도하거나 임차물을 전대하면, 임대인은 임대차계약을 해지할 수 있다(민법 제629조). 만약 신규임차인이 임대인의 동의 없이 임차목적물을 점유하면, 임대인에 대한 관계에서 불법점유가 되고 임대인은 소유권에 기해 그 반환을 청구할 수 있다(민법 제213조, 제214조).

## 임대인이 임의로 상가를 팔면 임차인은 해지 불가능

임대차는 그 등기가 없는 경우에도 임차인이 건물의 인도와 사업자등록을 갖추면 제삼자에 대해서 효력이 생기고, 임차건물의 양수인은 임대인의 지위를 승계한 것으로 본다(상가건물임대차보호법 제3조). 따라서 특별한 사유가 없는 한 임대인이 임의로 임차목적물을 매도하면, 매수자는 임대인의 권리와 의무를 포괄적으로 이전받아 임차인과 임대차관계를 가지게 된다.

임대차계약은 원래 당사자의 개인적 신뢰를 기초로 하는 계속적 법률관계이다. 따라서 임차인의 의사와 무관하게 임대인이 변경되었을 때 임차인의 입장에서 새 임대인에게 그 의무의 승계를 인정하는 것이 불리하고, 임대인 변경이 임대차관계를 계속시키기 어려운 배신적 행위가 될 수 있다면, 임차인은 공평의 원칙 및 신의성실의 원칙에 따라 이의를 제기할 수 있고 임대계약의 종료를 주장할 수 있다.

# 임대인 변경 통지서

통지인(구 임대인) 서혜진
　　　　　　서울시 양천구 신정동 ○○
　　(신 임대인) 임경진
　　　　　　서울시 서대문구 경기대로 ○○
피통지인(임차인) 김정아
　　　　　　서울시 은평구 진관로 ○○
부동산의 표시 : 서울시 마포구 공덕동 ○○번지 1층 101호 50㎡

## 제목 : 임대인 변경 통지

1. 귀댁의 안녕과 번영을 기원합니다.

2. 본인(구 임대인)이 귀하에게 임대했던 아래의 상가를 본인의 사정으로 인해 임경진(신 임대인)에게 매도해서 2022년 5월 1일부터 임경진(신 임대인)이 소유권을 취득하게 되었습니다. 이에 임대인의 지위도 임경진(신 임대인)이 승계하게 됨을 알려드립니다.

3. 또한, 2016년 4월분 임대료는 본인(구 임대인)에게 입금하시고, 2022년 5월분 임대료부터는 신 임대인에게 지급해주시기 바랍니다.

2022년 5월 25일

통지인(구 임대인) : 서혜진 (인)

(신 임대인) : 임경진 (인)

임차인 김정아 귀하

# 68

## 임차권 양도 시 주의사항

**계약 도중 계약 해지는 임대인의 동의가 있어야**

임대차계약을 체결하고 영업 중인 임차인이 도중에 사정이 생겨 영업을 못 하게 되면 다른 임차인을 구해야 한다. 하지만 임차인이 어렵게 신규임차인을 구해 왔어도 임대인이 협조하지 않으면 그 점포를 넘길 수 없게 되어 임차인의 계획은 차질이 발생하고 손해가 따를 수밖에 없다.

임대인이 계약기간이 만료되기 전에 일방적으로 임대차계약을 해지할 수 없듯이, 임차인도 계약만료일 전에 계약을 해지하려면 임대인의 동의가 필수적이다. 임차인이 계약기간 중간에 임차인의 사정으로 계약해지를 요구할 때, 임대인이 협조하지 않으면 계약기간이 끝날 때까지 월세와 관리비를 꼬박꼬박 부담해야 한다. 임대인은 계약기간이 끝나기 전에 해지할 경우 비슷한 조건의 신규임차인을 구하기 어렵다고 판단되면 쉽게 계약을 해지해주지 않을 것이다.

실무에서는 계약기간이 많이 남아있는 임차인이 계약을 도중에 해지하려고 하면, 임대인이 다음 임차인을 구할 때까지의 비용으로 약간의 위약금(몇 개월 치 월세)을 요구할 때도 있다.


## 계약 도중 임차권 양도는 임대인의 동의가 있어야

임차인이 임대차계약 도중에 신규임차인에게 임차권을 양도하려면 원칙적으로 임대인의 동의가 있어야 한다. 따라서 계약기간이 6개월 이상 남아있는 상황에서 임차인이 권리금을 회수하려고 신규임차인을 주선했을 때, 임대인이 신규임차인과 계약을 거부해도 현행법에 저촉되지 않는다.

권리금이 크지 않고 임차인이 피치 못하게 영업할 수 없고 임대인이 임차권 양도에 협조하지 않으면, 임차인은 임대인 동의 없이 무단으로 저렴한 월세로 전차인을 구하는 것도 고려할 수도 있다. 그렇게 하면 임차인은 전차인에게서 월세를 받기 때문에 피해를 줄일 수 있고, 임대인이 무단 전대를 사유로 계약을 해지할 수도 있다. 하지만 임대인이 불법점유를 이유로 전차인을 쫓아낼 수 있는 것도 고려해야 한다.

## 임차인이 임의로 임차권을 양도하면 임대인은 계약 해지 가능

임차인은 임대인의 동의 없이 그 권리를 양도하거나 임차물을 전대하지 못하고, 임차인이 이를 위반한 때는 임대인은 계약을 해지할 수 있다(민법 제629조). 임차인이 임대인의 승낙 없이 제삼자에게 임차물을 사용·수익하게 하는 것은 임대인에게 임대차관계를 지속하기 어려운 배신적 행위가 될 수 있으므로 임대인에게 일방적 계약해지권을 부여하고 있다.

다만 때에 따라 임차권 양도 등 임차인의 당해 행위가 임대인에 대한 배신적 행위라고 인정할 수 없는 특별한 사정이 있는 경우 임대인의 해지권은 발생하지 않는다(대법원 1993. 4. 27. 선고 92다45308 판결 참조).

# 영업양도계약서

양도인 : 박원  810000-0000000
　　　　서울시 양천구 신정동 ○○
양수인 : 김동준  830000-0000000
　　　　서울시 강남구 양재동 ○○○-○○

1. 양도인 박원을 '갑'이라 하고, 양수인 김동준을 '을'이라 한다.
2. '갑'은 서혜진 소유의 서울시 송파구 송파동 00번지 지상 건립 철근콘크리트조 슬래브지붕 3층 상가 중 1층 101호를 임차해서 '경관'이란 상호로 허가 및 사업자등록을 마치고 '갑' 소유의 기기, 집기, 비품을 비치해서 분식집을 경영 중인 바,
3. 아래의 조건으로 '을'에게 임차권, 영업권, 기기, 집기, 비품 일체를 포괄 양도하고 '을'은 승계 후 경영목적으로 이를 양수한다.

– 아래 –

가. 계약금액과 지급
　- 총양도금액 : 일금 일억 원정(₩100,000,000)
　- 계약금 : 일금 일천만 원정(₩10,000,000)
　- 잔금 : 일금 구천만 원정(₩90,000,000)
　　양수인은 계약당일 2022년 5월 10일 계약금 중 일부인 일백만 원을 양도인에게 지급하고, 계약금의 나머지 구백만 원은 2022년 5월 15일까지 지급하며, 잔금은 2022년 5월 30일 지급하기로 한다.

나. '갑'은 임대인과 '을'이 임대차계약을 체결할 수 있도록 적극 협조한다.

다. '갑'은 '을'의 요구에 따라 임차권, 영업권의 명의변경절차를 이행하기로 한다.

라. 영업양도 이전에 발생한 제세공과금은 '갑'이 부담하고 그 이후는 '을'이 부담하기로 한다.

마. 계약금은 위약금의 성격으로 지급하며 양도인이 위약 시는 계약금의 배액을 배상하며, 양수인이 위약 시는 계약금을 포기하기로 하며 반환 청구할 수 없다.

이 계약을 확실히 하기 위해서 증서 2통을 작성하고 계약 당사자 간 이의 없음을 확인하고 각자 기명날인한 후 각 1통씩 보관한다.

2022년 5월 10일

양도인 박원 (인)<br>양수인 김동준 (인)

# 69 월세를 연체하고도 버티는 임차인을 내보내려면

빈번한 상담사례

## 주택은 월세 2개월분, 상가는 3개월분 연체하면 계약 해지

주택에서 임대인은 임차인의 차임연체액이 2기의 차임액에 달할 때 임대차계약을 해지할 수 있고, 상가에서는 차임연체액이 3기일 때 임대인은 계약을 해지할 수 있다(민법 제640조, 상가건물임대차보호법 제10조의 8). 즉 주택임차인이 월세 2개월분를 연체하면 그리고 상가임차인이 월세 3개월분를 연체하면, 임대인은 임차인을 쫓아낼 수 있다. 보증금의 다과와 무관하게 월세의 연체가 계약해지의 기준이다.

## 3개월분 연체 시 즉시 통고해야 계약해지

상가임차인이 3개월분 이상의 월세를 연체하고 있을 때, 임대인이 계약해지를 통고하면 즉시 해지의 효력이 발생한다. 임차인이 3개월분 이상을 연체했더라도 임대인이 계약해지의 의사를 전달하기 전에 연체금의 일부라도 갚아 연체금액이 3개월분에 이르지 않을 경우는 임대인이 차임연체를 이유로 계약을 해지할 수 없다. 다만 임대인은 임대차계약이 만료할 때 임차인의 계약갱신요구를 거부할 수 있다.

임대인이 임대차계약을 해지하려면 상가임차인이 월세 3개월분을 연체할 때 임차인이 연체금의 일부라도 지급하기 전에 신속히 내용증명우편 등으로 해지통보를 해야 한다. 임대인이 문자전송, 카카오톡 등으로도 의사를 전달할 수 있지만 임차인이 직접 확인하지 못했다고 부정하면 해지통지가 인정되지 못할 수 있다. 해지통지가 임차인에게 도달한 뒤에는 임차인이 연체차임을 지급하거나 공탁해도 임대차계약은 유효하게 해지된다.


## 점유이전금지가처분 → 명도소송 → 강제집행

임대차계약이 적법하게 해지된 후 막무가내로 버티는 임차인을 내보내기 위해서는 법원에 명도소송제기 및 확정판결 후 강제집행을 신청해야 한다. 그리고 임대인이 승소한 명도소송 판결문은 피고로 명시된 특정 임차인에게만 효력이 미치기 때문에, 임차인이 임차권을 양도하거나 전대차하는 등 해당 상가에 대한 점유를 제3자에게 이미 이전시킨 경우라면 강제집행할 수 없다. 그래서 임대인은 다시 제3자를 상대로 같은 소송을 제기해야 하는 낭패를 막기 위해 일반적으로 점유이전금지가처분신청을 병행한다.

명도소송의 경우 짧게는 4개월~5개월, 보통은 10개월 정도 소요되고, 항소·상고 등 2심, 3심으로 진행될 경우 1년 이상 걸릴 수 있고, 변호사를 선임할 경우 상당한 비용이 드는 것도 감안해야 한다. 물론 승소하면 확정판결 후 상대방에게 소송비용을 청구할 수는 있으나, 연체한 월세 등을 공제하고 남은 보증금이 없는 임차인이라면 이마저도 어려울 수 있다.

# 70

## '임대인의 임의강제집행' 특약은 유효할까?

빈번한 상담사례

**계약을 해지해도 직접 강제집행은 불가**

계약기간이 만료될 때 임대인이 계약해지를 통보하고 임차인
은 계약갱신을 요구하지 않으면 계약은 종료한다. 임차인이 3개
월분의 월세를 연체하는 등 임차인의 의무를 현저히 위반할 때,
임대인은 일방적으로 계약을 해지할 수 있다. 임대차가 종료되

| Tip | 강제집행특약 |
|---|---|

〈특약사항〉

3. 임대차계약의 종료일 또는 임대인의 계약해지통보 1주일 이내에 임차인
   이 소유물과 재산을 반출하지 않은 경우, 임대인은 임차인의 물건을 임의
   로 철거, 폐기할 수 있으며, 임차인은 개인적으로나 법적으로 하등의 이의
   를 제기하지 않는다.

면 임대인은 임차인에게 보증금을 반환하고 임차인은 임대인에게 임차물을 돌려줘야 한다.

임대차계약이 해지된 후 임차인이 임대인의 명도 요구를 거부하고 임차물을 계속 점유하면, 임대인은 강제로 임차인을 내쫓아야 하는 상황이 발생한다. 임대인은 일정 조건 하에 계약을 해지할 수 있지만, 임대인이 소유물을 점유한 임차인의 재산을 강제로 끌어낼 수는 없다. 임차인이 불법으로 점유해도 임대인이 임의로 내쫓을 수는 없다.

## 강제집행은 국가만이 가능

임대인과 임차인이 관련 합의를 했어도 임대인은 임차인의 재산을 끌어내거나 임으로 처분할 수 없다. 강제집행은 국가가 독점하고 있는 사법권의 한 작용을 이루고 임대인이나 채권자는 국가에 대해 강제집행권의 발동을 신청할 수 있는 지위에 있을 뿐이므로, 법률이 정한 집행기관에 강제집행을 신청하지 않고 채권자가 임의로 강제집행을 하기로 한 계약은 사회질서에 반하는 것으로 무효다(대법원 2005. 3. 10. 선고 2004도341 판결 참조).

## 무단으로 강제집행하면 형사 책임

임대인과 임차인이 이와 같은 특약을 했더라도, 임차인이 사용·수익하고 있는 상가건물의 임대차기간 종료 후에 임차인이 임차물을 반환하지 않는다고 해서 소유권자인 임대인이 임차인의 허락 없이 들어가거나 임차인의 물건을 마음대로 이동시킬 수 없다. 만약 임대인이 자물쇠공을 불러 문을 따고 임의로 들어가서 임차인의 짐을 치운다면 주거침입죄, 절도죄, 재물손괴죄 등의 형사 책임을 질 수 있다.

임대인이 계약체결 시에 조건부 명도를 포함한 내용의 제소전화해조서를 받아 놓으면 계약종료 시에 명도소송을 제기하지

---

| **Tip** | **강제집행(强制執行)이란?** |
| --- | --- |

'강제집행'은 집행권원이 표시된 사법상의 이행청구권에 의해 국가권력이 강제력을 동원해서 정당한 법적 절차를 진행하는 것이다. 강제집행 신청은 법원에서 집행문과 송달증명원을 발급받아 강제집행신청서를 작성해서 제출한 후, 신청 완료에 관한 접수증과 집행비용 납부서를 받고 집행비용을 납부하면 된다. 강제집행은 확정된 종국판결(終局判決)이나 가집행의 선고가 있는 종국판결에 기초하는데, 강제집행을 신청하기 위해서는 다음 ①~⑤의 집행권원이 있어야 한다. ① 항고로만 불복할 수 있는 재판, ② 가집행의 선고가 내려진 재판, ③ 확정된 지급명령, ④ 공증인이 일정한 금액의 지급이나 대체물 또는 유가증권의 일정한 수량의 급여를 목적으로 하는 청구에 관해서 작성한 공정증서로 채무자가 강제집행을 승낙한 취지가 적혀 있는 것, ⑤ 소송상 화해, 청구의 인낙(認諾) 등 그 밖에 확정판결과 같은 효력을 가지는 것(민사집행법 제56조)이다.

않고 법원에 강제집행을 신청할 수는 있다. 하지만 특별한 경우가 아니라면 임차인이 본인에게 불리한 내용을 포함한 제소전화해조서에 동의하기란 쉽지 않고 법원 절차에 따른 비용부담도 있어서, 일반적인 계약에서 당사자들이 제소전화해를 신청하기란 쉽지 않다.

# 71

## 계약해지 합의 후 임차인이 변심해 계약갱신을 요구하면

임대인 A와 임차인 B는 성내동에서 3층 건물 중 1층 점포 일부에 대해서 계약기간 2019년 10월 1일~2021년 9월 30일, 임대차보증금 2천만 원, 월세 60만 원에 임대차계약을 체결하고, 임차인 B는 신발가게를 운영했다.

### 임대인과 임차인들 간 계약해지 합의

임대인은 건물이 낡고 부분적으로 누수도 발생해 건물 전체 리모델링공사를 계획하고 임대차기간 도중인 임차인들과 2021년 봄부터 명도를 협의했다. 임대인이 우려했던 것과 달리 신발가게를 운영하는 임차인 B를 포함한 모든 임차인이 협조했다.

임대인의 리모델링공사 일정에 맞춰 임차인들이 점포를 비우기로 합의했다. 또한 임차인 B는 2021년 4월 16일에 다른 점포를 구하기 위해 임대인 A로부터 100만 원을 받았다.

## 임차인이 변심해 계약갱신 요구

그런데 임차인 B는 받았던 100만 원을 9월 20일 임대인에게 다시 송금하면서 계속 영업할 것을 요구했다. 임차인은 신발가게를 운영해도 리모델링공사를 진행하는데 아무런 방해가 되지 않고, 신발가게 내부에 관련된 공사가 필요하면 적극적으로 협조한다는 생각이었다.

영업을 시작한 지 2년 만에 이전하면 인테리어, 간판, 시설 등의 비용뿐만 아니라 단골손님 등 그 자리에서 일군 영업적 가치를 손해 본다는 것이 가장 큰 이유였는데, 그에 대한 임대인과 합의는 전혀 없었다. 하지만 임차인의 생각과 달리 임대인은 모든 점포를 비우지 않고는 리모델링 공사를 원활히 할 수 없어, 임차인에게 계속 나갈 것을 요구했다.

## 임대인은 임대차계약 해지 주장

그해 10월이 되어 신발가게를 제외한 임차인들은 점포를 비웠지만, 임차인 B는 임대차계약 후 2년이 지났으므로 계약갱신요구권에 따라 8년을 더 영업할 수 있다고 주장하며 계속 영업했다. 반면 임대인은 지난 8월 임대차계약을 해지하기로 했으니 계약만료일에 점포를 비울 것을 임차인에게 요구했다.

## 임대차계약은 해지 ⇒ 임대인은 임차인에게 명도요구 가능

임대인은 임차인이 임대차기간이 만료되기 6개월 전부터 1개월 전까지 사이에 계약갱신을 요구할 경우 정당한 사유 없이 거절하지 못한다. 특별한 경우가 아니라면 임대인 A의 리모델링공사와 관계없이, 임차인은 최초 임대차기간을 포함해서 10년간 영업할 권리가 있어 앞으로 8년 동안 영업할 수 있다.

양 당사자가 임대차계약을 해지하기로 합의했는지가 중요한 관건이다. 임대인은 계약해지의 효력이 발생했다는 것을 입증하면 임차인의 계약갱신요구를 거절할 수 있다.

임대인은 지난 4월 임차인과 계약해지를 합의하면서 관련 내용을 녹취했고, 임차인의 요구로 임대차계약해지의 증거금 100만 원을 지급하는 등 임대차계약을 해지하기 위한 객관적인 자료를 갖췄다. 이와 같이 존속 중인 임대차계약해지의 중요 요소들에 관한 협의가 이루어진 경우라면 양쪽 당사자를 구속하는 조건부계약이 된다. 따라서 당장은 계약해지가 성립된 것으로 해석할 수 있다.

임차인이 임대인에게 해약금을 지급하고 임대차계약해지를 해제할 수 있는지는 별론으로 하고, 당장은 임대차계약이 해지된 것으로 해석할 수 있다.

## 72 임대차기간 중에 계약을 해지할 수 있을까?

### 임대인은 같은 조건의 임차인을 주선 요구

수의사 A는 2021년 8월 서울 근교에서 신축공사 중인 1층 상가를 2019년 4월부터 5년간, 월세 400만 원에 임대차계약을 체결했다. 다음 해 건물이 완공되었고 A는 동물병원을 개원해 영업을 시작했는데 기대했던 만큼 상권이 형성되지 않아 본인 월급은커녕 월세 내기도 어려웠다.

이듬해 봄에 A가 사업자를 폐업하겠다고 임대인에게 말하자, 임대인은 지금과 같은 임대차조건에 임차인을 들이고 나가라고 했다. 상권은 발달할 기미가 없고 월세가 너무 높아 임차인을 구할 수 없는데 임대인은 같은 조건만 고집해, A는 적자만 지속되면서 매달 월세와 관리비를 물어야 할 형편이었다.

## 일방적으로 계약해지는 불가능

임대차계약 체결 당시에 '임차인은 언제든지 계약을 해지할 수 있으며, 임대인에게 해지를 통고하고 3개월이 지나면 계약은 종료한다'라는 취지로 임차인이 계약을 해지할 권리를 명시하거나, 임대차계약을 해지할 만큼 임대인의 과실이 있는 경우가 아니라면 임차인은 일방적으로 임대차계약을 해지할 수 없다.

동물병원 등 고액의 초기 투자비가 소요되는 경우에 임차인의 요청으로 계약기간을 장기로 설정하는 경우가 많다. 계약기간을 1년으로 설정했어도 '상가건물임대차보호법'에 따라 특별한 사유가 없는 한 임차인은 10년간 영업할 수 있다. 그리고 계약기간을 장기로 설정해도 이 법에 따라 임대인은 1년마다 임대료의 증액을 요구할 수 있지만, 임차인은 임대인의 협조 없이는 도중에 계약을 해지할 수 없다. 따라서 임차인이 계약기간을 장기로 설정하고자 할 때는 여러 조건을 종합적으로 검토하고 신중하게 판단해야 한다.


## 피해를 최소화해야 한다

이런 경우처럼 임차인이 계속해서 영업하기 어렵다면 월세의 일부를 지원하는 조건으로 신규임차인을 구하거나, 해당 점포를 다시 전대차하는 방법 등을 찾아볼 수 있다. 또한 때로는 임차인이 임대인에게 일정 금액의 위약금을 부담하고 임대차계약을 해지하는 것도 고려할 필요가 있다.

# 73 10%를 포기하고도 계약을 해제할 수 없나?

실제
상담사례

 

 

서울 은평구에 거주하는 김○○ 씨는 투자처를 물색하다가 서울 근교 신도시에 신축 중인 대형상가건물의 구분상가에 대한 정보를 접하게 되었다. 그 점포는 상가건물의 주출입구의 코너에 위치하고 실면적은 25평, 분양가는 12억 원이었다. 분양회사 관계자는 주변에서 영업 중인 점포의 임대차계약서를 보여주면서, 이 점포에서 보증금 1억 원, 월세 500만 원을 받을 수 있다고 설명했다.

## 분양회사는 매매대금의 10%를 포기해도 계약해제 불가 주장

2021년 10월경 김 씨는 분양계약서에 서명하고, 6천만 원씩 2회에 걸쳐 1억 2천만 원을 분양계약서에 명시된 계좌로 입금했다. 그런데 김 씨는 분양회사 관계자가 보여준 자료는 주변에서 임대료가 과도하게 책정된 상가의 계약서라는 것을 알게 되었다.

김 씨는 분양계약 포기를 결정하고 지급한 1억2천만 원 중 일부라도 돌려달라고 했으나, 분양회사는 이를 거부했다. 심지어 분양회사는 중도금 중 일부를 입금했으니, 잔금까지 치르고 소유권을 가져야 한다고 주장했다.

일반적으로 매매 또는 임대차계약 체결 시에 계약금을 총금액의 10%로 설정한다. 김 씨는 매매대금 중 1억 2천만 원을 입금했었고, 그 금액은 당연히 계약금으로 생각했다. 그런데 계약서를 자세히 살펴보니 계약금이 5%, 1차 중도금이 5%라고 명시되어 있다.

**매매계약서의 매매대금 지급조건**                (단위 : 천 원)

| 구분 | 매매대금 | | | | |
|---|---|---|---|---|---|
| | 총액<br>(100%) | 계약금<br>(5%) | 1차 중도금<br>(5%) | 2차 중도금<br>(30%) | 잔금<br>(60%) |
| 금 액 | 1,200,000 | 60,000 | 60,000 | 360,000 | 720,000 |
| 지급기한 | | 21. 10. 20 | 21. 11. 20 | 22. 6. 20 | 22. 11. 20 |

## 중도금의 일부를 지급했다면 계약해제 불가

매수인과 매도인은 계약금을 얼마로 할지 합의해서 결정할 수 있다. 당사자가 꼭 거래를 완수해야겠다고 생각한다면 계약금을 높게 설정해 계약금을 포기하면서 계약을 해제하기 어렵게 하거나 중도금 지급일자를 최대한 앞당긴다.

매매의 당사자 일방이 계약 당시에 계약금을 상대방에게 지급한 때에는 당사자 간에 다른 약정이 없는 한 당사자의 일방이 이행에 착수할 때까지 매수인은 이를 포기하고 매도인은 그 배액을 상환해서 매매계약을 해제할 수 있다(민법 제565조). 하지만 김 씨는 중도금 일부를 지급해 이행에 착수했기 때문에 분양회사의 동의 없이는 계약금을 포기하면서 계약을 해제할 수 없다.

---

**Tip** | **이행의 착수란?**

"당사자 일방이 이행에 착수했다"라는 것은 반드시 계약내용에 들어맞는 이행의 제공에까지 이르러야 하는 것은 아니지만, 객관적으로 외부에서 인식할 수 있을 정도로 채무 이행행위의 일부를 행하거나 이행에 필요한 전제 행위를 행하는 것으로써 단순히 이행의 준비를 하는 것만으로는 부족하다.

민법 제565조가 해제권 행사의 시기를 당사자 일방이 이행에 착수할 때까지로 제한한 것은 당사자 일방이 이미 이행에 착수한 때는 그 당사자는 그에 필요한 비용을 지출했을 것이고, 또 그 당사자는 계약이 이행될 것으로 기대하고 있는데 만일 이러한 단계에서 상대방으로부터 계약이 해제된다면 예측하지 못한 손해를 입게 될 우려가 있으므로 이를 방지하기 위해서다.

판례상 이행의 착수로 인정되는 사례로는 중도금 일부라도 지급한 경우(분양 아파트 등의 중도금대출도 포함), 근저당채무 등 부동산상 채무를 인수한 경우, 중도금이나 잔금 마련을 위해 은행대출을 신청한 경우(기표가 되어 언제든지 출금할 수 있는 상태가 된 때), 잔금을 준비하고 이전등기 절차를 밟기 위해 등기소에 동행을 촉구한 경우, 잔금을 준비하고 가옥의 인도를 요구한 경우 등이 있다. 이런 사실이 있으면 더 이상 계약금의 배액상환이나 포기로 계약을 해제할 수 없게 된다.

# 건축물이 D등급일 때
# 임차인을 내보낼 수 있을까?

동작구에서 4년째 잡화점을 운영 중인 임차인 이병욱 씨는 계약기간만료에 따라 최근 바뀐 임대인 신희연 씨에게 계약갱신을 요구했다. 그런데 신 씨는 건축물의 안전등급이 D등급으로 구조상 위험해 재건축할 예정이고 구청에 건축허가도 신청할 계획이라고 이 씨에게 통보했다. 신 씨는 이 씨의 계약갱신요구를 거부하면서, 이 씨가 협조하지 않아 안전사고가 발생하면 그 책임을 묻겠다고도 말했다.

## 단순히 안전등급 판정만으로는 임차인을 내보낼 수 없어

임대인은 단순히 건축물의 안전등급이 D등급이라는 이유만

으로 임차인의 계약갱신요구를 거절할 수 없다. 임대인은 임대
차계약 체결 당시 공사시기 및 소요기간 등을 포함한 철거 또
는 재건축 계획을 임차인에게 구체적으로 고지하고 그 계획에
따르는 경우와 건물이 노후·훼손 또는 일부 멸실되는 등 안전
사고의 우려가 있는 경우에 임차인의 계약갱신요구를 거절할
수 있다.

건축물의 안전등급은 A등급(우수), B등급(양호), C등급(보통),
D등급(미흡), E등급(불량)으로 구분한다. D등급(미흡)은 주요부
재에 결함이 발생해 긴급한 보수·보강이 필요하며 사용제한 여
부를 결정해야 하는 상태를 말하고, E등급(불량)은 주요 부재에
발생한 심각한 결함으로 시설물의 안전에 위험이 있어 즉각 사
용을 금지하고 보강 또는 개축해야 하는 상태를 말한다. 즉 건
축물이 E등급 판정을 받았어도 건물의 상황에 따라 구조보강을
하면 안전상 문제가 없게 만들 수 있다.


**임대인은 임차인의 영업권을 보장할 의무 부담**


임대인은 목적물을 임차인에게 인도하고 계약존속 중 그 사
용·수익에 필요한 상태를 유지하게 할 의무를 부담한다(민법 제
623조). 또한 상가건물에서 임차인은 계약갱신요구권 행사를 통
해 임대인의 의사와 무관하게 전체 임대차기간 10년 이내에서

계약을 연장할 수 있다. 따라서 상가건물의 임대인은 특별한 사유가 없는 한 임차인이 최소 10년간 영업할 수 있도록 협조할 의무가 있고, 임대차관계를 유지하는 동안 건물의 구조적 문제까지 해결할 의무가 있다. 따라서 임대인은 비교적 간단한 구조보강으로도 해결할 수 없는 중대한 하자가 있는 건물인 경우에 임차인과 계약관계를 지속할 수 없지만, 그렇지 않다면 임대인은 임차인의 계약갱신요구를 거절할 수 없다.

PART 07

수리비 및
관리비

빈번한
상담사례
--------
실제
상담사례

# 75 임대인의 수리의무 범위는?

임대인은 임차물을 임차인에게 인도하고 계약존속 중 그 사용, 수익에 필요한 상태를 유지할 의무를 부담하고(민법 제623조), 임차물이 수리가 필요할 때는 임차인은 지체 없이 임대인에게 이를 통지해야 한다(민법 제634조). 임차인은 계약기간에 선량한 관리자의 주의로 임차물을 보존해야 할 의무가 있다(민법 제374조).

임대인이 수선의무를 이행하지 않으면 임차인은 본인이 수선한 후 임대인에게 그 비용을 청구할 수 있다. 임차인이 임차물의 보존을 위해서 비용을 지출한 때는 임대인에게 그 상환을 청구할 수 있다(민법 제626조).

**임대인은 임차인이 영업할 수 있도록 임차물을 유지할 의무**

임대인은 임대차계약 존속 중 임대물을 그 사용·수익에 필요한 상태를 유지하게 할 의무를 부담한다. 임대목적물에 파손 또는 장해가 생긴 경우 그것이 임차인이 별 비용을 들이지 않고도 손쉽게 고칠 수 있을 정도의 사소한 것이어서 임차인의 사용·수익을 방해할 정도의 것이 아니라면 임대인은 수선의무를 부담하지 않는다. 하지만 그것을 수선하지 않아 임차인이 계약에서 정해진 목적에 따라 사용·수익할 수 없는 상태로 될 정도라면 임대인은 그 수선의무를 부담한다.

**소규모 수선은 임차인의 책임**

임대인과 임차인은 임차물의 수선 책임에 관해서 별도로 약정할 수 있어서, 임대인의 수선의무를 특약으로 면제하거나 임차인의 부담으로 돌리는 것도 가능하다.

그러한 특약에서 수선의무의 범위를 명시하고 있는 등의 특별한 사정이 없는 한, 그러한 특약에 의해서 임대인이 수선의무를 면하거나 임차인이 그 수선의무를 부담하게 되는 것은 통상 생길 수 있는 파손의 수선 등 소규모의 수선에 한한다. 대파손의 수리, 건물의 주요한 구성 부분에 대한 대수선, 기본적 설비 부분의 교체 등과 같은 대규모의 수선의무는 임대인이 부담해야 한다(대법원 1994. 12. 9. 선고 94다34692).

## 임대인이 제때 수선하지 않으면 책임져야

임대인은 임차인이 목적물을 사용·수익하도록 유지·관리할 의무가 있고 임차인은 차임을 지급할 의무가 있다. 임대인이 수선의무를 게을리해서 임차인이 목적물을 전혀 사용하지 못하면 차임을 지급하지 않아도 된다. 임차인이 목적물을 부분적으로 사용·수익하지 못할 때는 그 지장의 한도 내에서 차임지급을 거절하거나 감액을 청구할 수 있다.

또한 임대인의 수선불이행으로 임차인이 임대차계약의 목적을 달성할 수 없게 된다면 임차인은 임대차계약 자체를 해지할 수도 있고, 그와 더불어 손해배상도 청구할 수 있다(대법원 1997.

4. 25. 선고 96다44778, 44785 판결 참조).

임대인이 귀책사유로 하자 있는 목적물을 인도해 목적물 인도 의무를 불완전하게 이행하거나 수선 의무를 지체한 경우, 임차인은 임대인을 상대로 채무불이행에 기한 손해배상을 청구할 수 있고(민법 제390조), 때에 따라 임대차계약을 해지할 수도 있다.

임차물의 하자에 대한 수선이 불가능하고 그로 인해서 임대차의 목적을 달성할 수 없는 경우에는, 임차인의 해지를 기다릴 것도 없이 임대차는 곧바로 종료하게 된다. 임차인이 목적물을 인도받아 어느 정도 계속해 목적물을 사용·수익한 경우가 아니라 목적물을 인도받은 직후라면 임대차계약의 효력을 소급적으로 소멸시키는 해제를 하는 것도 가능하다(서울중앙지방법원 2014. 6. 20. 선고 2014나13609 판결 참조).

# 보일러 수리, 형광등 교체, 수도꼭지 교체 등은 누구 책임인가?

임대인은 임대물의 사용·수익에 필요한 상태를 유지하게 할 의무를 부담하고, 임차인이 임차물의 보존에 관한 비용을 지출한 때는 임대인에게 그 비용을 청구할 수 있다(민법 제623조, 제626조). 임차인은 임대차기간에 선량한 관리자로서 임차물을 관리해야 할 의무가 있다(민법 제374조).

임대인 또는 임차인의 수선비용 부담 여부는 고장의 원인뿐만 아니라 사소한 파손·장해인지, 손쉽게 고칠 수 있는지, 임차인의 사용·수익에 방해가 되는지, 사용자의 과실이 있는지 등에 따라 달라진다.

대파손의 수리, 건물의 주요 구성 부분에 대한 대수선, 기본적인 설비부분의 교체 등과 같은 대규모의 수선은 임대인이 부담

하고, '통상 생길 수 있는 파손'은 일반적으로 임차인이 수선의
무를 부담하게 된다. 하지만 '통상 생길 수 있는 파손'은 임차인
의 임차물을 사용한 기간, 임차물의 노후화 상태, 부품의 내구연
한 등에 따라 간혹 임대인이 부담해야 할 경우도 있다.

| Tip ① | 임차인이 수리비를 부담하는 경우 |
| --- | --- |

- 임차인의 과실로 수선해야 할 때
- 통상 생길 수 있는 파손일 때
- 사소한 파손으로 사용에 장해가 없을 때
- 수리가 필요하지만, 임차인의 사용·수익에 방해가 안 될 때
- 소모품 교체

| Tip ② | 임대인이 수리비를 부담하는 경우 |
| --- | --- |

- 대파손의 수리
- 건물의 주요 구성 부분에 대한 대수선
- 기본적 설비 부분의 교체
- 구성물의 수명이 다했거나 노후로 인한 수선
- 사소해도 임차인의 사용·수익에 방해될 때

### 보일러 수리비는 임대인이 부담

임대인 소유의 수명이 다한 보일러, 에어컨 등의 교체는 기본
적인 설비 부분의 교체로써 임대인이 부담해야 한다. 임차인의

과실 없이 보일러가 고장이 나서 임차인의 임차물을 사용·수익할 수 없을 때도 임대인이 부담하는 것이 일반적이다.

겨울이 다가오면 임대인은 보일러, 수도계량기, 급수배관 등의 기본적인 보온 처리는 이상 없는지, 동파될 우려가 없는지 사전에 점검해야 한다. 임차인은 한파가 올 경우를 대비해 수도계량기를 헌 옷으로 덮는 등 추가로 조치할 필요가 있다.

보일러나 온수분배기 등이 노후나 불량으로 고장이 나면, 임차인은 고장 사실을 임대인에게 알리고 임대인은 수리해야 한다. 임대인이 즉시 대응할 수 없는 상황이라면 임차인이 우선 고친 뒤 수리한 부분의 사진과 영수증 등을 챙겨 임대인에게 수리비를 청구할 수 있다.

## 형광등, 수도꼭지 교체는 임차인이 부담

임차인이 한 임차물에서 오랫동안 영업 중이라면, 소모품적 성격의 형광등, 수도꼭지 등은 임차물을 사용하고 있는 임차인이 교체해야 한다. 다만 입점할 때부터 불량인 소모품과 수명이 다한 소모품은 임대인에게 교체를 요구할 수 있다. 한편 수명이 다한 안정기를 교체해야 한다거나 노후 안정기 때문에 등기구를 통째로 교체해야 한다면, 그것은 임대인이 책임져야 하므로 임차인은 임대인에게 교체를 요구하거나 비용을 청구할 수 있다.

  만약 수리·수선을 해야 하는 부분이 건물의 노후 등으로 인한 것으로써 임대인에게 청구할 수 있는 필요비인지 아니면 임차인의 부주의 및 훼손 등 과실인지 구분하기 어려울 때는 전문가를 불러 의견을 듣고 수리비를 부담할 주체를 결정해야 한다.

## 77 임차인이 낡은 건물을 훼손했을 때 책임은 어디까지?

실제 상담사례

임차인이 불법행위로 임대차목적물을 훼손하면, 임차인이 그것을 직접 수리하거나 임대인에게 수리비만큼의 손해배상책임을 져야 한다. 하지만 값어치가 현저히 떨어진 노후한 건물은 수리비가 건물가액을 초과할 수도 있다.

### 떨어진 값어치만큼 손해배상책임

불법행위로 인해 건물이 훼손된 경우, 수리가 가능하다면 수리비가 통상의 손해액이 되어 불법행위를 한 임차인은 수리를 하거나 수리비만큼을 손해액으로 배상하면 된다.

건물이 훼손되어 수리가 불가능한 경우 그 상태로 사용이 가능하다면 그로 인한 값어치의 감소분이 통상의 손해가 되고, 사용이 불가능하다면 그 건물의 값어치가 통상의 손해가 된다.

## 수리비가 값어치보다 클 때 손해배상액은 건물의 값어치

내구연한이 다 된 낡은 건물에서 수리하는 비용이 건물의 값어치를 초과하는 경우에 그 손해액은 소요되는 수리비가 아니라 건물의 값어치가 된다. 수리한 후 훼손 전보다 건물의 값어치가 증가하는 경우, 손해를 책임져야 하는 배상액은 수리비에서 건물의 값어치 증가분을 공제한 금액이다. 훼손된 건물을 수리했으나 그 이후에도 수리가 불가능한 부분이 남아있는 경우에는 지출한 수리비 외에 수리 불능으로 인한 값어치의 감소액도 책임져야 한다.

건물의 균열 등으로 인한 붕괴를 방지하기 위해 응급조치를 하게 될 때 지출한 비용은 불법행위 후 원상으로 회복하는 수리비와 그 성질이 다르므로 건물주에게 별도로 청구할 수 있다.

**관련 판례**　불법행위로 인한 손해액 산정

불법행위로 인해서 물건이 훼손·멸실된 경우 그로 인한 손해는 원칙적으로 훼손·멸실 당시의 수리비나 교환가격을 통상의 손해로 봐야 하며, 건물이 훼손되어 수리가 불가능한 경우에는 그 상태로 사용이 가능하다면 그로 인한 교환가치의 감소분이, 사용이 불가능하다면 그 건물의 교환가치가 통상의 손해일 것이고, 수리가 가능한 경우에는 그 수리에 소요되는 수리비가 통상의 손해일 것이나, 훼손된 건물을 원상으로 회복시키는 데 소요되는 수리비가 건물의 교환가치를 초과하는 경우는 그 손해액은 형평의 원칙상 그 건물의 교환가치 범위 내로 제한되어야 한다.

(대법원 1999. 1. 26. 선고 97다39520 판결)

# 78 | 상가관리비의 과도한 연체료 약정은 유효할까?

## 부당해도 서명해야 하는 임차인

상가임대차에서 관리비의 연체요율은 임대인과 임차인이 계약자유의 원칙에 따라 자율적으로 정할 수 있고, 일반적으로 계약체결 시에 약정한다. 그런데 상대적 약자인 임차인이 그 내용의 부당함을 인지하고도 임대인의 일방적인 요구대로 합의할 수밖에 없는 상황이 많다.

상가, 오피스텔, 사무실 등으로 구성된 대형건물에서는 일반적으로 임대관리회사가 다수의 임차인에게 임대료를 징수한다. 임대관리회사는 미리 만든 계약서에 호수, 임차인의 인적사항, 계약기간 등만을 기재하고 서명하도록 하는 약관을 이용하는데, 이때 임차인은 인쇄된 문자를 수정하지 않고 서명하는 것이 일반적이다. 계약서에서 관리비에 과도한 연체이자를 설정했어도, 임차인은 계약의 가부를 선택할 수 있을 뿐 이의를 제기하거나 수정할 수 없는 경우가 많다.

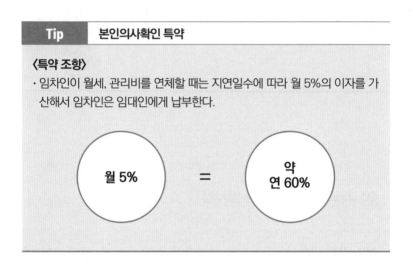

**Tip** | **본인의사확인 특약**

〈특약 조항〉
· 임차인이 월세, 관리비를 연체할 때는 지연일수에 따라 월 5%의 이자를 가산해서 임차인은 임대인에게 납부한다.

월 5%  =  약 연 60%

## 과도한 연체요율 약정이 사회질서에 위반한다면 무효

연체요율에 관한 약정의 내용이 사회질서에 반하는 등의 특별한 경우가 아니라면, 양 당사자의 합의는 원칙적으로 유효하다. 현행법상 상가관리비의 연체요율에 대한 구체적인 규정이 없어서, 관련 다툼이 발생한다면 사건별로 계약체결과정 및 임대차관계 등을 종합적으로 검토한 후 그 적절성 여부를 결정할 수 있다.

다만 임대관리회사가 청구한 관리비 등에 관한 지연손해금이 과다해 선량한 풍속 기타 사회질서에 위반하는 내용이라면 그 약정은 무효로 판명될 수도 있고, 지연손해금의 액수가 부당하게 많다고 인정될 때는 법원이 재량으로 감액할 수도 있다.

한편 '공동주택관리법'에 따라 공동주택 등의 관리 또는 사용에 필요한 사항을 규정한 '서울시 공동주택관리규약'에서는 관리비 등을 기한까지 납부하지 않은 입주자 등에 대해서 다음의 연체요율에 따라 연체료를 부과한다.

**서울시 공동주택관리규약 준칙의 관리비 등의 연체요율**

| 연체개월 | 1년 이하 | 1년 초과 |
|---|---|---|
| 연체요율(%) | 12 | 15 |

※ 연체요율 산정 시 연체일수를 반영해서 일할 계산한다.
※ 연체기간이 1년을 초과할 경우, 처음 1년간에 대해서는 12%의 요율을 적용하고 1년이 경과한 이후의 연체기간에 대해서만 15% 요율을 적용한다.

계약의 해지 또는 해제로 발생하는 손해 등으로 인해서 상대방에게 청구할 수 있는 위약금은 통상적으로 특별한 사유가 없다면 손해배상의 예정으로써 거래대금의 10%이다. 그리고 공정거래위원회 '계속거래 등의 해지·해제에 따른 위약금 및 대금의 환급에 관한 산정기준'의 위약금 청구기준에서 국내결혼중개업을 제외한 업종은 위약금을 거래대금의 10%로 제한하고 있다.

한편 관리비 연체료를 이자로 볼 수는 없지만, 관리비 연체료의 과다 기준을 정할 때 '이자제한법'에서 최고이자율은 연 20%이고, 연 20%를 초과하는 이자 부분은 무효임을 참고할 만하다.

---

**관련 판례**　과도한 연체료 부과 약정은 무효인 사례

임차인의 월차임 연체에 대해서 월 5%(연 60%)의 연체료를 부담시킨 계약조항 및 임차인의 월차임 연체 등을 이유로 계약을 해지한 경우 임차인에게 임대차보증금의 10%를 위약금으로 지급하도록 한 계약조항이, 임차인에게 부당하게 불리한 조항으로써 공정을 잃은 것으로 추정되어 신의성실의 원칙에 반하거나 부당하게 과중한 지연손해금 등의 손해배상의무를 부담시키는 약관조항으로서 약관의 규제에 관한 법률 제6조, 제8조에 의해서 무효라고 볼 수 있다고 한 사례다.

(대법원 2009. 8. 20. 선고 2009다20475,20482 판결)

# 79 겨울철 배관 동파 책임은?

빈번한 상담사례

　겨울철에 영하권 추위가 지속되면 수도계량기, 상수도 배관 등이 동파되어 임대인과 임차인 간 다툼이 발생하곤 한다. 동파된 부위가 평소에 임차인이 사용하고 임차인의 책임으로 관리했던 부분이라면 논쟁의 여지가 없이 임차인의 책임이 된다.

　임차인이 알지 못하는 공용부분의 배관, 천장내부배관 등이 동파되면 임대인과 임차인은 서로 책임을 미룰 수 있다. 천장배관이 동파되면 천장마감재의 파손은 물론이고 상가 내부의 물건에까지 손상을 줘 때에 따라 손해가 의외로 커진다.

## 동파 책임은 원칙적으로 임대인

천장 안에 있는 배관은 건물구조의 일부로 공동구, PIT 배관 등과 같이 일반적으로 임대인이 수리·유지할 책임을 부담한다. 그래서 임대인은 천장 내부의 급수배관을 보온하는 등 그것들이 동파되지 않도록 평소에 유지 및 관리해야 한다.

임차인이 장기간 임차하면서 별도로 약정을 했거나 임차인이 천장내부배관을 시공했다면, 배관에 대한 관리는 임차인의 지배관리 영역이어서 동파는 임차인의 책임일 수 있다.

## 기본시설은 임대인에게 요청하고 비용을 청구

임차인은 임대차관계에서 보통 임차인에게 일반적·객관적으로 요구되는 정도의 주의의무(선량한 관리자의 주의의무)를 다해 임차물을 관리해야 한다. 따라서 임차인이 평소에 잘 관리했던 부분이 동파되면 최선을 다한 임차인의 책임으로만 미룰 수는 없다.

수도계량기 등이 외부에 노출돼 있고 기본적인 보온시설이 미비하다면, 임차인은 임대인에게 그 사실을 미리 통보하고 보온조치할 것을 요청해야 한다. 임차인이 통보하고 상당 기간이 경과해도 임대인이 조치하지 않으면 임차인은 직접 시행한 후 비용을 청구하면 된다.

## 개별 사건별로 책임 소재 판단

임대인은 임대차목적물을 계약존속 중에 사용·수익에 필요한 상태를 유지하게 할 의무를 부담하고, 임차인은 선량한 관리자의 주의의무를 다해서 임차목적물을 보존해야 한다. 누구에게 누수에 대한 책임이 있는지는 임대인과 임차인 간의 약정, 임차물의 노후화 정도, 누수 원인, 양 당사자의 건물관리에 대한 의무이행 등을 개별 사건별로 종합적으로 고려하고 판단해야 한다.

집합건물은 배관이 여러 점포에서 동시에 동파됐느냐가 책임 소재의 기준이 되기도 한다. 비슷한 부위에 많은 점포가 다 같이 동파가 났다면 건물의 구조적 결함이 원인이므로 특별한 사유가 없는 한 임대인이 책임져야 한다. 특정한 점포만 동파됐다면 그 점포 임차인의 관리 소홀이 아닌지 세심하게 조사할 필요가 있다.

# 내용증명

수신 : 최병석
주민등록번호 : 720000-1000000
주소 : 대전광역시 서구 청사로 189

발신 : 최주오
주소 : 경기도 수원시 장안구 조원로 18

부동산의 표시 : 서울시 마포구 공덕동 ○○○-○○번지 1층

**제목 : 수도계량기 보온시설 요청**

1. 귀하의 건승을 기원합니다.

2. 본인이 임차해서 사용 중인 상기 부동산의 수도계량기가 외부에 노출돼 있고 보온시설이 미비해서 겨울철 동파되기 쉽습니다. 손쉽게 조치할 수 있을 정도가 아니며 약 일금 일백만 원(₩1,000,000원)의 비용이 소요될 것으로 예상이 됩니다. 일기예보상으로 열흘 뒤인 12월 20일부터는 한파가 예정이어서 12월 15일까지 조치해주시기 바랍니다. 만약 12월 15일까지 임대인이 조치를 해주지 않는다면 본인이 보온시설을 진행하고 비용을 청구하겠습니다.

첨부서류
1. 공사견적서 사본    1부

2021년 12월 10일

발신인 최주오 (인)

최병석 귀하

# 80  월세를 연체했다고 단전·단수 가능할까?

빈번한
상담사례

## 단전·단수 조치는 엄격한 요건 필요

건물주가 임차인의 관리비 체납을 이유로 단전·단수를 하는 경우가 있다. 어떤 집합건물에서는 건물의 관리를 용이하게 하려고 관리비 규정에 관리비 미납 시의 단전·단수 조항을 넣는 경우도 있다.

하지만 관리 주체가 단전·단수를 하기 위해서는 관리규약만으로는 부족하고, 그와 같은 조치를 하게 된 동기와 목적, 수단과 방법, 조치에 이르게 된 경위, 그로 인해서 입주자가 입게 된 피해의 정도 등 여러 가지 사정을 종합해 사회통념상 허용될 만한 정도의 상당성이 있어야 한다(대법원 2006. 6. 29. 선고 2004다3598 판결 참조).

건물주나 관리 주체의 단전·단수 등의 조치에 대한 적정성은 체납된 관리비의 규모와 관리비 체납의 연속성 유무 등 체납의 질적 수준, 관리비 체납으로 인한 정상적 관리에 미치는 영향의 정도, 단전·단수 등의 조치로 인한 사용자 등의 피해의 정도, 체납관리비 징수를 위한 관리 주체의 노력 정도, 체납관리비 납부를 위한 기회의 제공 여부, 계고나 입주자대표회의 의결 등을 종합적으로 고려해서 판단해야 한다.

### 위법한 단전·단수 → 손해배상 및 업무방해로 민·형사 책임

관리 주체가 엄격한 요건을 갖추지 못해 위법한 단전·단수 등으로 입주자가 그 건물을 사용·수익하지 못했다면, 그 입주자는 해당 기간 발생한 관리비를 부담할 필요가 없다. 그리고 입주자는 관리 주체에게 사용·수익하지 못해서 발생한 손해를 청구할 수 있다. 또한 입주자는 단전·단수 등의 조치가 이루어진 계절, 영업시설인지 주거시설인지 등에 따라 구분해서 손해배상범위를 책정할 필요가 있다.

관리 주체가 체납된 관리비 징수를 위해 적법한 절차에 따라야 하고 동기와 목적이 정당해야 하며 수단과 방법이 객관적으로 상당해야 한다. 관리비 납부를 독촉하다가 자신의 우월적 지위를 이용해 단전·단수 조치를 했다가는 '형법'상 업무방해죄에 해당할 수 있다.

주택에서 단전·단수를 하게 되면 당해 거주자의 생활에 커다란 위협이 발행할 수 있어서 더욱 엄격하게 적용한다. 2011년 부산에서는 아파트 관리비가 수백만 원씩 연체돼 있다 하더라도 엄동설한인 겨울철에 해당 세대의 전기와 수도, 가스공급을 끊어서는 안 된다는 법원의 결정이 나오기도 했다.

상가에 대한 단전·단수 등의 조치는 구분소유자의 생활에 미치는 영향이 적고 단지 영업을 하지 못함으로 인한 금전적 손해만을 가져오는 것이므로 요건이 유연하게 적용된다. 상가의 단전·단수는 관리규정과 이사회의 결의에 따라 체납된 관리비를 효율적으로 징수하기 위한 제재수단으로 적법하게 실시하고 시장 번영회를 운영하기 위한 효과적인 규제로 합리적인 범위를 벗어나지 않고 사회통념상 현저하게 타당성을 잃은 것이 아니라면 정당행위로 인정된다(대법원 2004. 8. 20. 선고 2003도 4732 판결 참조).

법원은 구분소유자가 집합건물의 규약에서 정한 업종준수의무를 위반한 경우, 단전·단수 등 제재조치를 할 수 있다고 규정한 집합건물 규약의 내용을 유효라고 판단했다(대법원 2004. 5. 13. 선고 2004다2243 판결 참조).

단순히 장기간에 걸쳐 관리비나 월세를 연체했다는 사정만으로 생활필수품인 전기와 물을 차단할 수 없다. 관리 주체는 매우 엄격한 기준을 가지고 불가피한 상황에서만 정당행위로 인정받을 수 있음을 관리 주체는 명심해야 한다.

## 81 누수로 영업할 수 없을 때 대응법

**주니어댄스방 오픈 및 흥행**

평소 춤과 노래를 즐겼던 A는 어린이들이 춤추고 노래하고 생일파티 등도 할 수 있는 공간을 기획했다. 그리고 2021년 5월 A의 집 근처인 합정동 상가건물 지하층을 임차해서 예쁘게 인테리어를 하고 코인노래방 장비도 설치했다. 아이들이 놀 장소가 마땅치 않은 동네에서, 춤추고 노래하는 공간을 만들어 오픈하자 초등학생, 중학생들의 반응이 예상보다 반응이 뜨거웠고 주말에는 예약해야만 이용할 수 있을 정도였다.

## 천장 누수와 건물주의 횡포

　영업을 시작하고 1개월 남짓 경과할 무렵, 비가 많이 내린 어느 주말 영업장 천장에서 물이 샜다. 4층에 사는 건물주에게 말했더니, 다음날 건물주가 직접 건물 외부 여기저기를 손보는 것이었다. 전문가를 불러 정확히 누수 원인을 찾아 수리해야 하지만, 건물주는 본인이 전문가라고 우기면서, 영업장에 들어와 큰소리와 막말을 했다. 그리고 7일이 지난 비오는 날 또다시 천장에서 누수되고 이번에는 노래방기계 위로 물이 떨어졌다. 노래방기계 상부에는 전기배선이 많아 화재의 위험도 있어, 이 상태로 더 영업할 수 있을지 의문스러울 정도였다.

## 임차인이 내용증명으로 수리 요청

　임차인 A는 이제는 말로만 해서는 안 될 것 같아 건물주에게 수리요청에 관한 내용증명을 보냈고, 건물주는 황당한 내용으로 답변서를 보내왔다. 임대차관계를 지속하기 힘들다고 생각한 임차인 A는 다시 한 번 내용증명을 보내고 건물주가 의무를 이행하지 않으면 임대인의 과실로 인한 임대차계약해지를 통고하고 손해배상도 청구할 계획이다.

# 내용증명

수 신 인 : 김형표
　　　　　 서울특별시 강남구 삼성동 ○○○-○○
발 신 인 : 서정훈
　　　　　 서울특별시 서대문구 홍제동 ○○○

**제 목 : 임대점포 누수 관련 답변**
**(2021. 7. 8.자 수신인 발송 내용증명에 대한 회신)**

1. 귀하의 가정에 행복과 무궁한 발전을 기원합니다.

2. 발신인은 귀하(수신인)가 2021. 7. 8. 내용증명으로 발신한 '임대점포 누수 관련 답변'에 대해서 아래와 같이 회신합니다.

– 아래 –

1. 발신인(임차인)은 귀하(수신인 및 임대인)에게 2021. 7. 6. '임대점포 누수 관련 문제건'의 제목으로 점포의 누수 사실, 귀하가 본인에게 임대차하기 전부터 누수 사실을 알고 있었던 사실, 점포 영업을 위해서 조속히 누수를 수리해줄 것 등을 요청하는 내용증명을 발송했습니다.

2. 이에 대해 귀하는 2021. 7. 8. 내용증명 답변을 통해 누수를 수리하겠으나, 영업손실은 인정할 수 없다는 내용의 통지를

해 왔습니다.

3. 그러나 귀하는 건물 누수에 대한 전문지식과 기술이 없음에
도 불구하고 점포 누수에 대해 전문 수리업체에 수리의뢰를
하지 않고 귀하가 직접 수리를 시행해 추후 강우 시 재누수
가 예상됩니다.

4. 본인이 점포누수와 그로 인한 심각한 영업상의 지장을 임대
인인 귀하에게 호소했음에도 불구하고 추후 강우 시 재누수
가 된다면, 이는 민법 및 상가임대차법상 임대인의 임대목적
물 수선유지 의무를 명백히 위반한 것이 됩니다.

5. 추우 강우 시 재누수가 발생할 경우, 본인은 귀하와 이 사건
점포에 대한 임대차계약을 해지할 것이며, 본인의 시설비 투
자금과 누수로 인한 영업손실에 대한 손해배상을 청구할 것
임을 미리 알려드립니다.

6. 덧붙여, 귀하께서는 본인의 영업장에 손님이 있는 영업시간
대에 무단으로 들어와 영업을 방해한 사실이 있으므로, 추후
임의로 또다시 본인의 허락 없이 영업장에 들어온다면 주거
침입과 영업방해 등을 이유로 형사고소 조치할 것임을 엄중
히 밝혀 두는 바입니다.

2021. 7. 12.

발신인(임차인) : 서정훈 (인)

수신인 김형표 귀하

# 임대차계약체결 후
# 하자를 발견한 후 대처법

10년간 설렁탕가게의 주방장을 했던 A는 가게를 직접 운영하려고, 문래동에서 장기간 비어있던 1층 상가를 임대인 B와 임대차계약을 체결했다. 장기간 비어있긴 했지만 비교적 관리가 잘됐고, 오래전 식당 자리여서 임차인 A는 인테리어공사 비용을 최소화할 것으로 기대했다.

### 하자 수리 요청 및 임대인 거절

며칠 후 임차인 A는 상가를 둘러보던 중 계약을 체결할 때 미처 보지 못했던 중대한 하자를 발견했다. 화장실 벽타일이 들떠 언제든지 탈락할 수 있고, 화장실 큐비클 칸막이가 노후화해 교체하지 않고는 사용하기 힘든 지경이었다. 그래서 A는 곧바로 임대인 B에게 수리를 요구했지만, 임대인 B는 "지금 상태로도 사용하는 데 아무런 지장 없고, 상가는 보통 장사하는 사람이 본인 취향에 맞게 시설하는 것이다"라고 하면서 거절했다.

이 상가는 임대인이 오랜 기간 임차인을 구하려고 노력했던 터라서, 임차인 A가 임대차계약을 체결할 때 좀 더 꼼꼼히 살피고 임대인에게 수리를 요구했다면 임대인이 수리비용을 흔쾌히 부담했을 수 있다.


## 벽타일 등 기본적인 설비는 임대인 부담

임대인은 임대물의 사용·수익에 필요한 수선을 해야 할 의무를 부담한다(민법 제623조). 그렇다고 임대인에게 모든 경우에 수선의무가 인정되는 것은 아니다. 사소한 파손, 장해 등은 임차인이 스스로 수선해서 사용해야 하므로 어느 정도의 파손이 있을 때 임대인에게 수선의무가 인정되는지가 문제가 된다.

일반적으로 임대인은 '대파손의 수리, 건물의 주요 구성 부분에 대한 대수선, 기본적 설비 부분의 교체 등과 같은 대규모의 수선'에 대한 의무를 부담하고, 임차인은 '통상 생길 수 있는 파손의 수선'에 대한 의무를 부담한다. 그러므로 특별한 약정이 없다면 임차인은 화장실 벽타일 탈락 등 기본적인 구조물에 대해서 임대인에게 수리를 요구할 수 있다.


## 임대인이 수리하지 않을 때는 수리 후 비용 청구

임차인이 임대인에게 수리를 요청했는데 임대인이 당장 조처하지 않으면, 임차인은 자비를 들여 고칠 수밖에 없다. 여기서 임차인은 당장 수리해야 하는 상황과 시공업체의 견적서를 첨부한 수리 예정금액을 통지할 필요가 있다. 그리고 임차인은 시공 전·후 사진과 영수증을 챙겨서 임대인에게 청구하면 된다.

# 통지서

수신인(임대인) : 한상원
　　　　　　　서울시 강북구 수유동 ○○○-○○
발신인(임차인) : 최진호
　　　　　　　서울시 동대문구 청량리동 ○○○-○○
임대차목적물 : 서울시 성동구 성수동 ○○○-○○　1층 101호

**제목 : 임대차목적물 수리 요청**

1. 삼가 귀댁의 무궁한 발전을 기원합니다.

2. 본인(임차인)과 귀하(수신인)는 2021년 1월 1일 상기 임대차
　목적물에 관한 임대차계약을 체결했고, 본인은 2021년 3월 1
　일 잔금을 지급하고 입주할 예정입니다.

3. 본인은 2021년 2월 20일 임대차목적물 현황을 살펴보다 아
　래와 같은 중대한 하자를 발견했고, 이에 귀하에게 본인이 입
　주하기 전까지 수리할 것을 요청합니다.

– 하자 내용 및 보수 방법
가. 화장실 벽타일 들뜸 : 들뜬 부위 제거 후 타일 시공
나. 화장실 큐비클 칸막이 흔들거림 및 잠금장치 불량 : 교체

2021년 2월 21일

통지인 : 최진호 (인)

한상원 귀하

# 83 | 임차인은 수리비와 영업손실액을 청구할 수 있을까?

실제
상담사례

대기업에서 30년 근무 후 정년퇴직한 A는 퇴직금을 밑천으로 대학로 1층 상가를 임차해 스테이크가게를 시작했다. 보증금 1억 원, 월세 6백만 원, 실면적 80평으로 꽤 규모가 있었고 내부에는 남녀 각각 화장실도 갖추고 있었다.

## 화장실 누수를 임대인이 외면해 임차인이 수리

임차인 A가 개업한 후 얼마 지나지 않아 바로 밑 지하층 극장 천장에 물이 새서 영업할 수 없다고 항의가 들어왔다. 전문가를 불러 점검을 해도 원인을 찾을 수 없었다. 임차인 A는 임대인에게 수리해 달라고 여러 번 요청했으나 임대인은 들은 척도 하지 않았고, 정상 영업이 간절한 임차인이 모든 것을 떠안았다.

임차인 A는 영업을 중단한 채 2일 동안은 주방만 사용해보고 또 2일 동안은 남자화장실만 사용해보고 또 2일 동안은 여자화장실만 사용한 결과 여자화장실에서 물이 새는 것을 발견했다. 임차인 A는 누수 원인을 찾기 위해 7일간 정상적으로 영업하지 못했고, 이제 여자화장실을 수리하는 동안 손님들이 남자화장실을 공용으로 사용해야 하는 불편함을 감수했다. 또한 공사하는 동안 분진, 소음 등으로 제대로 영업할 수 없었다.

## 화장실 누수는 임대인의 책임

임차물 자체의 보존을 위해 필수 불가결하게 지출된 비용인 필요비와 임차물 자체의 객관적 가치를 증가시키기 위해 투입된 비용인 유익비는 별도의 특약이 없는 한 기본적으로 임대인인 건물주가 부담해야 한다.

화장실 누수 등과 같이 그것을 수선하지 않으면 임차인이 계약에 의해 정해진 목적에 따라 사용·수익할 수 없는 상태로 될 정도의 기본적 설비 부분은 임대인이 수선의무를 부담해야 한다.

## 월세 감액 요구, 손해배상 청구 가능

이와 같이 임대인이 수선의무를 이행하지 않는 등의 채무불이행에 대해 임차인은 사용·수익하지 못한 비율만큼 월세 지급을 거절하거나 감액을 청구할 수 있고, 임차목적을 달성할 수 없는 때에는 임차인은 계약을 해지할 수 있다. 또한 임차인은 임대인을 상대로 그로 인한 손해배상도 청구할 수 있다.

따라서 임차인 A는 임대인에게 정상적인 영업이 불가한 기간에 대해 월세 감액을 청구할 수 있고, 수선과 관련된 직·간접 비용 그리고 정상적인 영업을 하지 못함으로 인해 발생한 손해를 청구할 수 있다.

# 내용증명

수신인(임대인) : 조진영
　　　　　　　제주특별자치도 제주시 문연로 6
발신인(임차인) : 김동률
　　　　　　　서울시 양천구 목동 ○○○-○○
임대차목적물 : 서울시 종로구 혜화동 ○○○-○○ 1층 101호

**제목 : 수리비 청구**

1. 삼가 귀댁의 무궁한 발전을 기원합니다.
2. 본인은 상기 부동산의 임차인으로서 화장실 배수관 노후로 인한 누수 보수공사를 여러 차례 요청했음에도 실행되지 않았으며, 귀하는 2월 27일 전화상으로 보수 공사할 의사가 없음을 명확히 해서 본인이 보수공사를 진행했습니다.
3. 이에 화장실 수리비용을 아래와 같이 청구합니다.
4. 또한, 수리하는 기간의 월차임 감액분과 영업 손실로 인한 손해는 별도로 청구하도록 하겠습니다.

－ 아래 －

1. 공사내용 : 화장실 노후 배수관 교체
2. 공사금액 : 일금 일천만 원정(₩10,000,000원)
3. 공사일시 : 2021년 3월 1일~2021년 3월 15일

첨부서류
1. 공사비 견적서　　　1부
2. 공사비 입금증 사본　1부
3. 통장 사본(임차인)　　1부.　끝

2021년 3월 16일

통지인 : 김동률 (인)

조진영 귀하

# 84 리모델링공사로 영업방해할 때 대응법

실제 상담사례

신사동 1층에서 조그만 소품점을 운영하는 임차인 A는 2020년 7월 바뀐 건물주 B가 작성한 합의서에 서명했다. 2021년 3월경 A의 점포가 포함된 상가건물의 리모델링공사를 진행하고, 이에 임차인 A는 이의를 제기하지 않겠다는 것이다.

---

**Tip**　　**공사협조 특약**

**제4조(리모델링에 대한 협조 확인)**
'을'은 '갑'이 위 부동산에 대해서 건물 내 주차장, 공용화장실, 복도, 옥상 등 건물의 내·외부 리모델링 공사에 이의를 제기하지 않고 협조한다.

---

## 임대인의 일방적인 리모델링공사 통보

2021년 2월 B는 다음 달부터 공사를 시작할 것이라고 통보했다. 외장재 교체를 위해 A의 간판을 제거할 수밖에 없고 리모델링공사 후에는 건물의 간판을 재배치할 계획인데 아직 간판 디자인이 결정된 바는 없다고 덧붙였다.

B는 공사하는 동안 임차인의 영업손해 등은 전혀 언급하지 않았고, 임차인의 가장 중요한 홍보 수단인 간판을 아무런 대책 없이 철거하려 했다. 또한 공사완료 후 간판 디자인과 크기 등에 대해 임차인과 협의할 의사가 전혀 없었다. 이대로 공사를 시작한다면 장기간 간판이 없는 상태가 이어질 수도 있다.

이후 임차인 A는 B와 협의하고자 여러 차례 시도했으나 B는 A의 말을 전혀 들으려 하지 않고 막무가내로 공사를 시작하겠다고만 했다. 이에 임차인 A는 본인의 의사를 정리해 다음과 같이 내용증명우편을 보냈다.

# 협조요청문

수신인(임대인) : 이찬경
　　　　　　　　서울시 양천구 목동 ○○○-○○
발신인(임차인) : 이민아
　　　　　　　　서울시 양천구 신정동 ○○○-○, 1층
임대차목적물 : 서울시 강남구 신사동 ○○○-○, 1층 100호

**제목 : 리모델링공사 중 1층 소품점 정상영업 협조 요청**

1. 삼가 귀사의 무궁한 발전을 기원합니다.

2. 본인(임차인)과 귀하(임대인)는 2020년 7월 4일 상기 임대차 목적물의 리모델링 공사에 이의를 제기하지 않고 협조하기로 했었고, 귀하는 2021년 3월 리모델링공사를 진행할 것이라고 본인에게 통보했습니다.

3. 본인은 임차인으로서 리모델링공사 중에도 월차임을 지급하며 계속 영업해야 합니다. 리모델링공사를 진행하는 동안 본인의 임차물 사용·수익에 필요한 상태를 유지하도록 협조를 부탁드립니다.

4. 외부 가설물 설치 등으로 인해 본인의 가장 큰 광고 수단 중 하나인 간판이 일시적으로 외부에서 보이지 않을 수 있다는 우려가 있어 이에 대한 대책 마련 및 본인과 협의할 것을 요청합니다.

5. 또한 리모델링 공사 중 본인 영업에 방해되는 일이 예상되거나 본인의 간판 등 재산 일부를 일시적으로 이동해야 하는 경우가 발생한다면, 반드시 그에 대한 대책을 마련 및 본인과

협의 후 진행해주시길 바랍니다.

6. 그리고 본인은 리모델링공사 후 건물의 간판을 재배치할 것이라고 귀하로부터 구두로 들은 바 있는데, 간판 재배치에 관한 디자인이나 크기 등에 대한 내용은 들은 것이 없습니다. 간판 디자인과 크기 등은 본인의 영업에 막대한 영향을 주는 중대한 사항이므로 본인과 반드시 협의하고 진행할 수 있도록 요청합니다.

6. 그리고 본인은 리모델링 공사 후 건물의 간판을 재배치할 것이라고 귀하로부터 구두로 들은 바 있는데, 간판 재배치에 관한 디자인이나 크기 등에 대한 내용은 들은 바가 없습니다. 간판 디자인과 크기 등은 본인의 영업에 막대한 영향을 주는 중대한 사항이므로 본인과 반드시 협의하고 진행할 수 있도록 요청합니다.

2021년 3월 13일

통지인 : 이민아 (인)

이찬경 귀하

## 임차인은 월세 감액 요청 및 손해배상 청구 가능

임대인은 계약존속 중 임차인의 사용·수익에 필요한 상태를 유지하게 할 의무를 부담하고, 임차인의 과실 없이 사용·수익할 수 없는 때에는 임차인은 그 부분의 비율에 의한 차임의 감액을 청구할 수 있다(민법 제623조, 제627조 참조).

이와 같이 임대인의 일방적인 리모델링공사로 인해 임차의 영업이 방해된다면 임차인은 사용·수익할 수 없는 비율만큼 월세 감액을 청구할 수 있고, 그로 인한 손해배상도 청구할 수 있다. 만약 임대인이 임차인의 동의 없이 간판을 제거하거나 임차인의 재산 일부를 치운다면, 임대인은 업무방해, 절도, 재물손괴 등으로 형사적 책임을 질 수 있다.

## 85  도둑이 방범창을 훼손하고 물건을 훔치면 누구 책임일까?

실제
상담사례

임차인 A는 영등포에서 미용실을 운영하고 있었다. 어느 날 도둑이 방범창을 훼손하고 유리창을 깨뜨려 물건을 훔쳤고 도둑은 잡지 못했다. A는 당장 사용에 큰 불편이 없어 수리하지 않고 계속 영업했는데, 임대차기간이 끝날 때 임대인은 A에게 방범창과 유리창의 원상복구를 요구했다.

### 임차인의 과실이 아니면 임대인이 책임져야

임대인은 목적물을 임차인에게 인도하고 계약존속 중 그 사용, 수익에 필요한 상태를 유지하게 할 의무를 부담하고(민법 제623조), 임차인의 고의적인 과실 없이 임차목적물에 하자가 발생하면 임대인이 책임져야 한다.

이와 같이 임차물이 수리를 필요할 때는 임차인은 지체 없이 임대인에게 이를 통지해야 하고(민법 제634조), 임차인의 과실 없이 임차물 일부가 훼손되었다면 원칙적으로 임대인이 책임져야 한다. 다만 임대인이 임차인의 안전을 배려하거나 도난을 방지하는 등의 보호 의무까지는 부담한다고 볼 수 없다.

따라서 임차인은 도둑이 훼손한 방범창, 유리창 등에 대해 임차인의 과실 등 특별한 사유가 없다면 임대인에게 수선을 요구할 수 있고, 임차인의 도난 물품에 대해서는 임대인에게 책임을 물을 수 없다.

---

**관련 판례**　　도둑이 들 때 임대인의 의무

통상의 임대차관계에 있어서 임대인의 임차인에 대한 의무는 특별한 사정이 없는 한 단순히 임차인에게 임대목적물을 제공해서 임차인이 이를 사용·수익하게 함에 그치는 것이고, 더 나아가 임차인의 안전을 배려해서 주거나 도난을 방지하는 등의 보호의무까지 부담한다고 볼 수 없을 뿐만 아니라 임대인이 임차인에게 임대목적물을 제공해서 그 의무를 이행한 경우 임대목적물은 임차인의 지배 아래 놓이게 되어 그 이후에는 임차인의 관리하에 임대목적물의 사용·수익이 이루어지는 것이다.

(대법원 1999. 7. 9. 선고 99다10004 판결)

# PART 08

# 계약종료 및
# 원상복구

빈번한
상담사례
--------
실제
상담사례

임차인이 전 재산이나 다름없는 임차보증금을 제때 돌려받지 못하면 곤경에 처하게 된다. 임차인이 임대인에게 계약기간 끝나는 날에 보증금반환을 요청했을 때, 임대인이 "새 임차인으로부터 보증금을 받아서 주겠다"라고 대답하면 임차인은 마냥 기다릴 수만은 없다. 또한 임차인이 나갈 준비도 안 된 상태에서 건물주가 새 임차인을 구했다는 핑계로 촉박하게 나가라고 할 수 있다.

임차인이 이사를 계획하고 계약기간이 끝나는 날에 나가야 한다면, 계약기간 만료 2~3개월 전에 임대인에게 의사를 확인하고 만약 임대인이 보증금을 돌려주지 않을 시에는 법적조치를 검토할 필요가 있다.

내용 증명 → 임차권 등기명령 → 보증금 반환청구 소송 → 경매

첫째, 임차인은 임대차기간 만료 1개월 이전에 임대인에게 임대차만료일에 보증금을 돌려줄 것과 보증금을 제때 반환하지 않으면 손해배상을 청구할 수 있다고 내용증명우편으로 통보한다.

둘째, 임차인이 보증금을 돌려받지 못한 채 이사하게 되면 임차권 등기명령을 신청한다. 법원의 명령을 얻어 임차권등기를 설정하면 임차인이 퇴거하거나 이전해도 대항력과 우선변제권을 그대로 유지하게 되어 임대인이 바뀌거나 그 건물이 경매에 넘어가도 보증금을 반환받을 수 있다.

셋째, 임차권등기명령까지 했는데 임대인이 보증금을 돌려주지 않으면 법원에 민사조정을 신청하거나 임차보증금반환청구소송을 제기한다. 판결이 확정되었는데도 임대인이 보증금반환을 이행하지 않으면 임차인은 해당 건물에 대해 강제집행을 신청할 수 있다.

# 통지서

수신인 : 이선영
　　　　서울시 양천구 신월동 ○○○-○○

발신인 : 정을호
　　　　서울시 강서구 화곡동 ○○-○○○

**제목 : 임대차계약 해지 통지 및 보증금 반환청구**

1. 임대차계약 내용
　임대차목적물 : 서울시 동작구 흑석동 ○○, 101호
　임대차기간 : 2019년 5월 1일~2021년 5월 1일
　임대차보증금 : 삼억 원정(₩300,000,000원)

2. 귀하와 발신인이 2019년 4월 1일 임대차계약 체결한 위의 임대차계약이 2개월 후인 2021년 5월 1일 만료합니다. 계약기간이 끝나는 5월 1일에 계약이 종료함을 통보하며 임대차 종료일에 보증금 삼억 원을 반환해주십시오.

3. 본인은 2021년 2월 15일 사당동 소재 ○○건물 101호를 임차보증금 3억 원, 월차임 50만 원으로 임대차계약을 체결한 후 같은 해 5월1일 잔금을 치르고 입점할 계획입니다.

4. 만약 귀하가 2021년 5월 1일 임차보증금을 반환하지 않으면 본인은 신규 임대차계약을 체결한 사당동 소재 ○○건물에 대해 3억 원의 이자와 매월 50만 원의 손해가 발생합니다. 귀하가 임대차보증금 반환을 지연한다면, 귀하는 상기 손해에 대해서 민법상 책임을 져야 하며, 이에 대한 비용 등 제반 손해배상에 책임이 있음을 미리 고지합니다. 부디 임대차만료일에 보증금을 반환해서 상호 간에 불미스런 일이 없도록 협조해주시기 바랍니다.

2021년 3월 1일

발신인(임차인) 정을호 (인)

이선영 귀하

한편 상가의 환산보증금이 일정 금액(서울시 : 9억 원)을 초과할 때는 임차권등기명령을 신청할 수 없으므로, 해당 부동산에 가압류를 신청해 임대인에게 심리적으로 압박하고 임대차보증금에 대한 채권을 확보할 수 있다.

**부동산 가압류 신청서**

# 부동산 가압류 신청서

채권자 : 김병록
　　　　경기도 부천시 상동 ○○번지
채무자 : 이광우
　　　　서울시 마포구 공덕동 ○○번지

청구채권의 표시 : 금 삼천만 원정(₩30,000,000)
「채권자가 채무자에 대해서 가지는 임대차보증금반환청구채권」

가압류할 부동산의 표시 : 별지 기재와 같음

### 신청 취지
채권자가 채무자에 대해서 가지는 상기 청구채권의 집행보전을 위해서 상기 채권액에 이르기까지 채무자소유의 별지 기재 부동산을 가압류한다.
라는 재판을 구합니다.

### 신청 이유
1. 채권자는 2019년 3월 1일 별지 기재 부동산의 임대차계약을 체결한 임차인의 지위에 있는 자입니다.

2. 채권자는 이건 부동산에 대해 임대차보증금 4,000만 원, 월
   차임 200만 원, 임대차계약기간 2019. 4. 1.부터 2021. 4. 1.까
   지(24개월)로 채무자와 임대차계약을 체결했습니다. 채권자
   는 채무자에게 임대차기간 만료일인 2021년 4월 1일의 2개
   월 전에 계약기간이 만료됨을 고지하고 임대차보증금 4,000
   만 원을 반환해줄 것을 요구했으나, 채무자는 차일피일 기일
   만 지연하고 있을 뿐 임대차보증금의 반환에 불응하고 있는
   실정입니다.

3. 따라서 채권자는 채무자의 임대차보증금반환 지급 지체로
   인해서 더 이상은 손해를 감수할 수 없어 부득이 채무자를 상
   대로 임대차보증금 반환청구의 소를 준비 중입니다. 그런데
   알아본 것에 의하면 채무자는 다른 곳에도 많은 채무를 부담
   하고 있고, 채무자의 재산을 은닉하고 현재 남아있는 것은 상
   기 부동산뿐이므로 시급히 가압류를 하지 않으면 채권자가
   승소한다 해도 집행할 방법이 없으므로 이 가압류신청에 이
   른 것이오니 가압류 결정을 해주시기 바랍니다.

4. 이 건에 대한 담보제공명령은 ㈜○○보증보험 간에 체결한
   지급보증위탁계약 체결 문서로 제공할 것을 신청하니 허가
   해주시기 바랍니다.

**소명방법 및 첨부서류**
1. 임대차계약서 사본 …… 1통
2. 등기부등본 ……1통

2021년 6월 1일

채권자 김병록 (인)

서울중앙지방법원 귀중

# 87 임대차계약이 끝날 때 임대인과 임차인의 정산방법

임대차계약이 만료할 때 임대인과 임차인은 관리비, 도시가스 사용료, 장기수선충당금, 선수관리비, 각종 비용 등과 마지막 달의 일할 계산한 월세 등을 확인한 후 정산하게 된다.

일반적으로 개업공인중개사 또는 당사자가 이사하기 하루·이틀 전에 관리실에 미리 동·호수와 이삿날을 통지한 후, 이사 당일 아침에 이사하는 날을 기준으로 한 정산서를 발급받아 당사자들이 정산한다.

### 중간관리비 정산

임차인은 실제 임차기간의 마지막 날인 이사하는 날짜를 기준으로 관리비를 정산하면 된다. 소규모건물에서는 당사자가 직접 정산하는 경우가 많고, 대형상가건물이나 아파트에서는 임차인이 관리실에 현금으로 수납하지 않고 다음 입주자에게 인수하는 경우가 많다. 종전 임차인은 마지막 달의 거주한 날까지로 정산한 관리비를 다음 임차인에게 지급하고, 신규임차인은 종전 임차인에게서 받은 관리비와 본인이 사용한 것에 대한 관리비를 다음 달에 한꺼번에 수납하는 것이 보통이다.

다음 사례에서는 종전 임차인이 납부기일이 도래하지 않아 미납했던 10월 관리비 194,980원과 11월 1일부터 11월 23일까지 사용한 관리비 166,730원을 합한 361,710원을 임대인 또는 새 입주자에게 지급하면 된다.

## 장기수선충당금과 지역난방공사비 등의 정산

관리 주체는 장기수선계획에 따라 공동주택의 주요 시설의 교체 및 보수에 필요한 장기수선충당금을 해당 주택의 소유자로부터 징수해 적립해야 한다(주택법 제51조 장기수선충당금 적립). 장기수선충당금은 관리비와 구분해서 징수하지만(주택법 시행령 제58조 제2항), 자체 규약 또는 관행으로 임차인이 일반관리비와 같이 납부한 후 임대차 종료 시에 임대인에게 청구하고 다른 비용 등과 함께 정산하는 것이 일반적이다. 다음은 임차인이 거주했던 2002년 11월부터 2015년 11월 23일까지 일반관리비와 함께 납부했던 장기수선충당금 1,215,600원의 내역이다.

### 장기수선충당금 납부확인서 발급증

동 호 106동 1202호    면적 164.55 분양(㎡)
입 주 일 2002년 11월 26일                    전 출 일 2015년 11월 23일

| 면적 | 산출기간 | | 단가구분 | | 월정액 | 개월수 (일자수) | 금액 |
| --- | --- | --- | --- | --- | --- | --- | --- |
| | 시 작 일 | 종 료 일 | 구분 | 단가금액 | | | |
| 164.55 | 2003년11월01일 | 2010년12월31일 | 세대 | 4,980 | 4,980 | 86개월 | 428,280 |
| | 2011년01월01일 | 2013년12월31일 | 면적 | 70 | 11,520 | 36개월 | 414,720 |
| | 2014년01월01일 | 2014년12월31일 | 면적 | 90 | 14,810 | 12개월 | 177,720 |
| | 2015년01월01일 | 2015년11월23일 | 면적 | 110 | 18,100 | 10개월 23/30일 | 194,880 |
| 합    계 | | | | | | | 1,215,600 |

공지사항
장기수선충당금 부담주체

# 공 과 금 정 산

◎ 부동산 소재지 : ███████ 아파트 106동 1202호

### 1. 현거주자(매도인,임차인) 등이 신거주자(매수인,신규임차인) 등에게 지급

| 구 분 | 금 액 | 비 고 |
|---|---|---|
| 관리비 | 361,710 | (10월1일~11월23일) |
| 도시가스비 | | |
| 합 계 | 361,710 | |

### 2. 임대인 등이 현거주자(임차인) 등에게 지급

| 구 분 | 금 액 | 비 고 |
|---|---|---|
| 장기수선충당금 | 1,215,600 | |
| 지역난방공사비 | 1,220,690 | |
| 합 계 | 2,436,290 | |

### 3. 임차인이 임대인에게 지급

| 구 분 | 금 액 | 비 고 |
|---|---|---|
| 월차임 | 1,170,000 | 2달+(11월10~11월22일) |
| 합 계 | 1,170,000 | |

### 4. 정산내용 : 임대인이 임차인에게 904,580원 지급

### 5. 기타사항

 - 1층현관 비밀번호 : 1202#1202호출

 - 세대현관 비밀번호 :

상기금액을 정산 및 영수하며 아래와 같이 서명함.

2015년 11월 23일

구임차인 :             (서명)        신임차인 :             (서명)

매도인 :             (서명)        매수인 :             (서명)

임차인 : 신      (서명)        임대인 : 이      (서명)

입회인 : ██████ 공인중개사사무소        ███████ (서명)

입주자대표회의와 관리주체는 주택법 제47조에 따라 장기수선계획을 3년마다 검토하고 필요한 경우 이를 국토교통부령으로 정하는 바에 따라 조정해야 한다. 수립 또는 조정된 장기수선계획에 따라 주요시설을 교체하거나 보수해야 하는데 지역난방공사비 등도 관리주체가 규약에 따라 일반관리비와 함께 임차인으로부터 징수하고 임차인은 임대인에게서 정산받으면 된다.

일반관리비, 장기수선충당금, 지역난방공사비 등의 비용을 다음과 같이 정산 후 차액을 지급하면 된다. 그 외 도시가스 사용료는 이사 당일 아침에 해당 지역 도시가스회사(서울도시가스주식회사 등)에 통화해 사용량만큼 비용을 정산하면 된다.

또한 임차인이 임대차계약 체결 당시에 임대인에게 선수관리비를 지급했다면 만료 시에 반환받으면 된다. 실무에서는 신규 임차인이 선수관리비를 종전 임차인에게 지급함으로써 임차인끼리 양도하는 경우도 있다.

# 88

## 계약종료 후
## 보증금을 못 받을 때
## 월세를 지급해야 할까?

임대차기간이 만료할 때 임차인은 임대인에게 임차물을 반환하고, 임대인은 보증금에서 밀린 월세 등을 공제하고 나머지를 임차인에게 돌려줘야 한다. 그런데 만약 계약기간이 만료했는데 임차인이 목적물을 반환하지 않으면, 임대인은 임차인의 불법점유를 이유로 명도소송을 제기해서 강제로 내쫓을 수 있다. 반대로 임대인이 보증금을 돌려주지 않으면, 임차인은 임차보증금반환청구소송을 제기해 확정판결을 받은 후 그 부동산을 경매 처분해 임대차보증금을 회수할 수 있다.

임대인이 보증금을 돌려주지 않아 임차인이 나갈 수 없을 때 월세를 지급해야 할까?

## 임차인이 영업할 때 → 임차인이 월세 부담(○)

임대차계약 종료 후에 임대인이 보증금을 돌려주지 못할 때 임차인의 목적물 점유는 동시이행항변권을 행사하는 것이므로 불법점유가 아니다. 하지만 임차인이 보증금을 돌려받지 못하는 동안 임차물의 사용·수익으로 인해서 실질적으로 이득을 취한다면 이를 부당이득으로 반환해야 한다. 즉 임차인은 보증금을 돌려받지 못하는 상황에서 영업을 지속함으로써 임차물을 사용·수익한다면 월세를 부담해야 한다.


## 임차인이 점유하지만 영업 안 할 때 → 임차인이 월세 부담(×)

임차인이 보증금을 돌려받지 못할 때 해당 점포를 비우고 나간다면 당연히 월세를 부담할 이유가 없다. 또한 어떤 연유로 임차인의 집기류와 비품을 그대로 두고 나와도 임차목적물을 사용·수익하지 않아 실질적인 이득을 얻은 것이 없다면 임대인에게 손해가 발생했어도 임차인은 부당이득반환 의무가 발생하지 않는다. 즉 임차인이 보증금을 돌려받지 못할 때 점포를 비우지 않아도 영업하지 않는다면 월세를 지급할 필요가 없다.

가. 법률상의 원인 없이 이득했음을 이유로 한 부당이득의 반환에 있어 이득이라함은 실질적인 이익을 의미하므로, 임차인이 임대차계약 관계가 소멸된 이후에도 임차건물 부분을 계속 점유하기는 했으나 이를 본래의 임대차계약상의 목적에 따라 사용·수익하지 않아 실질적인 이득을 얻은 것이 없는 경우에는, 그로 인해 임대인에게 손해가 발생했다 하더라도 임차인의 부당이득반환 의무는 성립되지 않는다.

(대법원 1995. 7. 25. 선고 95다14664 판결)

# 89 임차인의 원상회복은 어느 정도까지?

건물임대차계약이 종료되었을 경우 임차인은 목적물을 원상회복한 후 임대인에게 반환할 의무를 가진다. 이와 더불어 연체 차임과 건물 명도의무의 이행에 이르기까지 발생한 손해배상채권 등을 공제한 나머지 임대차보증금을 임차인에게 반환할 임대인의 의무는 서로 동시이행의 관계다.

따라서 원칙적으로 임대차계약이 종료하더라도 임차인이 목적물을 원상회복해서 임대인에게 반환하거나, 그 이행의 제공을 하기까지는 임대인은 동시이행의 항변권을 행사해서 임대차보증금의 반환을 거절할 수 있고, 그 한도 안에서 임대인은 임대차보증금 반환채무에 관해서 이행지체의 책임을 지지 않는다.

## 원상회복은 입점할 당시를 기준으로

임차인이 임대인에게 임차목적물을 반환할 때 원상회복의무가 있다(민법 제615조, 제654조). 임차인이 임차목적물을 수리하거나 변경한 때에 원칙적으로 수리·변경한 부분을 철거해서 임차 당시의 상태로 사용할 수 있도록 해야 한다. 다만 원상회복의무의 내용과 범위는 임대차계약의 체결 경위와 내용, 임대 당시 목적물의 상태, 임차인이 수리하거나 변경한 내용 등을 고려해 구체적·개별적으로 정해야 한다.

상가임대차에서 원상회복의무 범위는 사적자치의 원칙에 따라 양 당사자가 임대차계약을 체결할 때 합의하는 것에 따르는 것이 원칙이다. 다만 별도의 약정이 없는 한 임대차를 종료할 때 임차인은 최초 임대차계약 시 임차받았을 때의 상태로 반환하면 되고, 그 이전 임차인이 시설한 것까지 원상회복할 의무는 없다(대법원 1990. 10. 30. 선고 90다카12035 판결).

| Tip | 이전 임차인의 시설까지 원상회복의무의 부여 사례 |
| --- | --- |

한 사건에서 재판부는 "임대차계약서에는 임대차 종료 시 임차인의 원상회복의무를 정하고 있는데 임대차 종료 시 임차인이 인테리어 시설 등을 철거하지 않아 임대인이 비용을 들여 철거했다. 임차인이 상고이유에서 들고 있는 '대법원 1990. 10. 30. 선고 90다카12035 판결'은 이 사건과 사안이 달라 이 사건에 원용하기에 적절하지 않다"라고 하면서 임차인에게 이전 임차인의 시설까지 원상회복의무를 부여했다.

(대법원 2019. 8. 30. 선고 2017다268142 판결)

## 입점하기 전 사진이나 비디오 촬영

임차인이 장기간에 걸쳐 영업했다면 임대차 이전의 원래 상태가 어떠했는지 입증자료가 없어, 어느 정도로 시설을 철거하고 사후정리를 해야 원상복구가 되는지 심각하게 다투는 사례가 많다.

임차인은 시설물을 철거하고 나름대로 기준을 정해 원상복구를 했다고 주장하고, 임대인은 사소한 손상 부분까지 완벽한 보수공사를 요구하면 갈등이 생긴다. 또한 바닥과 천장의 마감재가 시간이 지나면서 노후화했을 뿐 아주 양호한 상태임에도, 임대인이 새것으로 교체할 것을 요구해 다툼이 발생하는 경우도 있다.

다툼이 생기거나 임대인이 일방적으로 보증금을 돌려주지 않게 되면 법원의 판단에 따를 수밖에 없다. 하지만 그 금액이 소액이라면 임차인은 경제적·시간적 사정으로 법원의 힘을 빌리는 것도 쉽지 않다. 당사자는 이런 분쟁을 예방하려면 임대차계약 체결 시 미리 원래 상태에 관한 사진이나 비디오를 촬영할 필요가 있다.

## 원상회복 지연손해금은 실제 복구할 수 있는 기간을 기준으로

임차인이 임대차 종료로 인한 원상회복의무를 지체하면, 임대인은 스스로 원상회복을 한 후 그 비용을 보증금에서 공제한다. 이 경우에 임대인은 원상회복의무를 지체한 임차인을 상대로 원상회복에 투입된 비용뿐만 아니라 원상회복 지체로 인한 손해를 청구할 수 있다. 임차물의 원상회복이 지연되고 공실이 지속되면, 임대인은 다음 임차인을 들이지 못해 월세를 받을 수가 없다.

이때 임대인이 원상회복의무의 지체로 입은 손해의 범위는 임대인이 실제로 자신의 비용으로 원상회복을 완료한 날까지의 임대료가 아니라 임대인 스스로 원상회복을 할 수 있었던 상당한 기간까지의 임대료 상당액이 된다(대법원 1990. 10. 30. 선고 90다카12035판결 참조). 예를 들어 임차인이 임차계약 종료 후 원상회복의무를 다하지 않고 임대인이 계약종료 3개월 후에 7일 동안 직접 공사를 진행했다면, 임대인은 7일간 발생한 손해를 임차인에게 청구할 수 있다.

# 90 | 사용 중 닳거나 흠집 생긴 것까지 임차인이 책임져야 할까?

빈번한 상담사례

임차인이 임차목적물을 사용·수익한 후 임대인에게 반환할 때, 임차인이 사용했던 기간에 비례해서 닳거나 흠집이 생긴다. 이런 것까지 임차인이 책임을 져야 하는지 논란이 되곤 한다.

임대차계약을 체결할 때 원상복구의 범위에 대해서 별도의 특약을 했다면 그에 따르면 되지만, 일반적으로 임대차계약서에는 '임대차계약이 종료되면 임차인은 이 부동산을 원상으로 회복해서 임대인에게 반환한다'라고 원론적인 내용으로 약정한다. 이때 임차인이 계약기간의 자연스러운 노후화로 인한 손모까지 책임을 져야 할까?

## 임차인은 임차물을 선량하게 관리할 의무 부담

임대차계약이 끝날 때 임차인은 상가건물을 원상으로 회복해 반환해야 하는데, 여기서 원상회복이란 입주 당시와 물리적으로 똑같은 상태로 복구해야 한다는 것은 아니다. 임차인은 계약 기간에 선량한 관리자의 주의로 보존 및 관리했으면 그것으로 족하다. 즉 임차인은 임차물을 관리함에 있어서, 임차인의 사회적·경제적 지위에서 일반적으로 요구되는 정도의 주의의무를 다하면 된다.

## 통상의 손모책임은 임대인이 부담

임차인이 정상적으로 사용하다가 생긴 흠집이나 통상의 손모까지 책임질 필요는 없다. 하지만 임차인이 선량한 관리자의 의무를 져버렸다거나 비정상적인 사용으로 인해 임차물이 파손, 훼손한 경우에는 원상회복의무가 발생한다.

임차목적물의 손모발생은 임대차계약의 본질상 당연하게 예정되며, 임대차계약은 임차인이 임차물의 사용과 그 대가로 임료의 지급을 내용으로 한다. 이와 같이 임차인이 사회통념상 통상적으로 사용한 경우에 생기는 임차목적물의 상태가 나빠지거나 또는 가치 감소를 의미하는 통상적인 손모에 관한 투하자

본의 감가는 일반적으로 임대인이 감가상각비나 수선비 등의 필요경비 상당을 월세에 포함시켜 회수하고 있다(서울중앙지법 2007. 5. 31. 선고 2005가합100279 판결 참조).

임차인에게 건물임대차에서 생기는 통상의 손모에 관해 원상회복의무를 부담시키는 것은 임차인에게 예상하지 않은 특별한 부담을 지우는 것이다. 따라서 임대인이 통상의 손모까지 임차인에게 부담시키기 위해서는 임대차계약 체결 당시에 임차인이 손모의 보수까지 부담하는 내용을 구체적으로 명시하는 등 그와 같은 취지의 특약이 명확하게 합의돼야 한다.

  임대차 종료 시 임차인의 원상복구 후 임차목적물 인도의무
와 임대인의 보증금반환의무는 동시이행관계에 있으므로, 임차
인은 제대로 원상복구를 한 후 보증금을 청구할 수 있다. 다만
임차인이 사소한 부분에 대해 원상회복의무를 불이행했다고 해
서, 임대인이 거액의 임차보증금 전액에 대해 그 반환을 거부
할 수 없다.

  임차인이 자신의 명의인 영업허가에 관해서 폐업신고를 하지
않게 되면, 임대인이나 신규임차인이 영업허가를 받을 수 없다.

## 폐업신고를 안 하면 다음 임차인의 영업허가에 지장 초래

임차인이 해당 시·군·구청에서 영업허가를 받고 관할 세무서에서 사업자등록을 갖춰 영업을 지속하다가 임대차가 종료되면, 임차인은 자발적으로 폐업신고를 하는 것이 일반적이다.

임대차계약이 종료했음에도 불구하고 임차인의 영업허가만 따로 남은 상황에서 다른 임차인이나 제삼자가 영업허가를 신청하면, 관할 기관에서는 중복영업 신고를 이유로 영업허가를 내주지 않는다. 따라서 임대차계약이 적법하게 해지되면 임차인은 원상회복의무로 임차인의 명의의 영업허가에 대한 폐업신고 절차를 이행할 의무가 있다.

---

**관련 판례**　　폐업신고와 원상회복의무

임대차 종료로 인한 임차인의 원상회복의무에는 임차인이 사용하고 있던 부동산의 점유를 임대인에게 이전하는 것은 물론 임대인이 임대 당시의 부동산 용도에 맞게 다시 사용할 수 있도록 협력할 의무도 포함한다. 따라서 임대인 또는 그 승낙을 받은 제삼자가 임차건물 부분에서 다시 영업허가를 받는 데 방해가 되지 않도록 임차인은 임차건물 부분에서의 영업허가에 대해서 폐업신고절차를 이행할 의무가 있다.

(대법원 2008. 10. 9. 선고 2008다34903 판결)

---

계약종료 시에 임대인과 임차인 간의 감정싸움으로 인해 임차인이 고의로 폐업신고를 하지 않은 때도 있다. 이 경우에 임

대인은 폐업절차 이행을 구하는 소송을 제기해 문제를 해결할 수 있고, 폐업절차 지연으로 인해 발생한 손해배상청구도 가능하다. 하지만 소송은 상당한 시간이 소요되고 손해배상액도 얼마나 인정될지 알 수 없으며, 승소하더라도 고의로 나간 임차인으로부터 손해금을 받을지 미지수다.

## 보증금 반환하기 전에 폐업신고 여부를 확인해야

임차인이 관할 세무서장에게 폐업신고를 하거나 관할 세무서장이 사업자등록을 말소한 경우에는, 해당 시·군·구청장은 신고 또는 등록 사항을 직권으로 말소할 수 있다(식품위생법 제37조제7항). 따라서 종전 임차인이 관할 세무서에서 폐업신고를 했다면, 행정적인 처리에 따른 시간이 소요될 뿐 어렵지 않게 시·군·구청의 영업신고도 폐업이 가능하다. 하지만 관할 세무서 및 시·군·구청 모두 폐업신고를 하지 않았다면 법원절차를 밟아야 한다.

따라서 이와 같은 문제를 미연에 방지하기 위해서, 임대인은 임대차계약 종료 시에 보증금을 반환하기 전에 폐업신고 여부를 확인해야 한다.

## 92  사소하게 원상복구를 불이행했다고 보증금반환을 거부할 수 있을까?

빈번한 상담사례

임대차 종료 시에 임차인이 원상회복의무를 다하지 않았음을 이유로 임대인이 임차보증금을 돌려주지 않을 때가 있다. 임대인이 주장하는 임차인의 원상회복의무 불이행 내용이 보증금에 비해 턱없이 적다면, 보증금을 돌려받아야 하는 임차인으로서는 답답할 수밖에 없다.

### 목적물반환과 보증금반환은 동시이행관계

임대차가 종료함에 따라 발생한 '임차인의 원상복구 후 목적물반환 의무'와 '임대인의 보증금반환 의무'는 동시이행관계에 있어, 임대인은 임차인이 임차목적물을 반환할 때까지 보증금 지급을 거부할 수 있다.

임차인이 반환하는 임차목적물에 하자가 있다면, 임대인이 보증금반환을 거부할 수 있는지에 관한 문제가 생길 수 있다. 임차인으로부터 비롯한 하자의 내용에 따라 보증금의 반환을 거부할 수 있는지, 거부할 수 있다면 어느 범위까지 거부할 수 있는지 등이 논란된다.

## 원상회복의 불이행 범위 내에서 보증금반환 거부 가능

임차인이 임대차 종료 후 동시이행항변권을 근거로 임차목적물을 계속 점유하는 것은 임대인에 대한 보증금반환채권에 기초한 '권능을 행사'한 것이고, 보증금을 반환받으려는 계속적인 권리행사의 모습이 분명하게 표시된 것이다. 동시이행의 항변권은 근본적으로 공평의 관념에 따라 인정되는 것이다.

임차인이 불이행한 원상회복의무가 사소한 부분이고 그로 인한 손해배상액 역시 근소한 금액인 경우에까지 임대인이 그를 이유로, 임차인이 그 원상회복의무를 이행할 때까지, 혹은 임대인이 현실로 목적물의 명도를 받을 때까지 원상회복의무 불이행으로 인한 손해배상액 부분을 넘어서서 거액의 잔존 임대차보증금 전액에 대해서 그 반환을 거부할 수 없다(대법원 1999. 11. 12. 선고 99다34697 판결 참조).

따라서 임차인이 원상회복의무를 이행하지 않고 건물의 명도이행을 제공했다면, 임대인은 임차보증금 전액의 반환을 거부할 수는 없고 원상회복의 불이행한 범위 내에서 보증금반환을 거부할 수 있다.

임대인이 임대차계약이 종료될 때 임차인에게 ① 해당 점포를 입점 시와 동일한 상태의 새 마감재로 교체할 것을 요구하거나, ② 전 임차인이 설치한 시설까지 철거할 것을 요구하거나, ③ 해당 건물의 준공 시 기준으로 마감재를 교체할 것을 요구하기 위해서는, 이에 대한 별도의 구체적인 약정이 필요하다.

임대차계약에서 일반적으로 원상복구는 사용을 개시할 당시의 상태로 물리적으로 완전히 복구한다는 것이 아니고, 사회 통념상 변경되거나 노후한 부분에 대해서는 임차인이 원상복구의 의무를 부담하지 않는다. 임차인은 임차목적물의 사용과 그 대가로 임대료를 지급하고, 임차물의 손모 발생은 임대차라고 하는 계약의 본질상 당연하게 예정되어 있기 때문이다.

임차인은 임대차계약이 종료한 경우에는 임차목적물을 원상회복해서 임대인에게 반환할 의무가 있는데, 원상으로 회복한다고 함은 사회통념상 통상적인 방법으로 사용·수익을 해서 그렇게 될 것인 상태라면 사용을 개시할 당시의 상태보다 나빠지더라도 그대로 반환하면 무방하다는 것이다. 그러므로 임차인이 통상적인 사용을 한 후에 생기는 임차목적물의 상태 악화나 가치의 감소를 의미하는 통상의 손모(손모)에 관해서는 임차인의 귀책사유가 없으므로 그 원상회복비용은 채권법의 일반원칙에 비추어 특약이 없는 한 임대인이 부담해야 한다.

(서울중앙지방법원 2007. 5. 31. 선고 2005가합100279, 2006가합62053 판결)

　　임대차계약을 체결하면서 단순히 임차인이 원상복구의 의무가 있다는 점을 명시한 것만으로, 임대인이 기대하는 수준으로 임차인이 원상복구의무를 부담한다고 볼 수 없다.

　　임대인이 임차목적물을 새 마감재로 시공된 상태로 반환받거나 전 임차인의 시설까지 철거하고자 의도할 때는 다음과 같이 임차인과 별도의 특약으로 합의하고, 마감재에 대해 상세하게 명시되고 설명된 설계도면과 시방서를 첨부해야 한다.

## 〈원상복구의 특약조항 예시〉

① 임차인은 임대차계약 종료 시에, 다음과 같은 임차인이 입점 시에 시공된 마감재와 동일하거나 동등한 품질 이상의 새 제품으로 교체해서 원상복구한다. 단, 외부 창호는 훼손하거나 파손 시에 새 제품으로 교체한다(첨부도면 참조).

1. 외부창호 : 알루미늄단열바 150×60/복층유리 24mm
2. 천장 : 마이톤텍스 T-BAR(KCC마이톤 MT400 15T * 594 * 594)
3. 벽체 : 석고보드 2PLY+수성페인트 3회 도장
4. 바닥 : LG데코타일 3T * 450 * 450

② 임차인은 임대차계약 종료 시에, 종전 임차인이 설치한 시설을 철거하고 다음과 같이 건축 구조물이 노출된 상태로 임차물을 반환한다(첨부도면 참조).

1. 천장 : 석고보드+M-BAR+달대볼트 철거 및 등기구 재배치
2. 벽체 : 구조틀+석고보드 등
3. 바닥 : 폴리싱타일

PART **09**

:

# 중개보수

빈번한
상담사례

실제
상담사례

# 94 | 중개보수는 상한요율까지 다 줘야 할까?

'중개'라 함은 토지, 건축물, 입목, 공장재단·광업재단 등 중개대상물에 대해서 거래 당사자 간의 매매·교환·임대차 그 밖에 권리의 득실변경에 관한 행위를 알선하는 것을 말한다. 개업공인중개사는 중개업무에 관해서 중개의뢰인으로부터 소정의 보수를 받는다. 다만, 개업공인중개사의 고의 또는 과실로 인해서 중개의뢰인 간의 거래행위가 무효·취소 또는 해제된 경우에는 그렇지 않다(공인중개사법 제2조, 제32조).

중개보수의 지급 시기는 개업공인중개사와 중개의뢰인 간의 약정에 따르고, 약정이 없을 때는 중개의뢰인은 중개대상물의 거래대금 지급이 완료된 날에 중개보수를 지급하면 된다(공인중개사법 시행령 제27조의 2).

## 법정 중개보수요율을 초과하면 위법

'공인중개사법'은 중개대상물, 거래금액 등에 따라 중개보수의 상한요율을 규정하고 있다. 개업공인중개사는 중개의뢰인 쌍방으로부터 각각 중개보수를 받되, 주택(부속토지를 포함)의 중개보수와 관련 실비의 한도는 국토교통부령으로 정하는 범위 안에서 시·도(특별시·광역시·도 또는 특별자치도)의 조례로 정하고, 주택 외의 중개대상물의 중개에 대한 보수는 국토교통부령으로 정한다.

### 부동산 중개보수요율표(서울특별시)

| 주택 | | | | (2021.10.19. 시행) |
|---|---|---|---|---|
| 거래내용 | 거래금액 | 상한요율 | 한도액 | 거래금액 산정 |
| 매매·교환 | 5천만 원 미만 | 1천분의 6 | 25만 원 | ·매매 : 매매가격<br>·교환 : 교환대상 중 가격이 큰 중개대상물의 가격<br>·분양권 : 거래 당시까지 불입한 금액(융자포함) + 프리미엄 |
| | 5천만 원 이상~ 2억 원 미만 | 1천분의 5 | 80만 원 | |
| | 2억 원 이상~ 9억 원 미만 | 1천분의 4 | 없음 | |
| | 9억 원 이상~ 12억 원 미만 | 1천분의 5 | 없음 | |
| | 12억 원 이상~ 15억 원 미만 | 1천분의 6 | 없음 | |
| | 15억 원 이상 | 1천분의 7 | 없음 | |

| | 5천만 원 미만 | 1천분의 5 | 25만 원 | |
|---|---|---|---|---|
| 임대차 등<br>(매매·교환<br>이외) | 5천만 원 이상~<br>1억 원 미만 | 1천분의 4 | 30만 원 | · 전세 : 전세금<br>· 월세 : 보증금+(월세×100)<br>단, 이때 계산된 금액이 5<br>천만 원 미만일 경우 : 보증<br>금 + (월세×70) |
| | 1억 원 이상~<br>6억 원 미만 | 1천분의 3 | 없음 | |
| | 6억 원 이상~<br>12억 원 미만 | 1천분의 4 | 없음 | |
| | 12억 원 이상~<br>15억 원 미만 | 1천분의 5 | 없음 | |
| | 15억 원 이상 | 1천분의 6 | 없음 | |

**오피스텔** (2015.1.6. 시행)

| 적용대상 | 상한요율 | 한도액 | 거래금액 산정 |
|---|---|---|---|
| 전용면적 85㎡ 이하, 일정설비<br>(전용 부엌·화장실, 목욕시설)를 갖<br>춘 경우 | 매매·교환 | 1천분의 5 | · 거래금액 :<br>보증금+(월세×100) |
| | 임대차 등 | 1천분의 4 | |
| 적용대상 외의 경우 | 매매·교환·<br>임대차 등 | 1천분의 9 | |

**주택·오피스텔 외(토지, 상가 등)** (2015.1.6. 시행)

| 거래내용 | 상한요율 | 비고 |
|---|---|---|
| 매매·교환·임대차 등 | 1천분의 9 | · 거래금액 : 보증금+(월세×100) |

부동산의 매매 또는 임대차계약 시에, 한 명의 개업공인중개
사가 매도인과 매수인 간 또는 임대인과 임차인 간의 중개를 수
행하는 것을 '단독중개'라고 하고, 2명 이상의 개업공인중개사
가 공동으로 수행하는 중개행위를 '공동중개'라고 한다.

'단독중개'에서 임대인과 임차인은 한 명의 개업공인중개사

에게 중개보수를 지급한다. '공동중개'에서 중개의뢰인은 본인이 위임한 개업공인중개사에게 중개보수를 지급하면 된다. 즉 임차인은 임차인 측 개업공인중개사에게, 임대인은 임대인 측 개업공인중개사에게 각각 중개보수를 지급한다.

'공인중개사법'에 따른 중개보수요율은 법정요율로서 강행법규에 해당하고, 소정의 한도를 초과해서 중개보수를 요구하는 것은 위법이고 그 한도를 초과한 범위 내에서 무효다. 의뢰인이 중개보수의 상한요율을 초과해 지급했다면, 그 초과 부분은 부당이득이므로 개업공인중개사에게 반환을 청구할 수 있다.

## 중개보수 다툼을 줄이려면 미리 협의해야

일선 현장에서는 개업공인중개사가 법정 최대치를 적용한 중개보수를 청구하면서, 개업공인중개사와 의뢰인 간에 눈치싸움이 벌어지는 것을 자주 목격할 수 있다. 개업공인중개사가 임대료나 임차조건을 적극적으로 조율하는 등 그에 걸맞게 역할을 했다면 문제가 없겠지만, 의뢰인은 개업공인중개사가 임차물 한두 번 보여주고 꽤 큰 금액을 청구할 수 있는지에 대해 선뜻 동의하기 어렵다. 한편 개업공인중개사는 거래 한 건을 성사시키기 위해 다른 의뢰인에게 물건을 소개하고 유선으로 설명하고, 부동산 중개사이트에 광고하는 등 눈에 보이지 않은 여러

과정을 수행한다는 것을 참고할 필요가 있다.

개업공인중개사와 의뢰인의 입장과 생각이 현격히 다르고 개업공인중개사가 다른 사람에게 목적물을 보여주는 수고 등이 매몰되는 상황에서, 일률적인 기준을 설정하기란 쉽지 않다.

실무에서 잔금을 치를 때가 돼서야 중개보수의 다과로 왈가왈부할 때가 종종 있다. 이와 같은 갈등을 줄이기 위해서는 당사자가 계약서에 서명·날인하기 전에 미리 조율하는 것이 좋다. 의뢰인은 특정한 개업공인중개사를 정해서 그 공인중개사만 중개대상물을 중개하도록 하는 전속중개계약을 검토할 필요가 있고, 마음에 둔 목적물이 있다면 임대차조건 협의와 함께 중개보수를 협의하는 것이 좋다.

# 95

## 묵시적 갱신일 때 해지하면 중개보수는 누가 지급할까?

빈번한
상담사례

### 임차인이 계약 도중에 나갈 때는 중개보수 부담

상가 또는 주택에서 임대차기간이 많이 남은 상태에서 임차인
이 본인의 사정으로 나갈 때는 임대인과 협의해서 새로운 임차
인을 구한 후 임대차보증금을 돌려받고 나가는 것이 일반적이
다. 그때 임대인과 신규임차인 간의 임대차계약에 대한 임대인
의 중개보수를 나가는 임차인이 부담하는 경우가 많다. 물론 상
황에 따라 당사자의 약정으로 임대인이 부담할 때도 있다.

임대차기간 도중에 별다른 사유 없이 임차인이 계약해지를 요
구할 때, 임대인이 이에 동의할지는 전적으로 임대인의 선택에
달려 있다. 새로운 임대차계약에서 임대인의 중개보수를 나가
는 임차인이 지급하는 것은 계약의 중도해지에 따른 임대인의

손해를 임차인이 부담한다고 볼 수 있다.

## 묵시적 갱신일 때 임차인이 해지하면 중개보수는 임대인이 부담

환산보증금이 일정 금액(서울시 : 9억 원) 이하인 임대차의 계약기간이 만료한 후 묵시적 갱신 도중에 임차인이 계약해지를 통보하면, 임대인이 통보를 받은 날부터 3개월이 지나 임대차는 종료한다. 이때 임대인이 새로운 임차인과 임대차계약을 체결하면서 지급해야 할 임대인 측의 중개보수는 임대인이 부담해야 한다.

비록 임차인의 필요에 따라 임대차계약을 해지하지만, 묵시적 갱신은 애초의 임대차기간은 지킨 후 계약연장 차원으로 보는 시각이 강하므로 임대인의 피해는 없다. 임대인은 기존 임대차계약이 만료될 때 새로운 임대차계약에 따라 중개보수를 지급했어야 했는데, 묵시적 갱신으로 인해 그 지급이 늦어진 것뿐이다.

국토해양부(현 국토교통부)에서도 임대차계약 만료 후 자동 연장되어 계약기간이 경과되지 않고 이사할 경우 중개수수료의 부담은 중개의뢰인인 임대인과 새로운 임차인 쌍방이 부담하는 것이 원칙이라고 해석한 바 있다(국토해양부 전자민원 6866. 2005. 2. 12.).

# 계약기간 만료
# 2~3개월 전에 나갈 때
# 중개보수는 누가 지급할까?

　임대차기간이 만료할 즈음에 양 당사자가 재계약하지 않기로 하면, 임대인은 새로운 임차인을 구해야 하고 임차인은 이사할 곳을 찾아야 한다. 임대인과 임차인은 임대차기간만료일에 보증금과 임차물을 반환하면서 임대차를 종료하는 경우도 있지만, 일반적으로 임대차기간 만료일 전후로 임대차계약의 해지 일자를 협의하게 된다.

　특별한 사유가 없다면 새로운 임대차계약의 중개보수는 임대인과 새로운 임차인이 지급한다. 보통 임대차계약을 해지하는 날짜를 임대차계약 만료일 전후 1개월 이내로 협의하지만, 임차인의 사정으로 임대차기간 만료일로부터 수개월 전에 임차인이 나갈 때는 중개보수 다툼이 종종 발생한다.

## 3개월 전 나갈 때 중개보수는 임대인이 부담

중개의뢰인인 임대인과 새로운 임차인 쌍방이 중개보수를 부담하는 것이 원칙이지만, 임차인의 사유로 임대인이 손해를 봤다면 임차인이 그 책임을 져야 한다.

임대차기간 만료일 3개월 전에 임차인의 요구로 계약을 해지했다고 해서 임대인에게 특별히 손해가 발생하지는 않는다. 임대인은 3개월 후에 새로운 임차인을 구하고 중개보수를 지급해야 하기 때문이다. 임대차기간이 아직 3개월 정도 상당기간 남았으므로 새로운 임대차계약의 중개보수를 임차인이 부담한다는 등의 특별한 약정이 없다면 임대인이 중개보수를 부담해야 한다.

**관련 판례** 중개수수료 부담

1년을 약정한 임차인이 잔여기간 3개월을 남기고 나갈 경우에 임대인이 새 임차인과 임차계약을 맺으면서 지출한 중개수수료는 임차인이 부담하기로 하는 특별한 약정이 없는 한, 임차인이 부담할 성질의 것이 아니므로 임대인은 임차인이 약정한 임대차기간이 종료되기 전에 계약관계의 청산을 요구했기 때문에 중개수수료를 부담해야 한다고 주장하나, 임차인과의 임대차계약이 정상적으로 종료된 경우에도 임대인은 어차피 새로운 임차인과 임대차계약체결을 위해 중개수수료를 지불해야 하므로, 임차인이 중개수수료를 부담해야 한다고 볼 수 없다.

(서울지방법원 민사9부 1998. 7. 1. 선고 97나55316 판결)

　개업공인중개사는 알선한 중개업무에 관해 중개의뢰인으로부터 소정의 중개보수를 받을 수 있다. 다만 개업공인중개사의 고의 또는 과실로 중개의뢰인 간의 거래행위가 무효·취소 또는 해제된 경우에 개업공인중개사는 중개보수를 받지 못한다.

　중개보수의 지급시기는 개업공인중개사와 중개의뢰인 간의 약정에 따르되 약정이 없으면 중개대상물의 거래대금 지급이 완료된 날이다. 임대차계약이 해제되면 중개대상물의 거래대금 지급이 완료될 수 없게 된다.

　당사자가 불확정한 사실이 발생한 때를 이행기한으로 정한 경우에 있어서, 그 사실이 발생한 때는 물론 그 사실의 발생이 불가능하게 된 때에도 이행기한은 도래한 것으로 본다(대법원 1989. 6. 27. 선고 88다카 10579 판결). 따라서 중개의뢰인의 사정으로 체결된 계약이 해제되면, 개업공인중개사는 중개보수를 청구할 수 있다.

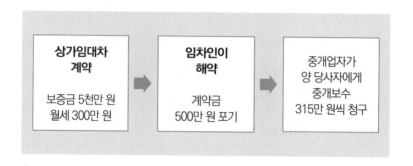

임차인이 계약금 500만 원을 포기하면서 해약했는데, 개업공인중개사는 양 당사자에게 각각 315만 원[(5천만 원+100×300만 원)×0.9%]의 중개보수를 청구했다. 임차인은 계약금을 손해봤고 임대인은 어렵게 체결한 임대차계약이 결렬되어 새로운 임차인을 구할 때까지 월세 수입도 없는 마당에, 중개업자는 임차인이 변심으로 해지된 임대차계약 중개보수를 청구한 것이다.

**중개보수는 상한요율 이내에서 당사자가 협의**

임차인이 일방적으로 임대차계약을 해약했고, 개업공인중개사는 과실이 없으므로 중개의뢰인에게 중개보수를 청구할 수 있다. 다만 해약 과정에서 계약금을 잃게 된 임차인과 기대했던 임대료 수입에 차질이 생긴 임대인에게 중개보수를 상한요율까지 받기란 쉽지 않다.

중개업자는 청구한 중개보수를 다 받지 못하면 소송을 제기할 수는 있으나, 소송한다고 해서 개업공인중개사가 원한만큼 받을 수 있을지 확실치 않다. 따라서 임대차계약의 잔금 지급까지 이행되지 않을 때는 중개업자와 중개의뢰인이 중개보수를 적절히 합의하는 것이 일반적이다.

개업공인중개사로서는 임대인은 앞으로도 계속 거래해야 할 잠재적 고객이므로 끝까지 본인의 입장을 주장하기란 쉽지 않다. 또한 개업공인중개사가 임차인에게 중개수수료를 청구할 수는 있으나, 계약금을 포기한 임차인이 중개보수를 쉽게 지급할 리 만무하다. 중개보수가 크다면 소송이라도 하겠지만, 소액이라면 개업공인중개사가 임차인을 강제로 취할 수 방법이 없어 중개보수를 받기가 쉽지 않다. 따라서 실무에서 개업공인중개사는 해약금을 수수한 중개의뢰인에게만 중개보수를 청구하는 경우가 많다.

# 상가임대차의 중개보수와 권리금중개수수료

## 중개보수의 상한요율은 법으로 제한

매매, 임대차, 교환 등 부동산 거래에서 개업공인중개사는 중개의뢰인 쌍방으로부터 중개보수를 각각 받을 수 있으며, 그 일방으로부터 받을 수 있는 중개보수는 '공인중개사법 시행규칙' 제20조에서 상한요율을 구체적으로 명시하고 있다.

개업공인중개사는 주택 및 주거용 오피스텔 외의 토지, 상가 등의 부동산을 거래할 때, 중개의뢰인 쌍방 각각에게 거래금액의 1,000분의 9 이내에서 중개보수를 청구할 수 있다. 부동산 매매계약의 거래금액은 매매가격이고 임대차계약의 거래금액은 환산보증금(보증금+월세×100)이다.

## 부동산 중개보수요율표 – 주택·오피스텔 외(토지, 상가 등)

**주택 외(비주거용 건물·토지 등 부동산)**

| 종별 | 보수요율 | 중개수수료 요율 결정 |
|---|---|---|
| 매매·교환·임대차 등 | 거래금액의<br>(    %) 이내 | 거래금액의 1천분의 9 이내에서 중개업자가 정한 좌측의 보수요율 이내에서 중개의뢰인과 중개업자가 협의해서 결정함 |

※ 거래금액 산정
1. 매매 : 매매가격
2. 교환 : 교환대상 중 가격이 큰 중개대상물 가격
3. 임대차 : 보증금+(한 달 월세액×100)
   단, 이때 계산된 금액이 5천만 원 미만일 경우 :
   거래금액 = 보증금+(한 달 월세액×70)

※ 보증금이 5천만 원, 월세 150만 원일 때 중개보수는?
   거래금액 = 5천만 원+(150만 원×100)
            = 5천만 원+1억 5천만 원 = 2억 원
   그러므로 중개보수 180만 원(2억 원×0.9%)이고 그 이내에서 양 당사자가 협의하면 된다.


## 계약 체결 전에 중개보수를 확정해야

개업공인중개사는 임대차계약을 체결할 때 계약서와 중개대상물 확인·설명서를 작성하고, 중개대상물 확인·설명서 2번째 페이지 '중개보수 등에 관한 사항'의 중개보수를 명기한다. 중개 과정에서 중개의뢰인과 개업공인중개사가 중개보수에 대해 협의하지 않았다면, 개업공인중개사는 중개보수 산출에 대한 상세한 설명 없이 상한액으로 기재하고 다른 설명과 함께 어물쩍 넘어가는 경우가 종종 있다. 여기서 개업공인중개사는 "이것은 법에서 규정한 상한요율을 적용해서 기재한 내용입니다" 등의 애매한 표현으로 마무리하는 경우를 드물지 않게 볼 수 있다.

중개보수에 대한 구체적인 협의 없이 개업공인중개사가 작성한 계약서와 중개대상물 확인·설명서에 날인한 후, 중개의뢰인이 중개보수를 다시 협의하기란 쉽지 않다. 임대차계약에서 임차물, 임대료 등과 함께 중개보수도 계약의 중요한 내용 중 하나이다. 따라서 중개의뢰인은 '계약서에 서명하기 전'에 개업공인중개사와 중개보수를 협의하는 것이 좋다. 특히 중개의뢰인은 잔금 지급일에 중개보수를 지급할 때보다 계약서에 서명하기 전에 지급할 중개보수를 협의하는 것이 훨씬 협상하기 수월하고, 양 당사자 간에 다툼의 여지도 적다.


## 권리금중개수수료는 상한요율을 적용받지 않아

영업용 건물의 영업시설·비품 등 유형물이나 거래처, 신용, 영업상의 노하우 또는 점포 위치에 따른 영업상의 이점 등 무형의 재산적 가치의 양도에 따른 권리금은 중개대상물이 아니므로 중개보수의 상한요율을 적용받지 않는다(대법원 2006. 9. 22. 선고 2005도6054 판결 참조). 따라서 중개의뢰인과 중개업자가 상한요율의 제한 없이 협의해서 결정하면 된다.

보통 권리금중개수수료는 현 임차인(점포 양도인)이 개업공인중개사에게 지급하는데, 현 임차인은 임대차계약과 마찬가지로 권리금계약 체결하기 전에 중개업자와 권리금수수료를 조율하는 것이 좋다. 막연하게 임대차 중개보수상한요율 0.9% 정도 예상하는 중개의뢰인(현 임차인)과 가능한 한 많이 받으려는 개업공인중개사 간에 마찰이 생기곤 한다.

개업공인중개사는 중개의뢰인에게 권리금중개수수료로 권리금의 약 5~15%를 청구하는 경우가 많다. 때로는 현 임차인이 받기를 원하는 권리금을 정하고 추가로 받는 금액을 개업공인중개사수수료 몫으로 약정하는 경우도 있다. 중개의뢰인이 권리양수도계약을 체결한 후 권리금중개수수료를 본인의 의도대로 협상하기란 쉽지 않기 때문에, 양수인과 인수조건을 조율하는 과정에서 개업공인중개사와 권리금중개수수료를 협의하는 것이 좋다.

# 99 중개보수와 부가가치세

빈번한 상담사례

임대차계약을 체결할 때 거래금액에 부가가치세를 포함하는지에 따라 중개보수가 다르다. 또한 매매, 임대차, 교환 등 부동산 거래에서 중개의뢰인이 개업공인중개사에게 중개보수를 지급할 때 부가가치세를 별도로 지급해야 하는지에 따라 부담하는 금액이 10% 차이 난다.

## 중개보수 산정 시는 부가세를 제외한 순월세를 기준으로

부동산 중개보수는 거래금액에 요율을 곱해서 계산한다. 임대차계약의 거래금액은 '보증금+(차임×100)'의 방법으로 계산하고, 월세에 대한 부가가치세를 포함하는지에 따라 거래금액과 중개보수가 달라진다.

임차인에게 상가건물을 사용·수익하게 임대함으로써 임대용역을 공급하는 임대인은 임차인으로부터 월세를 받을 때 과세관청을 대신해서 부가가치세를 징수해서 국가에 납부한다. 그리고 임차인은 과세관청으로부터 임대인에게 지급한 부가가치세를 환급받게 된다.

따라서 중개보수 계산 시의 차임은 임차물에 대한 사용·수익의 대가인 순월세를 기준으로 하고 차임에 대한 부가가치세는 제외한다. 만약 임대차계약서의 월세에 부가가치세가 포함되어 있다면 부가가치세를 제외한 순수 월세에 대한 중개보수를 계산한다.

'공인중개사법'은 어떠한 명목으로도 개업공인중개사가 초과수수료를 받는 행위를 금지하고 있으므로, 부가가치세를 포함한 중개보수가 상한요율의 범위를 초과했다면 동법 제33조 제1항 제3호 위반에 따른 처벌이 따르게 된다.


## 개업공인중개사는 중개보수에 부가가치세를 별도로 청구 가능

개업공인중개사를 통해 부동산을 거래한 뒤, 개업공인중개사가 중개보수 외에 부가가치세를 별도로 청구하는 경우가 있다. 중개의뢰인이 사업자등록을 갖춘 일반과세자라면 지급한 부가가치세를 환급받기 때문에 상관없지만, 개인일 경우 부가가치세를 지급하면 중개보수가 10% 비싸지는 효과가 발생한다.

**개업공인중개사가 일반과세자 ⇒ 부가가치세 지급(○)**

**개업공인중개사가 간이과세자 ⇒ 부가가치세 지급(×)**

중개보수 외에 부가가치세의 추가 지급 여부는 개업공인중개사의 사업자 유형에 따라 달라진다. 개업공인중개사가 법인과세자나 일반과세자라면 중개의뢰인이 개업공인중개사에게 부가가치세를 별도로 지급해야 하고, 개업공인중개사가 간이과세자라면 부가가치세를 지급할 필요가 없다. 개업공인중개사의 사업자 유형은 개업공인중개사 사무실 벽에 걸려있는 사업자등록증으로 확인할 수 있다.

**일반과세자로 표시된 사업자등록증**

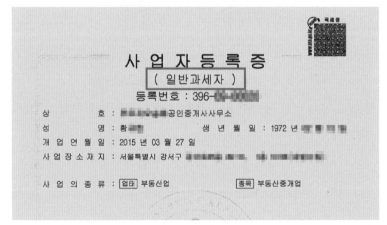

# 사무실을 원룸으로
# 개조했을 때 중개보수는?

## 실지 용도가 주택이면 주택임대차보호법 적용

'주택임대차보호법'을 적용받기 위한 주거용 건물은 임대차목적물의 공부상의 표시인 건축물대장만을 기준으로 하는 것이 아니라, 그 실지 용도에 따라서 정하게 된다. 예를 들어 업무용 오피스텔과 사무실을 개조한 원룸의 임차인이 실제 거주하면서 전입신고를 하면 '주택임대차보호법'의 적용을 받을 수 있다. 건물주가 근린생활시설을 불법으로 주택으로 개조하면 관할 시·군·구청은 원상복구를 명령하고 이행강제금을 부과하겠지만, 그곳에 거주하는 임차인은 '주택임대차보호법'의 보호를 받는다.

양 당사자가 계약체결 시에 임차인이 임차물을 주거용으로 사용하기로 합의했을 때는 이 법의 보호를 받을 수 있지만, 임차인이 임대인의 동의 없이 임의로 개조해서 거주하거나, 임차인이 업무용으로 사용하기로 약정한 후 거주한다면 이 법의 보호를 받을 수 없다.

## 중개보수의 기준은 건축법상 용도

부동산 거래에서 중개보수의 요율은 주택, 오피스텔 그리고 주택 외(토지, 상가 등)에 따라 다르게 적용되는데, 중개보수요율 적용은 '건축법'상 용도를 따르게 되고 그 용도는 건축물대장을 통해 확인할 수 있다.

오피스텔은 전용면적의 크기, 주거설비의 구비 여부, 거래 종류에 따라 중개보수가 다르다. 전용면적 $85m^2$ 이하 주거용(즉 전용 입식 부엌, 전용 수세식 화장실 및 목욕시설을 갖춘) 오피스텔 매매와 임대차의 중개보수상한요율은 각각 1,000분의 5와 1,000분의 4이다. 그 외 오피스텔의 중개보수상한요율은 매매, 임대차, 교환 모두 1,000분의 9이다.

| **Tip** | 중개보수요율 적용에 관한 국토교통부 해석 참조 |
| --- | --- |

건축물대장상 용도는 '다세대주택'이나 사무실로 사용하는 임대차계약을 체결한 경우에, 다세대주택은 건축물의 용도 분류상 공동주택에 해당하므로 중개보수요율은 주택으로 적용해야 한다.

(국토교통부 부동산 산업과-944, 2011. 3. 17)

## 사무실로 개조한 원룸의 중개보수는 주택 외 기준

'건축법'상 용도가 주택이고 실지 용도가 주택일 때 부동산 중개보수는 당연히 주택을 기준으로 한다. 하지만 '건축법'상 용도가 업무시설 또는 근린생활시설 등 주택이 아니면서, 실지 용도는 원룸 등 주택일 때 부동산 중개보수비는 주택 외(토지, 상가 등)의 상한요율을 적용하게 된다. 즉 같은 원룸이라도 '건축법'상 용도가 주택일 때는 임대차 중개보수상한요율이 1,000분의 3~1,000분의 5인 반면, '건축법'상 용도가 주택이 아닐 때 임대차 중개보수상한요율은 1,000분의 9가 된다.

### 주택·오피스텔 외 중개보수요율

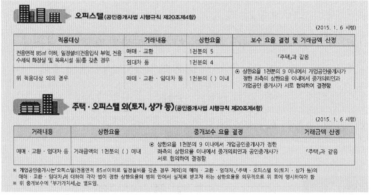

서울시 공정경제과 황박사가 알려주는
# NEW 상가임대차 분쟁 솔루션

**제1판 1쇄** 2022년 3월 29일

**지은이** 황규현
**펴낸이** 서정희 **펴낸곳** 매경출판㈜
**기획제작** ㈜두드림미디어
**책임편집** 이향선 **디자인** 디자인 뜰채(apexmino@hanmail.net)
**마케팅** 강윤현, 이진희, 장하라

**매경출판㈜**
**등 록** 2003년 4월 24일(No. 2-3759)
**주 소** (04557) 서울시 중구 충무로 2(필동 1가) 매일경제 별관 2층 매경출판㈜
**홈페이지** www.mkbook.co.kr
**전 화** 02)333-3577
**이메일** dodreamedia@naver.com
**인쇄·제본** ㈜M-print 031)8071-0961

**ISBN** 979-11-6484-374-9 03320

책 내용에 관한 궁금증은 표지 앞날개에 있는 저자의 이메일이나
저자의 각종 SNS 연락처로 문의해주시길 바랍니다.

책값은 뒤표지에 있습니다.
파본은 구입하신 서점에서 교환해드립니다.

# 📍 부동산 도서 목록 📍

# 📍 부동산 도서 목록 📍

# 부동산 도서 목록

부동산 투자를 시작하기 전에 꼭 알아야 할 실전 기술

# 부동산 상식을 돈으로 바꾸는 방법

권리분석 / 경매·낙찰 / 대법원도 / 투자 유망지 / 수익 분석 / 경매 상식 모두

대박사는 없는 부동산 꿀재테크 / 한군에 이룰 수 있는 구체적인 방법

# 해외 부동산 투자, 나는 말레이시아로 간다

MALAYSIA

투자자에게 알려주고 싶은 부동산 블루오션

당신도 건물주가 될 수 있다!

# 원룸 마스터

처음으로 공주의식 실무 누려지다!

부동산 투자자, 계약자가 꼭 알아야 하는

# 부동산 실무 法 용어사전 1,000

부동산 계약 비용료 필 꼭! 바가지 쓰지 않고 싶다면 꼭 알아야 부동산 거래의 핵심 단어 1,000개!

부자가 되기 위한 새로운 패러다임

# 부자로 환승하라 머니트레인

부동산 투자, 이제는 지하철이 핵심이다!

# 부동산 투자 인사이트

고수가 말하는 집값이 움직이는 원리

그는 어떻게

# 부동산 1인 창업으로 10억을 벌었을까?

부동산 부자서의 숨겨진 진실!

절세의 모든 기술 부동산 법인에 있다!

부동산 법인 A to Z

# 돈 버는 주택임대 관리기법

주택임대관리업은 체계적인 관리업무가 경쟁력이다

10%대 수익률을 위한 최고의 부동산 재테크

# P2P 투자의 정석

저금리 시대, 높은 수익률을 보장하는 최고의 재테크!

# 부동산으로 이룬 부자유의 꿈

# 아파트 경매, 지역 분석이 인터다

# 대박 친 빌딩 투자의 비밀

상가빌딩의 최후의 조건!

부자가 되기 위한 부동산 요리법

# 정준환의 부동산 레시피

단계별 따라하는 부동산의 쉬운 레시피

초보를 위한 취업과 창업 완벽 가이드

# 잘나가는 공인중개사의 비밀노트

한 권으로 정리한 단기 속성 실무 전략

新

# 명품 토지 중개 실무

다양한 사례와 함께 살펴보는 실무 노하우

# 돈 길 따라가는 부동산 투자

정보력과 실전 경험이 바탕이 됨, 앞을 내다보는 부동산 투자 기법을 전수한다

# 부동산 세무 가이드북 실전편

Real estate Tax Guide Book

2019 개정세법 완벽 반영

# 부동산 투자, 아파트형 공장이 틈새다

# 돈 되는 부동산은 따로 있다

300년 앞당긴 베테랑 저자가 전하는 부동산 투자 비법

상가임대차
분쟁 솔루션

주택 연출가
무조건 따라하기

커피 한 잔 값으로
초대형 오피스 주인 되기
리츠
얼리어답터

신의 한 수
금맥
경매

주택
아파트
세무 가이드북
실전편

권리분석
완전정복으로
10년 안에
10억 벌기

대한민국을
움직이는
땅 투자 법칙 100

땅투자
10단계 절대불변의 법칙

돈의 보감
평범한 샐러리맨, 투잡 경매로
5년에 10억 벌다

나는 갭 투자로
300채 집주인이
되었다

토지
세무
가이드북
실전편

新 상가
투자
보물
찾기

상가
세무
가이드북
실전편

NPL
가격 산정의 비밀

응답하라!!
위기의
부동산

나는
토지 경매로
금맥을 캔다

토지보상경매
실전활용

세무조사
실무
가이드북
실전편

야생화의
기초 경매

자산을
블링블링 키우는
포인트 경매